3.1운동 100주년 기념 연구서

# 1930년대 이후
# 항일무장투쟁 연구
# II

3.1운동 100주년 기념 연구서

# 1930년대 이후
# 항일무장투쟁 연구
# II

**박경순** 지음

# 머리말

'조선독립만세!'를 외치며 일제의 식민지 동치를 반대하고 일어섰던 3.1운동이 발발한 때로부터 100년이 흘렀다. 우리 사회 곳곳에서는 3.1운동 100주년을 기념하기 위한 다양한 활동들이 펼쳐지고 있다. 3.1운동을 기념한다는 것은 화석화된 그 어떤 것을 숭배하는 행위일 수 없으며, 3.1운동의 정신을 오늘의 현실에서 계승 발전시키는 것이어야 한다. 1919년 3월 1일, 2천만 동포가 들고일어나 외친 것은 이 땅에서 일제를 몰아내고 민족이 하나 되는 자주독립국가를 건설하자는 것이었다. 그러나 해방이후 펼쳐진 역사는 3.1운동에 떨쳐나선 선열들의 뜻과 다르게 외세에 의한 민족분단의 역사가 지속되어 3.1운동의 정신이 제대로 구현되지 못하고 있었다.

그러나 다행히 지난해 '4.27 판문점선언'이 발표되어, 3.1운동 100주년을 맞는 우리 민족에게 새로운 희망과 꿈을 갖게 해 주었다. 그것은 3.1운동에 떨쳐나선 선열들의 뜻을 이제는 이룰 수 있게 됐다는 희망이며, 자유롭고 평화로운 통일된 조국에서 살 수 있겠구나 하는 꿈이다. 그러나 새로운 꿈과 희망은 저절로 실현되지 않는다. 오로지 칠천만 민족의 단결된 힘과 힘찬 투쟁에 의해서만 비로소 실현된다. 그러므로 3.1운동 100주년 기념사업은 화석화된 그 어떤 것이 아니라, 바로 4.27 판문점 선언을 이행해 자주적 통일독립국가를 세우기 위한 투쟁에 온 국민이 떨쳐나서는 것이다. 3.1운동 100주년을 맞는 오늘 우리들은 4.27판문점 선언 이행 투쟁에 온 민족이 떨쳐나서야 한다. 그리고 4.27 판문점선언 이행 투쟁은 다양한 영역에서 다채로운 방식으로 진행되어야 한다.

그중에서 하나가 3.1운동 이후 펼쳐진 우리나라 항일 독립운동의 역사를 바로 세우는 것이다. 3.1운동 이후 항일 독립운동의 역사는 분단의 직격탄을 맞아 뒤틀리고 왜곡되어 신음하고 있다. 특히 1930년대 이후 중국 동북지역(만주)과 국내에서 펼쳐졌던 항일무장투쟁의 역사는 금단의 영역으로 꽁꽁 간혀버려 대중들이 접근할 수조차 없게 되어버렸다. 이제 이 금단의 벽을 허물고 갇혀 있던 역사의 진실들을 해방시켜야 한다. 그리하여 절반의 독립운동사를 온전한 독립운동사로 복원해 내야 한다. 이것이 3.1운동의 정신을 살리는 길이며, 4.27 판문점 선언의 정신을 이행하는 길이다. 그리고 참다운 통일의 길도 열린다.

이 책은 이러한 취지에서 지금까지 대중들에게 금단의 영역으로 남아 있었던 1930년대 이후 항일 독립운동, 그것도 항일무장투쟁의 역사를 정면으로 다룬 책이다. 본 저자가 이 책을 집필해야겠다고 결심한 것은 4.27 판문점선언이었다. 4.27 판문점선언이 발표되고, 온 민족이 통일의 꿈에 부풀어 있을 때였다. 통일은 민족의 마음을 하나로 모아가는 과정이다. 역사의 분단이 남아 있는 한 민족의 마음은 하나로 모아지지 않는다. 역사의 분단을 극복해 민족의 마음을 하나로 모으는 데에 있어서 가장 시급한 것은 항일 독립운동의 역사를 바로 세우는 일이다. 그 첫걸음은 우리에게 금단의 영역으로 남아 있었던 1930년대 이후 항일무장투쟁의 역사를 해방시키는 일일 것이다.

우리 사회에서는 1930년 이후 항일무장투쟁의 역사를 놓고 치열한 연구와 토론, 논쟁이 존재할 수 없었다. 물론 상아탑 내에서는 일정한 연구와 토론이 있었겠지만, 상아탑 밖으로까지 확산되지 못했다. 그러다 보니 왜곡되고 뒤틀린 정보들이 난무하고, 폄하와 일방적 매도가 횡횡했다. 이제 이러한 분단의 시대를 마감해야 한다. 왜곡되고 뒤틀린 정보를 하나하나 바로잡고, 폄하와 일방적 매도에서 벗어나야 한다. 그 위에서만 과학적인 연구와 치열한 토론과 논쟁이 유의미하고, 광범한 대중들이 참여하는 하나 되는 항일독립운동사를 정립해 나갈 수 있다. 이러한 입장에서 1930년대 이후 항일무장투쟁사를 정리하였다. 본 책은 본격적인 연구서로 보기에는 부족함이 너무 크다. 1930년대 이후 항일무장투쟁사에 대한 국내 연구 자료가 거의 없다 보니 불가피하게 북측의 연구 자료들을 참고하지 않을 수 없었다. 그런데 북의 연구 자료에 대한 국내 전문적인 연구와 토론이 부족했던 탓에 치밀한 분석과 평가의 산물이라기보다, 기존의 연구 결과물들을 정리 소개하는 데 그쳤다. 그럼에도 불구하고 1930년대 이후 항일무장투쟁의 역사를 연구하려는 연구자들이나 대중들에게 이 책은 많은 구체적 정보를 제공해 줄 것이다.

이제부터가 시작이다. 분단이데올로기의 포로에서 벗어나, 1930년대 이후 항일무장투쟁의 역사에 대한 치밀한 분석과 평가를 시작해야 한다. 그리고 남과 북이 함께하는 통일된 항일독립운동의 역사를 정리해내야 한다. 그럴 때 비로소 항일 독립운동의 역사가 우리 민족의 발전과 번영의 귀중한 토대로 될 것이다. 이 책은 이러한 작업을 하는 데 조금이나마 도움이 되는 자료로 활용되었으면 바랄 나위 없다. 이 책을 출판해 주신 출판사에 깊은 감사인사를 드린다.

목차

# 4장 항일대전의 최후 승리

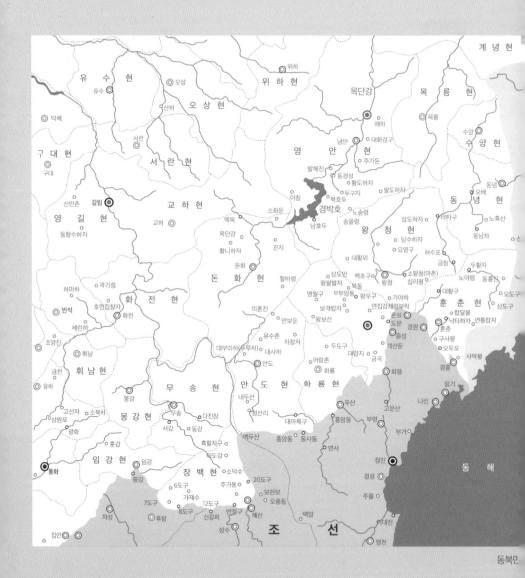

계 녕 현

유 수 현
유수 ◎ ◎ 오상
ㅇ 덕혜
서란
서 란 현
구 대 현
◎ 구대
ㅇ 신안촌 갈림 ◎
영 길 현
ㅇ 동향수하자
교 하 현
교하 ◎

ㅇ 위하
위 하 현
목단강 ◎
목 릉 현
ㅇ 애하
ㅇ 목릉
ㅇ 수양
수 양 현
ㅇ 냄아 ㅇ 대화검구
ㅇ 주가둔
영 안 현
동녕 ◎ ㅇ 오배
ㅇ 발해진
ㅇ 동경성
동 녕 현
ㅇ 이참 ㅇ 황도하자 ㅇ 노혹산
ㅇ 두구자 ㅇ 팔도하자
경박호 ㅇ 북호두 ㅇ 동남차
ㅇ 소화둔 경 박 호
ㅇ 남호두 ㅇ 노송령
ㅇ 삼도안 ㅇ 라자구
ㅇ 액목
ㅇ 송을령 ㅇ 당수하자 ㅇ 금창
목단강 왕 청 현 ㅇ 두황자
ㅇ 황니하자 ㅇ 요영구 ㅇ 허수포
ㅇ 관지 ㅇ 대황외
돈 화 현 백초구 소왕청(마촌) ㅇ 노야령 ㅇ 동종차
ㅇ 돈화 ㅇ 할바령 ㅇ 삼도구 왕청 ◎ 십리평 ㅇ 오도구
하마하 ㅇ 곽가점 왕팔발자 ㅇ 북동 ㅇ 대황구 훈 춘 현 ㅇ 삼도구
ㅇ 명월구 ㅇ 부암동 왕우구 ㅇ 연통랍자
ㅇ 반석 호련집창자 미혼진 ㅇ 보격랍자 연집강채령부락 ㅇ 가야하 ㅇ 합달물
세린하 화전 ◎ 화 전 현 ㅇ 만보둔 왕보산 ㅇ 온성 ㅇ 훈춘 ㅇ 낙타하자
ㅇ 조양진 유수촌 차창자 ㅇ 도문 경원 ㅇ 구사평
대부이하(후루허) ㅇ 두도구 증성 ㅇ 오두포
금천 ㅇ 휘남 대사하 ㅇ 어랑촌 개산둔 ㅇ 사막봉
ㅇ 유하 ㅇ 안도 ㅇ 화룡 ㅇ 금곡 ㅇ 경흥
휘 남 현 무 송 현 안 도 현 화 룡 현 ㅇ 회령 ㅇ 몽기
ㅇ 몽강 내두산 ㅇ 무산 ㅇ 고문산 ㅇ 나진
고산자 무송 ◎ 청산리 고문산
ㅇ 삼원포 소북차 ㅇ 다진창 대마록구 ㅇ 홍암동 ㅇ 부령
몽 강 현 서강 ㅇ 동강 ㅇ 백두산 홍암동 동사동 ㅇ 부거
ㅇ 광화 ㅇ 흑찰구자 ㅇ 연사
훈강 ㅇ 도랑강
통화 ◎ 임 강 현 ㅇ 임강 장 백 현 ㅇ 소덕수 ㅇ 청진
중강 6도구 주가동 20도구 경성
가재수 보천보 ㅇ 백암
ㅇ 자성 7도구 12도구 ㅇ 오풍동 ㅇ 주을
ㅇ 후창 8도구 신갈파 반점구 ㅇ 혜산 동 해
집안 ◎ 삼수 조 선
ㅇ 어대진
ㅇ 명천

동북만

# 03장

# 항일대전의
# 빛나는 전진

✦

# 1

## 항일 민족해방운동의 분수령

항일민족해방운동의 주체를 확립한 남호두 회의
동북항일연군 체제개편을 결정한 미흔진회의
새 사단의 탄생
조국광복회 창립구

# 1
# 항일민족해방운동의 주체를
# 확립한 남호두회의

## 남호두로 향하는 북만원정대

만주대륙의 으뜸가는 명승지 경박호의 남쪽 호반에는 남호두(호수의 남쪽 머리
에 있는 마을)라는 자그마한 마을이 있다. 호수로 흘러드는 소자지하물줄기를 따
라 상류 쪽으로 몇십리 올라가면 깊은 계곡의 어느 한 산기슭에 낡은 귀틀집
두 채가 있었다. 그 집의 한 채가 바로 1936년 2월에 있었던 남호 두회의 장소
였다. 지금 그 귀틀집은 없어졌지만, 그 곳에 그 지역 주민들이 남호 두회의를
기념하는 비석을 세워놓고 기념하고 있다.

1936년 2월 조선인민혁명군 북만 원정대는 액목 땅에서 수천 리 장정을 마
치고 다시 영안지역 남호두로 향했다. 그것은 남호두에서 요영구회의 이후 모
스크바에 파견됐던 위증민을 기다리기로 미리 약속돼 있었기 때문이었다. 위
증민을 통해 코민테른에 제소했던 것은 '반민생단투쟁 문제'였으나, 그것은
표면적이었고, 내용적으로는 우리나라 민족해방운동의 주체성에 관한 문제
였다. 조선의 혁명가들이 조선혁명의 구호를 들고 싸우는 것이 '정당한가 그
렇지 않은가, 합법적인가 아닌가, 국제당의 1국 1당제 원칙에 모순되는가 모순
되지 않는가.' 하는 것이었다.

이 문제는 코민테른(국제공산당)이 존재하고 있고 1국 1당제 원칙이 철칙으로
되어 있던 그 시절에는 어느 견해가 옳고 어느 견해가 그르다고 가볍게 판정

현지 주민들이 세운 남호두회의 기념비이다. 지역주민들은 자체적으로 남호두회의 기념비를 세우고 정성스럽게 관리해 오고 있다. 이 지역 주민들 사이에는 수많은 김일성관련 전설같은 얘기들이 전해져오고 있다고 한다. 지역주민들은 이 지역에서 김일성이 활약한 것을 대단히 긍지높이 여기고 있었다.

할 수 없는 매우 복잡하고 심각한 난문제였다. 또한 조선혁명가들의 생사를 판가름하는 중대한 운명문제이기도 했다. 1930년대 초 해방지구형태의 유격구가 존재하고 있었던 그 시절에는 1국 1당제 원칙을 휘두르며 '조선사람이 조선혁명의 구호를 드는 것은 공산주의자답지 않은 이단행위이며 비당적 분파행위'라는 어마어마한 구실을 내세워 견실한 조선 혁명가들을 핍박했다. 극단적으로는 유격대원들이 국내공작을 나가는 것조차 민족주의 행태라고 비판했다. 그 결과 유격대원들의 조국진출에 심각한 제동이 걸리기도 했었다.

조선인민혁명군 사령관 김일성은 남호두로 행군하면서 제기된 문제들에 대해 코민테른이 긍정적으로 대답해 줄 것이라고 확신하고 있었다. 그것은 제소한 문제들이 혁명적 원칙과 혁명의 이익에 전적으로 부합되는 정당한 것이라는 믿음이 있었기 때문이기도 하지만 다른 한편으로는 코민테른이 새로운 노선을 추구하고 있었기 때문이었다. 당시 코민테른은 1935년 7월 모스크바에서 7차 대회를 열고, 파시즘의 대두에 대항하기 위해 반파쇼 통일전선노선을 새로운 방침으로 결정하였다. 그와 함께 매개 나라의 혁명은 그 나라의 혁명적 당들이 주체적으로 결정해 나갈 필요성이 있다고 보고, 그러한 방향으로 코민테른의 의사결정 구조와 방식의 변화를 꾀했다. 이러한 코민테른의 소식을 이미 전해 들었기 때문에 그러한 확신을 가질 수 있었다.

김일성은 북만원정의 기간 동안에 내외 정세발전의 추이를 주의 깊게 살피면서 우리나라 민족해방운동을 전국적 판도에서 앙양시키기 위한 전략적 구상을 줄곧 해 왔다.

당시 국제무대에서는 침략과 전쟁세력으로 등장한 파시즘 세력과 반파시즘 세력사이에 첨예한 투쟁이 벌어지고 있었다. 세계공황의 수렁에서 벗어나지 못한 일부 나라 독점자본가들은 종래의 방법으로는 자신들의 지배를 유지할 수 없게 되자, 부르주아 민주주의의 최후의 한 조각마저 던져 버리고 테러독재인 파시즘 확립의 길로 치달아 갔다. 1933년 독일에서 히틀러의 독재가 수립된 것을 전후로 일본과 이탈리아에서 파시스트 독재체제가 수립되었고, 파시즘 세력이 전 세계적으로 확산되어 갔다. 독일, 이탈리아. 일본 등의 파시스트 국가들은 국내적으로는 노동운동을 탄압 말살하려고 미친 듯 날뛰었고, 동시에 공산주의자를 비롯해 모든 진보세력을 격파하기에 광분했다. 대외적으로는 세계 도처에서 공공연한 침략전쟁 준비와 전쟁도발 책동을 벌이고 있었다.

동방에서는 일본이 1933년 국제연합을 탈퇴해 해외 침략 책동을 더욱 노골화했다. 일제는 식민지 조선을 대륙침략의 공고한 후방으로, 병참기지로 만들기 위해 전대미문의 정치적 폭압과 경제적 약탈을 악랄하게 감행했으며, 황국식민화 정책을 강압적으로 실시해 나갔다. 모든 조선적인 것들을 말살하고 모든 형태의 반일운동과 반일적 요소들까지 절멸시키기 위해 발광했다. 민족 말살의 대 풍랑 속에서 어제 날의 애국지사들은 양심의 마지막 조각마저 잃어 버리고 제 목숨이나마 보전하려고 일제가 떠드는 동조동근과 내선일체를 그 대로 되뇌며 민족반역의 길로 나갔다.

다른 한편 1930년 전반기 안팎의 적들과 간고하고도 치열한 투쟁 속에서 조선인민혁명군을 주도적 역량으로 하는 항일민족해방운동의 주체역량이 크게 성장 발전했고, 항일운동대오의 통일단결도 몰라보게 강화되었으며, 항일 무장투쟁의 대중적 기반도 크게 성장했다. 특히 좌경배타주의와 종파사대주 의를 반대하는 첨예한 투쟁을 통해 우리나라 민족해방운동의 자주성이 한층 더 강화됐다. 파란과 역경을 헤쳐 온 항일혁명은 새로운 전환기를 향해 힘차 게 줄달음치고 있었다.

조성된 주객관적 정세는 조선인민혁명군이 하루빨리 백두산으로 나가서 무장투쟁을 국내 깊이 확대 발전시킬 것을 절박하게 요구하고 있었다. 김일성 은 북만원정 과정 중에도 이러한 정세발전 추이를 놓치지 않았다. 그는 남호 두로 향할 때 하루빨리 무장투쟁을 국내로 발전시켜 나가야겠다는 결심을 굳 혔다. 그리고 그를 위한 전략적 구상을 해 나갔다. 그리고 남호두로 향하기 전 에 벌써 새로운 정세 하에서의 새로운 전략적 방침을 결정하기 위한 남호두 군정일꾼회의를 소집해 놓았다.

### 코민테른파견원의 귀환
김일성은 2월 중순 소자지하의 귀틀집에 도착해, 모스크바에 파견한 사절 단들을 학수고대하고 있었다. 김일성이 코민테른 파견원을 기다리며 조선인 민혁명군 군정 일꾼회의에 제기할 보고서 초안을 거의 끝내가고 있던 2월 중순의 어느 날 저녁 무렵, 기척도 없이 귀틀집 문이 벌컥 열리더니 위증민이 불쑥 그의 앞에 나타났다.

위증민의 귀환노정은 순탄치 않았다. 그는 철도로 하얼빈을 거쳐 영안에 와 주보중의 5군 간부들을 만난 후 남호두로 오다가 만구부락근처에서 순찰 중인 경찰에게 붙들렸다. 경찰들은 몇 마디 심문 끝에 수상한 인물이라고 보고 자기네 분소로 끌고 가려 했다. 위증민의 보따리 속에는 국제당으로부터 받은 문건들이 들어 있었기 때문에 끌려가게 되면 곤란해질 게 뻔했다. 위증민은 돈 50원을 뇌물로 주고 빠져나와 겨우 도착할 수 있었다.

두 사람은 그동안의 안부를 물은 후 다음과 같은 대화를 이어갔다.

**위증민:** 김일성동지, 그 손을 다시한번 잡아봅시다.
**김일성:** 방금 전에 악수했는데, 또 무슨 악수입니까?

**위증민:** 축하할 일이 있어서 그럽니다. 이 악수는 의의 있는 악수입니다. 기뻐하십시오. 김일성동지, 국제당(코민테른)에서는 동지의 제소를 받고 그것을 심중히 토의한 끝에 제기된 모든 문제들이 전적으로 정당하다는 결론을 짓고 그를 지지하여 중대한 몇 가지 지시를 내리였습니다. 모든 일이 조선공산주의자들의 소망대로 되였습니다!

*(김일성 장군은 자기도 모르게 눈시울이 젖어드는 것을 느끼며 위증민의 두 팔을 덥석 끌어당겼다.)*
**김일성:** 그렇습니까!

**위증민:** 예, 국제당은 반민생단투쟁문제를 비롯해서 동만당의 일부 활동에서 엄중한 좌경적 실책이 있었다는 것을 지적하였습니다. 이에

대해서는 국제당의 책임일군들로부터 거기에 가있는 중공당대표부 일꾼들에 이르기까지 모두가 같은 견해를 표시하였습니다.

가장 중요한 것은 조선공산주의자들이 조선혁명을 직접 책임지고 수행하는 것이 그 누구에게도 양보할 수 없는 신성한 권리라는 것을 국제당이 인정하고 그것을 지지하였다는 사실입니다. 국제당은 앞으로 중국공산주의자들은 중국혁명을 하고 조선공산주의자들은 조선혁명을 맡아하도록 책임을 서로 분담할 데 대하여 명백한 결론을 주었습니다.

*(위증민은 어째서인지 한동안 말끝을 잇지 못하였다.)*

**김일성:** 고맙습니다. 국제당도 고맙고 특히 우리를 위해 병약한 몸으로 모스크바에까지 가서 수고해준 위증민 동지가 더 고맙습니다. 이 은혜를 잊지 않겠습니다.

**위증민:** 동만특위와 그 산하의 우리 중국인공산주의자들이 민생단을 반대하는 투쟁을 하면서 문제를 편협하게 보고 사람들의 운명을 극단적으로 처리한 엄중한 과오를 범하였습니다. 사실 많은 조선인 공산주의자들과 혁명가들이 애매하게 피해를 보았습니다. 반민생단투쟁을 공명정대하게 진행하지 못한 문제와 관련하여서는 나도 큰 책임을 느끼고 있습니다.

**김일성:** 로위, 공산주의자들도 인간인데 왜 실책을 범할 때가 없겠습니까. 나는 민생단문제가 복잡하게 된 근본원인을 일본 놈들의 민족이간 책동에서 찾고 싶습니다.

**위증민:** 옳습니다. 결국 우리가 적이 던진 계책에 한동안 빠져서 골

육상쟁을 벌린 셈이지요. 제 편끼리 서로 해치는 행동을 했으니깐… 내가 동만에 처음 왔을 때 누군가가 나에게 말해주었습니다. 조선 사람들이 간도 땅을 자기 땅이라고 하면서 그것을 도로 먹을 생각을 하고 있다고 말입니다. 필시 일본 놈을 등에 업고 간도 땅을 차지하려 할 터이니 철저히 경계하라고 했지요. 내가 처음에 그 말을 좀 믿었던 것 같습니다.

이상의 대화에서 명백히 밝혀졌듯이, 코민테른은 조선민족해방혁명의 주체성 문제에 대해서 김일성의 견해와 입장을 전폭적으로 지지했다. 반민생단 투쟁에서 좌경적 편향이 심각하게 있었다는 것을 명백히 밝혔고, 조선의 혁명가들이 조선 혁명의 구호를 들고 싸우는 것은 그 누구도 침범할 수 없는 신성한 권리이며, 1국1당제의 원칙에 전혀 위배되지 않는다는 것을 명백히 인정했다. 그리고 앞으로 중국 혁명가들은 중국 혁명을 하고 조선혁명가들은 조선혁명을 하도록 지시했다. 그리고 이에 덧붙여 조선 혁명을 힘차게 전진시켜 나가는 데서 도움이 될 수 있는 몇 가지 구체적 방침을 내려 보내주었다.

그중 하나가 지금까지 혼성부대형태로 존재해 왔던 항일유격 부대들을 조선인부대와 중국인부대로 갈라 재편성하도록 방침을 내려보낸 것이다. 이 문제는 사실상 조선혁명에 대한 조선혁명가들의 책임과 권리에 대한 문제에서 중핵을 이루는 것으로서 조선혁명의 주체성, 독자성을 견지해 나가는 데서 매우 중요한 의미를 갖고 있었다. 하지만 김일성은 코민테른의 이러한 지시를 매우 신중하게 대했다.

당시 만주 유격군대의 형편을 보면 어느 부대에서나 지휘성원 다수가 조선사람이었고, 각 부대의 핵심역량도 역시 조선인 대원들이었다. 특히 동북항일연군 2군의 경우에는 90% 인원이 조선 사람이었다. 그러므로 조선인부대와 중국인부대를 따로 갈라 구성하게 되면 당장은 항일연군 부대들을 유지해

나가기 어려울 수 있었다.

이러한 형편에서 코민테른의 지시대로 조선인민혁명군이 조선혁명에 주력한다고 해서, 중국 항일무장부대들과의 공동투쟁을 약화시킬 수 없었다. 그것은 여러 해 동안 함께 공동의 적을 반대해 연합항일을 해온 형제적 의리, 전우의 의리를 저버리는 것이었으며, 파시스트의 연합된 역량에 맞서 단결해서 투쟁해야 할 시대적 추세에도 부합되지 않은 것이었다. 더욱이 조선혁명가들이 조선과 중국 동북지방을 무대로 무장투쟁을 벌이고 있는 형편에서 조선사람들이 따로 갈라져 나와 부대를 조직하게 되면 중국민중의 지지와 도움도 약화시킬 수 있었다.

조선인민혁명군이 요구했던 것은 자주권이었지 분권은 아니었다. 조선사람들이 제한과 구속과 방해를 받지 않고 조선혁명을 해나갈 수 있는 자주적 권리를 인정하고 존중할 것을 요구한 것이지 세력분배를 요구하지 않았다.

이러한 점을 고려해 김일성은 코민테른의 지시대로 부대를 민족별로 구성하기 위한 대안을 세워보자고 거듭 제안하는 위증민에게 형식적인 분리를 할 필요 없이 지금처럼 운영하자고 답했다. 위증민은 매우 기뻐하면서도 그렇다면 코민테른의 지시를 어기는 것이 아닌가 하는 우려를 표했다. 이에 대해 "우리가 조선국내와 중국동북조선인부락에 가서는 조선인민혁명군이라고 하고, 중국인부락에 가서는 항일연군이라고 하면 연군체계를 유지하면서도 코민테른의 지시를 집행하는 것으로 된다"고 안심시켰다.

위증민은 7차 대회 이후 만주지방의 당 조직체계를 개편한 다음 남만성위 서기겸 동북항일연군 1로군 정치위원으로 되었다. 그런데도 적지 않은 기간을 김일성부대와 함께 다녔다. 그 자신이 농담처럼 말한 바와 같이 김일성부

대 정치위원이 된 셈이었다. 무슨 까닭인지 항상 김일성과 함께 있기를 좋아
했다. 그는 장백지구에도 오래 나가 있었고, 백두산 비밀근거지에도 몇 번이
나 다녀갔다.

## 남호두 회의

1936년 2월 27일부터 3월 3일까지 남호두 소자지하 골짜기 귀틀집에서 역
사적인 조선인민혁명군 군정간부회의가 열렸는데, 이 회의를 일컬어 남호두
회의라 부른다. 이 회의에는 김산호, 한홍권, 최춘국, 전만송, 최인준, 박태화,
김려중, 임춘추, 전창철, 윤병도 등 조선인민혁명군 군정일군 30~40명이 참석
했다. 이와 함께 위증민을 비롯한 중국인 군정간부들도 참석했다.

회의시작에 앞서 위증민이 조선인민혁명군이 다홍왜와 요영구에서 제기
했던 문제들에 대한 코민테른의 견해와 지시를 전달했다. 참가자들은 위증민
이 아픈 몸을 이끌고 모스크바에 다녀와 좋은 결과를 통보해 준 데 대해 깊
은 감사의 뜻을 표했다. 다음으로는 김일성의 새로운 전략적 방침에 관한 보
고가 있었다.

그는 '반일민족해방투쟁의 강화발전을 위한 공산주의자들의 임무'라는 보
고에서 1930년대 전반기 두만강 연안에서 전개해온 군사정치활동 경험을 총
괄 평가하고, 혁명의 새로운 전환기를 맞이한 시기에 반일민족해방투쟁의 강
화발전을 위하여 조선 혁명가 앞에 나서는 중요한 과업들과 그 수행을 위한
새로운 전략적 방침들을 제시했다. 다시 말해 조선인민혁명군 주력부대를 국
경지대와 백두산지구로 진출시키며 투쟁무대를 점차 국내에로 확대할 데 대
한 방침, 반일민족통일전선운동을 확대할 데 대한 방침, 당 창건 준비사업을
적극 추진시킬 데 대한 방침, 공청을 반일청년동맹으로 개편할 데 대한 방침
등 항일무장투쟁과 그를 중심으로 한 전반적 조선혁명을 일대 앙양으로 이끌

어 올리기 위한 새로운 방도들을 제기하고 토의에 붙였다.

보고의 주요 내용은 다음과 같다.

### 《반일민족해방투쟁의 강화발전을 위한 우리의 임무(1936년 2월 27일)

조성된 이 유리한 정세 하에서 우리 앞에 나서는 중요한 과업은 우리 인민의 혁명역량을 튼튼히 꾸리고 모든 힘을 총동원하여 반일민족해방투쟁을 가일층 발전시키는 것입니다. 조선혁명의 주인은 바로 우리들 입니다. 오늘 우리 인민의 반일민족해방투쟁을 강화하는가 못하는가 하는 것은 전적으로 우리에게 달려있습니다.

### 1. 조선인민혁명군 주력부대를 국경지대에로 진출시키며 우리의 투쟁무대를 점차 국내에로 확대할 데 대하여

현 단계에서 우리나라 반일민족해방투쟁을 일대 앙양에로 이끌어 올리기 위하여서는 조선인민혁명군 주력부대를 국경지대에로 진출시키며 우리의 투쟁무대를 점차 국내에로 확대해나가야 합니다. 우리가 투쟁무대를 국경지대와 국내에로 옮겨야 일제의 악독한 식민지통치밑에서 신음하고 있는 우리 인민들에게 조국광복의 희망과 혁명승리의 신심을 안겨줄 수 있으며 국내인민들의 각종 반일대중투쟁에 대한 지도를 더 능동적으로 할 수 있습니다. 오늘 우리들이 국경지대와 국내에로 진출하는 것은 조선혁명 앞에 지닌 자기의 임무를 더 잘 수행하려는데 그 목적이 있는 것입니다.

오늘 우리에게는 국경지대와 국내에로 진출하여 군사정치활동을 적극적으로 조직 전개해나갈 수 있는 힘이 있습니다. 우리에게는 지난 수년간의 간고한 투쟁 속에서 단련되고 정치사상적으로 굳게 결속된 혁명대오가 있으며 영용무쌍한 혁명 무력이 있습니다.

그러므로 우리는 급속한 시일 내에 국경지대와 국내에로 진출하여 무장투쟁을 적극 전개함으로써 적들에게 군사 정치적으로 타격을 주는 동시에 광범한 인민대중 속에서 정치사업을 정력적으로 조직 전개하여 그들을 반일투쟁에로 불러 일으켜야 합니다.

우리가 장차 국경지대와 국내에 진출하여 반일투쟁을 조직 전개해나가자면 국경연안에 근거지가 있어야 합니다. 그러므로 우리는 백두산을 중심으로 한 국경일대에 새로운 유격근거지를 창설하려고 합니다. 즉 백두산 대산림지대에 조선인민혁명군이 의거하여 활동할 수 있는 밀영망을 형성하고 그 주변지역 인민들을 조직화하여 반유격구형태의 유격 근거지를 꾸리자는 것입니다. 이러한 유격근거지는 적들의 눈에 보이지 않는 탄력성 있는 혁명의 보루로 될 것입니다. 우리는 하루빨리 압록강, 두만강국경연안에 새로운 유격근거지를 창설하기 위하여 적극 투쟁하여야 하겠습니다.

우리기 고경일대와 국내에 진출하여 조선혁명을 성과 있게 발전시켜나가자면 무엇보다도 무장투쟁을 적극적으로 전개해야합니다. 장차 국내에 들어가 무장투쟁을 성과 있게 조직전개하기 위하여 오늘 우리 앞에 나선 당면한 중요과업의 하나는 무장대오를 확대 강화하는 것입니다. 항일 무장대오를 확대하는데서 우리 앞에 나선 선결적인 과업은 조선인민혁명군 주력부대를 튼튼히 꾸리는 것입니다. 우리는 급속한 시일 내에 동남만일대의 조선청년들과 국내의 우수한 청년들을 받아들여 새 사단을 편성하며 그의 정치군사적 위력을 강화하기 위하여 적극 투쟁하여야 하겠습니다.

우리는 조선인민혁명군 부대가 국경지대에 진출한다고 하여 중국인민의 항일무장부대들과의 공동투쟁을 약화시켜서는 안 됩니다. 우리는 항일연합군의 이름으로 중국공산주의자들과 항일무장투쟁을 공동으로 전개함으로써 조중인민의 반일혁명투쟁을 적극 발전시켜나가야 하겠습니다. 우리는 조선인민혁명군 부대를 튼튼히 꾸려 국경지대에로 진출시키는 동시에 새로 편성되는 항일연합군내 중국인 각 부대들에 준비된 정치군사간부들을 파견하여 중국인부대의 전투력을 높이도록 적극 도와주어야 하겠습니다. 그리하여 조선인민혁명군이 국경지대와 국내에로 진출한 다음에도 동남만일대에서 무장투쟁을 계속 앙양시킬 수 있게 하여야 하겠습니다.

### 2. 반일민족통일전선운동을 더욱 확대 발전시킬 데 대하여

조선인민의 반일민족해방투쟁의 새로운 앙양을 위하여 우리는 반일민족통일전선운동을 더욱 확대발전시켜나가야 하겠습니다. 반일민족통일전선운동을 확대발전시켜야 각계각층의 반일애국세력을 항일의 기치 하에 광범히 결속하여 우리 인민의 혁명역량을 더욱 튼튼히 준비할 수 있습니다. 그러므로 우리는 이 운동을 전국적 범위에서 강력히 추진시켜 조선사람 자체의 힘으로 나라의 해방과 독립을 성취하여야 하겠습니다.

우리는 지난 수년간 반일민족통일전선운동을 조직 전개하는 과정에서 귀중한 경험을 쌓았으며 앞으로 이 사업을 일층 발전시킬 수 있는 지도핵심역량도 준비하여놓았습니다. 우리는 이 모든 조건과 가능성을 옳게 이용하여 조성된 정세의 요구에 맞게 반일민족통일전선운동을 가일층 확대발전시켜나가야 하겠습니다. 반일민족통일전선운동을 새로운 단계에로 발전시키기 위하여서는 상설적인 통일전선조직체를 내와야 합니다. 계급별, 계층별 대중단체들과 각계각층 반일애국인사들을 다 같이 망라시킬 수 있는 포괄적이며 전일적인 반일민족통일전선조직체를 내와야만 이 운동의 통일적인 발전을 보장할 수 있습니다.

새로 조직하려는 반일민족통일전선조직체는 친일지주, 예속자본가, 민족반역자 등 극소수의 반동분자들을 제외한 전 민족을 조국광복전선에 한결같이 조직 동원하는 대중적인 혁명조직으로 되여야 합니다. 그러므로 반일민족통일전선조직체의 명칭은 각계각층 인민들의 공통한 염원이 반영된 '조국광복회'라든가 '민족해방동맹'같은 것으로 되여야 할 것입니다. 그래야 과거 독립운동에 참가했던 민족주의자, 애국적인 종교인, 양심적인 민족자본가를 비롯한 각계각층의 광범한 애국인사들도 통일전선조직의 취지를 옳게 이해하고 조직에 광범히 참가하게 될 것입니다.

우리는 통일전선조직의 강령을 잘 준비하여야 하겠습니다. 이 강령에는 일제 식민지통치를 전복하고 진정한 인민정부를 수립하는 문제, 토지혁명문제, 각계각층 인민들에게 제반 민주주의적 권리와 자유를 보장하여주는 문제를 비롯하여 반제반봉건민주주의혁명 단계에서 해결해야 할 기본과업들이 반드시 반영되여야 할 것입니다.

반일민족통일전선운동을 성과적으로 확대발전시키기 위하여서는 이 사업을 항일무장투쟁과의 긴밀한 연계 속에서 조직 전개하여야 합니다. 그래야만 무장투쟁의 영향 하에서 조직을 급속히 확대 발전시킬 수 있고 통일전선운동을 강력한 토대위에서 발전시킬 수 있습니다.

### 3. 맑스-레닌주의당창건준비사업을 적극 추진시킬 데 대하여

오늘 우리 앞에 나선 중요한 과업의 하나는 맑스-레닌주의 당창건을 위한 준비 사업을 적극적으로 추진시키는 것입니다. 당 창건 준비사업에서 중요한 것은 당 조직을 부단히 확대하고 당 조직들에 대한 지도체계를 철저히 세우는 것입니다. 우리는 조선인민혁명군 부대와 각지 조선인거주지역들에서 당 조직건설 사업을 적극 추진시켜야 합니다.

당 창건 준비사업에서 중요한 문제의 하나는 당 창건의 조직적 골간을 튼튼히 준비하는 것입니다. 당 창건 준비사업에서 중요한 것은 혁명대오의 사상적순결성 을 철저히 보장하는 것입니다. 우리는 또한 당 창건의 대중적 지반을 축성하기 위 한 투쟁을 더욱 강력히 전개하여야 하겠습니다. 당 창건의 대중적 지반을 튼튼히 축성하기 위하여서는 무엇보다도 각계각층 인민대중을 반일의 기치 하에 광범히 결속하여야 합니다.

조선공산주의자들이 자기 인민의 힘을 믿고 그들에게 튼튼히 의거하여 전체 조선인민을 반일조국광복전선에 한결같이 조직 동원한다면 능히 일제침략자들을 우리 조국강토에서 몰아내고 혁명의 최후승리를 달성할 수 있을 것입니다.

조선혁명은 필승불패입니다.
조국은 반드시 광복될 것입니다.》


보고가 끝나고 토론이 있었다. 토론자들은 보고에서 제시된 여러 가지 방 침들에 대한 절대적인 지지와 찬동을 표했다. 갑론을박하는 논쟁은 거의 일어 나지 않았다. 웃음으로 시작해 웃음으로 끝난 회의였다.

백두산과 국내 깊이로 진출하는 것은 반일민족해방투쟁의 주체역량을 튼튼히 꾸리고 모든 힘을 총동원해 우리 민족 자체의 힘으로 일제를 깨뜨리고 승리하기 위한 가장 결정적 투쟁노선이었다. 회의에서는 또 전국적 판도에서 조국광복회를 조직하고 당 창건 사업을 추진시킬 데 대한 전략 방침이 채택되었다. 남호두회의를 분기점으로 해서 조선민족해방운동은 새로운 앙양기를 맞게 됐다. 그런 의미에서 남호두회의는 1930년대 전반기와 후반기를 나누는 조선혁명의 분수령이라고 할 수 있다. 남호두회의에서 채택된 결정으로 조선혁명가들은 항일무장투쟁을 중심으로 하는 전반적 조선혁명을 더욱더 높은 단계로 발전시킬 수 있는 새로운 이정표를 갖게 됐다.

남호두회의는 한마디로 말해 항일민족해방투쟁 역사에서 처음으로 주체를 완전히 확립한 회의라고 할 수 있다. 이 회의에서 결정된 일련의 결정들은 그 이후 여러 단계 혁명에서 주체적 입장을 튼튼히 지키고 어떤 역경 속에서나 그것을 민족의 첫째가는 생명으로 틀어쥐고 나갈 수 있게 했다.

회의가 끝난 후 회의 방침을 관철하기 위한 강습이 한 주일가량 계속되고 당 창건 방침에 대한 실현방도를 토의하기 위한 당 정치일꾼 회의가 진행됐다. 조선인민혁명군은 남호두 회의 이후 '조국에 무보를 뻗치고 군호를 올리자!'라는 혁명적 구호를 앞세우고 보무도 당당하게 조국으로 진출의 길에 올랐다. 항일무장투쟁은 바야흐로 자기발전의 새로운 단계에 들어서기 시작했다.

# 2
## 새로운 주력 사단의 탄생

조선인민혁명군은 남호두회의 결정에 따라 백두산 지구로 향했다. 하지만 백두산으로 향하는 길을 절대로 호락호락하지 않았다. 새로운 상봉과 이별, 눈물과 감격, 고난과 희열이 넘치는 간고분투의 노정이었다. 소자지하의 귀틀집을 떠난 조선인민혁명군은 백두산으로 향하는 남행길에 올랐다. 소자지하에서 백두산으로 향하는 직선 길은 노야령- 이청배- 명월구- 안도를 거쳐 가는 길이었다. 하지만 조선인민혁명군을 그 길을 버리고 소자지하- 액목현 청구자- 관지- 안도- 무송현을 거쳐 백두산으로 향할 수밖에 없었다. 소자지하에서 청구자로 가는 길은 남행길이 아니라 북상길이었다. 이처럼 우회하는 길로 행군한 것은 청구자 밀영에 남겨두고 왔던 조선인민혁명군 대원들을 만나기 위해서였다. 2차 북만원정에 참여했던 많은 대원이 새로 개척한 액목현 청구자 밀영에서 남호두회의 소식을 애타게 기다리고 있었다. 또한 동만에서 원정대를 찾아온 유격대원들과 노약자, 병상자, 부모 잃은 어린이들도 거기서 기다리고 있었다.

민생단문제와 관련해 간도 유격구들에서 발생했던 모든 극좌적 망동들에 조종을 울리고 조선사람이 조선혁명을 할 수 있는 자주적 권리를 만천하에 선포한 남호두회의 결정을 전해들은 청구자밀영 대원들은 격정에 넘쳐 환호성을 질렀다. 그들은 김일성장군과 함께 백두산 지구로 나갈 부푼 꿈에 들떠 있었다.

하지만 관지일대와 청구자 밀영 조선인민혁명군 대원들 대부분은 백두산으로 향하는 남행길을 걷지 못하고 오히려 북쪽으로 더 깊이 들어가 그곳에서 북만부대와 함께 공동투쟁을 해야 했다. 남호두회의를 결절점으로 해 조선혁명의 전환기가 마련된 그때부터 백두산을 타고 앉아 무장투쟁을 국내 깊이 확대하려는 것은 조선의 혁명가들의 일차적 염원으로 되었다. 하지만 중국민중들과의 공동투쟁을 항일혁명의 중요한 전략적 과제로 내세우고 그것을 위해 꾸준한 노력을 기울여 왔던 조선인민혁명군은 공동투쟁을 중도반단하고 모두 백두산으로 갈 수 없었다. 만약 조선인민혁명군이 자기나라 혁명만을 생각하고 다 백두산지구로 나간다면 동북지방의 유격투쟁은 심각한 난국에 봉착할 수 있었다. 군정간부들과 핵심군인들의 부족을 절박하게 느끼고 있었던 북만부대들에서는 동만 부대들에 공동투쟁을 자주 요구해왔었다. 이 요구에 대한 대답이 바로 두 차례에 걸친 북만원정이었다. 남호두회의가 열리던 바로 그때에도 북만의 각 군들에서는 인적 지원을 요청해 왔다. 이와 같은 사정으로 남호두회의에서 북만주 지방의 항일연군 부대들에 대한 전투적 지원문제를 하나의 부수적 의제로 상정하고 그것을 성사시키기 위한 실무적 대책을 세우지 않을 수 없게 됐다. 바로 이런 사정으로 조선인민혁명군은 소수의 인원들만 남기고 대다수의 간부와 대원들을 북만으로 보내지 않을 수 없게 됐다.

북만으로 다시 가야 했던 대원들은 떠나지 않겠다고 고집들을 부렸다. 하지만 간곡한 설득으로 이별의 아픈 마음을 안고 그들은 모두 북만행을 떠났다. 북만으로 가는 대오 중 일부는 소부대별로 파견되었다. 왕청연대는 최용건 활동구역으로, 훈춘연대는 김책이 활동하고 있는 3군으로, 왕청연대와 훈춘연대 일부 역량은 주보중 휘하의 5군과 함께 영안, 목릉, 위하 일대에서 활동하도록 파견했다. 하지만 일부는 개별적으로 파견되었다. 참군의 걸음마를 땐 지 얼마 되지 않은 북만의 항일연군 부대들에서는 군정간부 부족으로 많은 곤란을 겪고 있었다. 그래서 그들의 요청에 따라 한흥권, 전창철, 박낙권, 김태

준, 박길송, 오대성을 개별적으로 북만에 파견했다. 사실 그때 김일성은 북만에서 애지중지 키워 온 간부들을 송두리째 넘겨준 것이다.

## 인민혁명군 체제개편을 결정한 미혼진회의

조선인민혁명군 주력부대는 청구자, 관지를 거쳐 미혼진 밀영으로 향했다. 하지만 주력부대의 대부분의 대원을 북만으로 보내고 남은 대원은 소수의 인원에 불과했다. 미혼진 밀영에 도착한 주력부대는 최현을 비롯한 유격대원들이 장티푸스에 걸려 앓아누워 있는 곳을 직접 찾아갔다. 김일성과 최현은 감격스러운 상봉을 했다. 병석에 있던 많은 대원은 초인적인 의지로 병마를 이겨냈다.

미혼진 밀영에서는 3월 23일~24일 조선인민혁명군 군정간부회의가 열렸는데, 이 회의를 미혼진회의라 한다. 이 회의에는 조선인민혁명군 군정일꾼뿐 아니라, 위증민, 왕덕태 등 중국인 항일연군 간부들도 참석했다. 이 회의에서는 남호두회의 방침을 관철하기 위한 실천적 대책을 논의하는 회의였으며, 김산호, 박영순, 김명팔을 비롯해 조선인민혁명군 중대 정치지도원급 이상 간부들이 다수 참석했다. 또한 이 회의는 조선인민혁명군 군정간부회의이면서도, 다른 한편으로는 동북인민혁명군 2군을 동북항일연군으로 개편하고 병력과 활동지역을 편성하는 문제를 협의하는 성격도 갖고 있었다.

남호두회의 결정사항은 1930대 후반기에 튼튼히 틀어쥐고 나가야 할 전략적 과업들이었다. 이 과업들을 해결하자면 일련의 전술적 대책이 필요했다. 김일성의 전략적 구상은 백두산 지구를 조선민족해방혁명의 중심적 책원지로 삼고, 남북만주와 국내깊이까지 자유자재로 움직이면서 대부대에 의한 적극적인 군사공세와 정치활동으로 우리나라 항일민족해방운동을 한 단계 더 높이 승화시키려는 데 있었다. 한마디로 판을 크게 벌이려고 결심했다. 그런 구

최현

김철호

김명화

미혼진 밀영에 있는 조선인민혁명군 대원들

상을 실현하려면 무엇보다도 당역량, 군사역량, 통일전선역량이라는 세 가지 고리에서 걸린 사람문제를 해결해야 했다.

　이러한 시대적 요구에 따라 미혼진회의에서는 인민혁명군 부대들의 개편 문제를 토의하고 새로 조직되는 사단들과 여단의 활동지대를 결정했다. 무엇 보다 먼저 1개 사단, 1개 독립여단을 새로 편성하여 인민혁명군의 전투역량을 종전의 2개 사단으로부터 3개 사단, 1개 독립여단으로 대폭 확대할 것을 결정 하였다. 이 결정에 기초하여 부대별 활동구역을 분담하였는데, 새로 조직될 3 사 ( 후에 6사 ) 는 백두산을 중심으로 한 압록강 국경연안 일대에서, 1사는 무송, 안도, 임강 일대에서, 2사는 간도와 북만일대에서 각각 활동하기로 하였으며 새로 편성되는 독립여단은 북만주지방에서 유동작전을 하다가 점차 압록강연안에 진출하여 국경일대에서 출몰하는 적들을 제압하기로 하였다. 이것은 실로 짧은 시일 안에 전격적인 방법으로 인민혁명군의 전투력을 2배 정도 확대할 것을 요구하는 전투적인 결정이었다. 이때 간부배치안도 결정됐다. 1사 사장은 안봉학이 유임되고, 최현은 중대장으로부터 1사 1연대장으로 등용됐다. 그리고 새로 구성될 3사는 김일성이 지휘하는 주력부대로 선정됐다. 하지만 주력부대인 3사는 새로 편성해야 할 사단이었다.

남호두 회의를 1930년대 전반기와 후반기를 구획 짓는 하나의 분수령이라고 하면 미혼진회의는 동강회의, 서강회의, 남패자회의와 함께 조선혁명을 1940년대의 대 사변으로 유도해간 징검다리라고 할 수 있다. 남호두를 떠난 급행열차는 미혼진, 서강, 남패자를 거쳐 소할바령을 향해 전속력으로 질주하였다. 미혼진, 서강, 남패자는 남호두로부터 소할바령으로 통하는 역사적인 노정에서 조선인민혁명군의 우정과 심혼이 아낌없이 뿌려진 잊을 수 없는 중간정류소들이었다.

### 불타버린 민생단 보따리

새 사단을 조직하는 문제는 조선혁명의 주체노선을 관철해나가는 데서 최우선적으로 해결해야 할 관건이 되는 문제였다. 새 사단은 군사활동만을 벌이는 본래적 의미의 그런 사단이 아니었다. 이 사단은 군사활동을 하면서도 백두산에 나가 국내도처에 당 조직망도 확대하고 조국광복회나 여러가지 반일조직을 통해 전민을 반일항전으로 결집하고 이끌어나가야 할 정치군대로서의 새로운 임무와 면모를 갖추어야 했다. 따라서 주력사단은 조선혁명의 기관차라고 할 수 있다. 주력부대로 될 새 사단을 튼튼히 꾸려야 여기에서 우수한 군사정치 간부들을 계속 많이 육성해 다른 부대들에 파견할 수 있으며 항일무장대오를 전반적으로 강화할 수 있었다.

주력부대를 어떻게 꾸릴 것인가를 둘러싸고 논쟁이 많았다. 일부 대원들은 항일연군 각 부대에 산재해 있는 조선청년을 모조리 불러다 대집단군을 편성해 가지고 백두산으로 나가야 한다고 주장하기도 하고, 또 어떤 대원들은 여러 부대들에서 핵심적인 유격대원들만 특별히 따로 선발해 주력부대를 꾸려야 한다고 역설했다. 모두 일리가 있는 의견이었지만, 공동의 적을 반대해 함께 투쟁하는 중국부대원들의 운명이나 공동투쟁의 발전전망 같은 것은 안중에 두지 않는 견해들이었다. 김일성은 이러한 견해들을 반대하고 북만으로 데리고 들어갔던 수백 명의 원정대원을 북만에서 활동하고 있는 부대들에게 나누어 주고, 무송 땅에 나가 그곳에서 활동하고 있다는 2연대 사람들을 기본성원으로 하고, 여기에 동만일대와 국내 우수한 청년들을 받아들여 새 사단을 편성하는 방법으로 주력부대를 꾸리기로 작정했다.

새 사단 구성의 꿈을 안고 조선인민혁명군 주력부대는 미혼진을 떠나 마안산으로 향했다. 그때 주력부대의 인원은 20명도 채 안 되었다. 2명의 나이 어린 전령병과 오백룡을 포함한 10명의 호위성원들, 김산호와 대통영감 등이 전부였다. 관지에서부터 주력부대를 따라왔던 왕청연대 1개 중대조차 북만의 부대들에 합류하기 위해 의란현 방면으로 떠나갔다. 미혼진에서 마안산까지의 행군은 북만의 남호두 소자지하에서부터 백두산지구 진출의 남하행군로상에서 가장 곤란을 많이 겪은 노정이었다. 행군 대오는 미혼진을 떠난 다음 날부터 밥을 지어 먹거나 꿰진 옷을 기워 입을 겨를도 없이 매일 한 두 차례씩, 어떤 날은 서너 번씩 전투를 했다. 밤에는 적은 인원으로 보초조직도 세우기 어려워 사령관도 대원들을 대신해 보초를 섰을 정도였다.

간난신고의 행군 끝에 드디어 마안산에 도착했다. 마안산에 도착해 보니, 그곳에서 기다려야 할 2연대는 보이지 않고 밀영은 텅 비어 있었다. 골짜기를 더 들어가니 작은 귀틀집 2채가 있었고, 그곳에 1사 정치주임 김홍범이 있었다. 김홍범의 2연대는 교하 쪽으로 원정을 갔고, 삼포밀영에는 민생단 혐의자 100명이 있었는데, 그들마저 임강쪽으로 식량공작을 나갔다는 것이었다. 김홍범을 통해 그곳 상황을 대략 듣고 난 김일성은 마른 하늘에 날벼락을 맞은 느낌이었다. 믿었던 2연대가 없다는 것은 남호두부터 벼르고 별러 왔던 새로운 주력부대를 꾸릴 수 없게 됐다는 것을 의미했다. 믿었던 도끼가 부러진 셈이었다. 2연대는 독립연대로 활동할 때부터 싸움 잘하는 고려홍군이라고 소문난 순수 조선인부대들 중의 하나였다. 그 연대는 동만의 연길, 왕청, 화룡 등 각 현 유격구들에서 1개 중대씩 선발해 조직한 부대였다. 연대장인 윤창범이나 연대정치위원 김낙천을 말할 것도 없고 권영벽, 김주헌, 오증흡, 김평 등 연대의 핵심성원들은 김일성이 직접 키워낸 싸움꾼들이었으며, 유능한 정치간부들이었다. 2연대는 처창즈 유격구 해산이후 안도현 내도산을 거쳐 무송현 마안산으로 이동했다. 연대는 마안산에 지휘부와 후방기지를 두고 겨울동안 무송지구에서 우리들 기다리기로 되어 있었다.

그런데 기다리던 2연대는 보이지 않고, 민생단 문서보따리가 기다리고 있었다. 문서보따리가 얼마나 많았던지 방 한 칸에 가득 차 있었다. 떠들썩한 환성과 격정적인 포옹대신에 곰팡내가 물씬 풍기는 범죄기록 뭉텅이를 받아 안게 된 그 순간 김일성은 엄청난 기만과 우롱 속에 빠져든 것 같아 몸이 떨렸다. 연락원을 보내 민생단 혐의자들을 모두 돌아오도록 조치하고, 밤새도록 문서들을 검토하고 또 검토했다. 그곳에는 어마어마한 죄상들이 생동감 있게 기록돼 있었다. 문서를 보다가 그것이 무익함을 깨달은 김일성은 문서장을 덮어버렸다. 임강현 마의하 쪽에 가 있던 민생단 혐의자들은 연락을 받자 험준한 용강산줄기를 넘어 수백 리나 되는 산길을 단 이틀 사이에 도착했다. 그들이 삼포밀영에 도착했다는 보고를 받고 김일성은 그들을 찾아갔다.

그들을 만난 김일성은 민생단인지 아닌지 스스로 말해보라고 말했다. 그들은 처음에는 모두 자기는 민생단이라고 답변했다. 하지만 한 여성유격대원(김확실)이 자기는 민생단이 아니라고 실토하자, 여기저기서 자기들은 민생단이 아니라고 답하기 시작했다. 김일성은 김홍범을 불러 민생단 보따리를 갖다 불태울 준비를 해 놓으라고 지시했다. 김홍범은 처음엔 펄쩍 뛰었다. 숙반공작위원회에서 작성한 법적 문건들을 승인도 받지 않고 함부로 없앤다면 큰일이 난다는 것이었다. 사실 그의 말은 틀리지 않았다. 법적 성격을 띤 문건은 어느 개인이 자의적으로 불태운다는 것은 있을 수 없는 것이다. 그것은 매우 위험천만한 일이었다. 숙반의 하수인들은 반민생단투쟁 문제를 코민테른에까지 제소한 김일성에 대해 앙갚음을 하려고 그것을 빌미로 충분히 징계를 내릴 수 있었다. 그런 징계를 내린다면 항변할 수도 없었다. 그것이 그처럼 위험한 일이라는 것을 모르지 않았지만, 그렇지 않고서는 그들의 구원할 길이 없다는 판단을 내리고, 김산호를 시켜 문서보따리를 가져오게 했다. 문서보따리를 앞에 놓고 다음과 같이 천명했다.

《동무들을 오늘 누가 민생단이고 누가 민생단이 아니라고 결론짓기는 어렵다. 누구도 그것을 증명할 수 없기 때문이다. 그러나 내가 오늘 동무들에게 명백히 선언할 것은 지금 이 자리에는 민생단이 한명도 없다는 사실이다. 그것은 동무들자신이 다 민생단이 아니라고 부인하였기 때문이다. 나는 동무들이 한 그 말을 믿는다. 동무들은 이 시각부터 백지상태로 돌아가서 다 새로 출발한다는 것을 알아야 한다. 깨끗치 못했던 과거란 더는 존재하지 않는다.

그러나 동무들의 혁명가로서의 진가는 과거에 의해서가 아니라 실천행동에 의하여 규정된다는 사실을 명심해야 한다. 동무들은 지금 다 같이 인생의 백지를 나눠가지게 되었다. 그 백지에 얼마나 고귀한 삶과 투쟁의 기록을 남기는가 하는 것은 전적으로 동무들 자신에게 달렸다.

모두가 새 출발하여 조국과 인민과 역사 앞에 떳떳이 내놓을 수 있는 투쟁행적을 그 백지장들에 적어놓게 되리라고 믿는다. 나는 이 시각부터 동무들을 그토록 괴롭혀왔던 민생단 혐의가 완전히 무효하다는 것을 언명하는 동시에 동무들모두가 조선인민혁명군 주력부대의 대오에 들어섰다는 것을 선포한다.》

이렇게 선언하고 민생단혐의자 몇 사람을 불러내 그들에게 민생단보따리에 불을 붙이라고 했다. 그들이 불을 붙이자 민생단보따리는 활활 불타 한 줌의 재로 변해갔다. 그와 함께 민생단혐의자들은 새 사람으로 재탄생했을 뿐아니라, 조선인민혁명군 주력 사단 소속의 군인으로 되었다. 백두산지구로 진출할 조선인민혁명군 주력사단은 이렇게 탄생했다. 2연대를 모체로 조직하려던 처음의 계획과 달리 새 사단은 죄악에 찬 불신의 문서장들을 한 줌의 재로만드는 불길 속에서 태어났다.

조선인민 혁명군 대원들

민생단보따리가 불타 없어지고 새 사단이 태어났다는 소문이 삽시간에 사방으로 퍼져 나갔다. 곳곳에서 숨어 지내던 사람들이 그 소문을 듣고 새 사단으로 찾아왔다. 맨 먼저 찾아 든 사람들은 대첨창 골짜기에 숨어 있었다는 화룡출신의 반일자위대원들이었다. 이들 속에는 훗날 사령의 전령병으로 된 백학림과 꾀꼬리로 소문난 김혜순도 끼어 있었다. 박록금도 그 무렵에 새 사단을 찾아 왔다. 무송현 노모정자에서는 장티브스에 걸려 앓고 있던 청년들이 새 사단에 편입됐다. 김일성은 그 청년들을 1개 소대로 편성하고 김정필을 소대장으로 임명했다. 안도현 오도양자 부근 수림지대에서 활동하던 김주현소조도 찾아왔다. 처창즈에서는 김택환소부대가 달려왔다. 민생단혐의자로 몰린 대원들과 여기저기서 찾아온 사람들로 연대와 중대들을 정식으로 편성했다. 이동학과 김택환은 각각 중대장에 임명되었고, 김주현은 정치지도원으로 임명됐다. 또한 김산호는 연대정치위원이 되었다. 마안산에 와 닿았을 때에는 20여명이 채 되지 않았던 조선인민혁명군 주력부대는 동강에 이르러서는 수백 명으로 늘어났다.

새 사단을 꾸리지 못했더라면 무송현성과 같은 큰 성시를 마음먹고 들이칠 수도 없었을 것이고, 그 후 압록강변과 백두산 주변에서 연속적인 승리의 개가도 올릴 수 없었을 것이다. 당초 계획되었던 바와 달리 2연대는 새 사단의 탄생은 물론 그 성장발전에도 보탬이 되지 않았다. 그들이 주력부대로 달려 온 것은 반년도 더 지나서 백두산 지구에 나가 자리를 잡고 있었던 때였으며, 그때는 이미 주력사단의 틀이 다 잡힌 뒤였다.

# 3
# 조국광복회 창건

## 대통영감 이동백

새 사단 탄생으로 주력부대가 더욱 강화 발전됨으로써 반일민족통일전선과 당 창건을 위한 조직사상적 준비를 보다 폭넓고 깊이 있게 전개할 수 있는 돌파구가 열렸다. 이를 토대로 상설적인 통일전선체를 결성하기 위한 준비사업을 본격적으로 추진해 나갔다. 남호두회의에서 결정된 통일전선방침은 단일조직형태의 하나의 상설적통일전선조직을 만들고 그 산하에 광범한 반일역량을 튼튼히 묶어 세우는 것이었다. 이것은 당시 정세로 볼 때 매우 절박한 과제로 부각되었다.

민족의 모든 역량을 하나로 묶어 세우기 위한 노력은 1920년대에도 있었다. 그것은 바로 신간회의 결성이었다. 신간회의 결성은 민중의 염원과 시대적 요구에 부합되는 하나의 큰 경사였다. 우리나라 민족협동전선의 첫 산아라고 할 수 있는 신간회는 그 취지와 목적이 애국적이고 반일적이었다. 강령의 내용도 혁신적이고 혁명적이었으며 회원들의 직업별 구성도 다양하고 폭넓었다. 좌우합작으로 민족의 총력을 하나로 집결시키려고 한 그 훌륭한 취지와 목적에도 불구하고 신간회는 1931년 5월에 자기의 존재를 끝마쳤다. 신간회가 왜 해산되었는가를 둘러싸고는 의견이 분분했다. 공산주의운동자들은 그 해산의 원인을 민족주의자들에게서 찾으려 했고, 민족주의자들은 공산주의자들에게 그 책임을 지우려고 했다. 한때 일부 역사가들은 신간회가 해산된 근본적인 원인을 상층의 분열과 개량주의적 경향에서 찾으려고 하면서 이 조직의 애국적 성격과 민족사적 의의자체를 부정하려고 하였다. 신간회가 해산된 원인은 무엇보다도 조선 민족의 반일항쟁역량이 하나로 단합되는 것을 두려워한 일제가 그 내부에 쐐기를 박아 분열을 꾀하고 개량주의적 상층을 매수한데 있었다. 적들의 암해책동과 파괴공작을 물리치고 신간회를 능숙하게 운영하고 이끌어 나갈만한 중심적인 지도역량이 없었던 것도 하나의 주요한 해산원인이었다.

신간회 와해에서 뼈저린 교훈을 찾은 조선인민혁명군은 민중중심의 새로운 통일전선운동을 벌여나가야겠다는 비상한 각오와 결의 밑에 반일민족통일전선 문제를 중요한 방침으로 삼고, 민족의 총력을 항일구국 위업의 깃발아래 결집하기 위한 노력을 꾸준히 해왔다. 그 과정에 이 운동을 주도적으로 이끌어 나갈만한 핵심도 키워내고 유익한 경험도 축적했다. 남호두회의는 범민족통일전선체 창립에 대한 결정을 채택함으로써 우리나라 통일전선운동에서 새로운 전기를 마련한 역사적인 분수령으로 되었다.

이 시기는 국제적으로도 제국주의 침략을 저지하기 위한 인민전선운동이 대두해 파시즘과 대결하고 있었던 때였고, 코민테른도 프랑스 인민전선운동의 발전에서 좋은 시사를 받고 인민전선 결성을 중요한 투쟁목표로 제시했다. 이에 따라 국제공산주의운동은 자본주의의 즉시 타도를 목적한 세계혁명이 아니라 평화와 민주주의를 옹호하고 전쟁과 파쇼를 반대하는 운동을 당면한 과제로 내세웠다. 이것은 국제공산주의운동에서의 하나의 노선전환이라고 할 수 있었다. 제2국제당계열의 여러 정당은 코민테른의 통일전선제의를 거부했으나, 프랑스, 스페인, 라틴아메리카 등에서 인민전선운동은 현저한 발전을 보게 되었다. 1936년 2월 스페인에서의 인민전선정부의 출현은 그 단적인 실례로 된다. 이후 프랑코가 반란을 일으킴으로써 스페인은 치열한 내전으로 들어갔다. 인민전선정부를 지키기 위한 전 세계 진보적 세력들의 지원의 물결이 넘쳤다. 코민테른은 급변하는 세계정세를 재빨리 포착하고 각국 노동계급과 근로민중들을 반전, 반파쇼투쟁에로 묶어세워 전쟁을 방지하고 평화를 수호하며 파쇼를 반대하고 민주주의를 고수하는 것을 당면한 전략적 과업으로 제시했다.

범민족통일전선체로서 조국광복회를 창건하기 위한 준비사업은 남호두회의 이후부터 시작됐다. 하지만 초기준비사업은 조선인민혁명군 사령관이 혼자 도맡다시피 했다. 주변 사람들에게 의견을 물어도 대체로 그러한 것들은 사령관이 알아서 하라는 식으로 답했고, 실제적인 도움이 되지 못했다. 그 과정에 우연히 한 사람을 만났다. 그가 바로 대통영감으로 알려진 이동백이었다. 이동백은 그때 나이가 마흔을 훌쩍 넘겼다. 도저히 항일유격대에서 무장투쟁을 벌일 수 있는 나이가 아니었다. 그런데도 강력하게 참군을 요청했다. 어쩔 수 없이 입대를 승인했다. 입대가 결정되자 신바람이 나서 왜 입대를 결심했는가를 사령관에게 말하기 시작했다.

《이동백: 나를 장군 곁에 붙잡아둔 게 뭔지 알겠습니까?

첫째는 물론 장군의 그 고명한 경륜이구, 둘째는 장군의 기운 바지와 미혼진 열병환자들의 울음이었지요.… 격리상태의 열병환자들을 아무 거리낌 없이 찾아가 돌봐주는걸 보고 나는 생각이 많았습니다. 일신의 위험도 마다하고 아래 사람들의 운명을 책임지고 돌봐준다는 게 말처럼 쉬운 일이 아니지요. 한다하는 거물들을 다 만나봤지만 어림도 없습니다.

조선혁명의 참된 주인, 조선의 운명을 책임적으로 맡아 안은 진짜배기주인, 진짜배기지도자를 찾은 것, 이게 나를 여기 남게 한 근본이유입니다. 탁상공론을 안하고 공리공담을 안 하는 것, 장군은 이 장점만으로도 나와 같은 시골서생을 충분히 감동시킬 수 있었습니다.

**김일성:** 선생을 붙잡은 세 번째 이유도 있습니까?

**이동백:** 왜 없겠습니까. 물론 있지요. 그것은 장군의 창조적이고 실천적인 사고방식과 혁명승리에 대한 드팀없는 확신입니다.》

이후 이동백은 조국광복회 준비위원으로 적극적으로 활동했다. 김일성은 조국광복회 준비와 관련한 다양한 쟁점들을 그와 함께 의논하며 풀어나갔다. 그런데 한번은 대통영감이 일반적으로 통일전선체는 제 정당단체연합으로 이루어지는 것인데, 우리나라의 경우 어떠한 정당이나 합법단체도 없기 때문에 통일전선체 건설은 불가능하지 않겠는가 하고 질문했다. 그때 사령관은 그에게 눈덩어리 두 개를 주면서 그걸 합쳐 보라고 하고 자신은 따로 작은 눈덩이를 눈 위에 굴려 그 두 개의 눈덩이를 합친 것만한 눈덩이를 만들었다. 그러고 나서 작은 구심력을 굴려 두 개의 눈덩이를 합친 것보다 큰 눈덩이를 만들었다고 말하면서, 그래도 꼭 정당이 있어야만 통일전선체 건설이 가능하다고 보느냐고 반문했다. 하지만 이동백은 자연현상과 사회현상은 다르다고 하면서 그 논리를 수긍하지 않았다. 그러자 사령관은 통일전선사업에서 그동안 이룩했던 성과들을 소개하면서 "통일전선이란 반드시 정당단체들의 연합으로만 이루어지는 것이 아닙니다. 정당단체연합 건설방식을 절대화하게 되면 그것은 곧 교조가 됩니다. 군중이 있고 영도 핵심만 있으면 능히 통일전선체를 내올 수 있습니다. 목적과 지향의 동일성을 기준으로 해 열사람이건 백사람이건 묶어세워야 한다는 것이 통일전선에 대한 나의 견해입니다. 우리는 이런 입장을 갖고 오래전부터 통일전선운동을 추진시켜 왔습니다."라고 답했다. 이동백은 뒷덜미를 툭툭 치며 "역시 교조가 문제였군."하고 껄껄

소리 내 웃었다.

조선인민혁명군 주력 사단이 편성된 후부터 조국광복회 창립준비위원회를 구성해 모든 역량과 힘을 조국광복회 창립준비사업에 집중했다. 준비위원 중에 김산호와 이동백이 가장 핵심적 역할을 했는데, 김산호는 주로 대외조직과 연락을 맡았으며, 대내 준비사업은 이동백이 전부 담당했다. 많은 난관들이 있었지만, 그것을 잘 뚫고 나가 모든 일이 빠른 속도로 진척됐다. 조국광복회 강령과 규약, 창립선언의 작성은 사령관이 직접 담당했는데, 여기에 이동백의 적극적인 도움이 있었다. 강령 작성과정에 강령의 첫 조항을 둘러싸고 이동백과 큰 의견대립이 있었다. 김일성이 2천만 민족의 총동원으로 강도 일제의 식민지 통치를 짓부수고 진정한 민중의 정부를 세우자는 내용을 담자고 하자, 이동백은 머리를 기웃거리고 무산계급 사회를 건설한다는 문구가 없으니 서운하다고 이의를 제기했다. 공산주의 냄새가 없으면 공산주의를 신봉하는 사람들이 좋아하지 않을 것이며 진정한 민중정권이라는 말은 계급적 성격도 모호하고 민족주의 냄새가 난다는 것이었다.

이러한 견해에 대해 사령관은 다음과 같이 요지로 설득했다.

자신을 공산주의자라고 자처하는 거의 모든 사람들은 마치도 공산주의는 민족적 이념과 상치되는 사상인 것처럼 여기면서 공산주의자들은 협소한 민족적 이념에서 벗어나 철저히 계급적 원칙과 국제주의적 입장을 고수해야만 노동계급과 전 인류를 착취와 압박에서 해방할 수 있다고 역설하였다. 공산주의를 신봉하는 적지 않은 사람들이 이러한 주장을 하게 된 주되는 원인의 하나는 마르크스가 공산당선언에서 '프롤레타리아트에게는 조국이 없다.'고 한 명제를 매우 단순하게 그대로 받아들인데 기인된다.

마르크스와 엥겔스는 일국사회주의혁명의 가능성이 채 성숙되지 못하였던 역사적 시기에 살았다. 그들은 자본주의가 고도로 발전된 여러 나라에서 사회주의혁명이 동시에 진행되리라고 예언하였다. 노동계급의 전복대상인 각국 부르주아지가 민족적 이익의 옹호자로 자처하고 있는 조건에서 전 세계의 프롤레타리아트가 자국 부르주아계급이 표방하고 있는 민족주의나 애국주의의 감언이설에 속아 넘어간다면 프롤레타리아트의 전 세계적인 혁명위업은 망쳐질 수 있었다. 각국의 프롤레타리아트에게는 부르주아적지배하에 있는 모국이 결코 조국으로 될 수 없으며 따라서 프롤레타리아트는 국수주의와 국제주의, 민족주의와 사회주의의 양자 가운데서 반드시 국제주의, 사회주의 편에 서야 하였다.

바로 이러한 견지로부터 마르크스주의 고전가들은 노동계급이 이른바 애국주의적인 환상에 사로잡히는 것을 경계하였고 애국주의와 사회주의의 양자 속에서 언제나 민족주의적 편견을 버리고 사회주의를 옹호할 것을 가르쳤다. 레닌은 제2국제당 수정주의자들이 제1차 세계대전의 발발과 함께 노동계급의 혁명적 원칙을 버리고 '조국방위'의 구호 밑에 제가끔 자기 나라의 부르주아편에 붙은 것을 사회주의위업에 대한 변절로 낙인찍었다. 자기민족 전체를 희생시켜서라도 개인적 치부를 증대시키려는 환장한 부르주아지들의 식민지쟁탈전쟁에 조국방위의 간판을 들고 도와나서는 것은 자기 민족에 대한 배신인 동시에 사회주의에 대한 배신으로 된다. 그러므로 제국주의국가의 프롤레타리아트가 사회주의위업에 충실하려면 조국방위의 간판을 들것이 아니라 전쟁반대의 기치를 들고 전쟁 보이콧 운동을 벌려야 한다.

그러나 식민지예속국가들에서는 사정이 완전히 달라진다. 식민지예속국가들에서 공산주의자들이 조국해방과 애국주의의 기치를 드는 것은 곧 종주국의 부르주아지를 반대하는 것으로 되며 바로 이렇게 함으로써 그들은 민족혁명과 계급혁명 그리고 국제혁명위업에 다 같이 기여하게 된다.

이 명백한 진리를 깨닫지 못하고 '프롤레타리아트에게는 조국이 없다.'는 명제를 무조건 절대화하면서 애국주의, 민족주의를 공산주의의 원수처럼 여기고 배척하였다는데 바로 사이비공산주의자들, 행세식 마르크스주의자들의 이론실천적 착오가 있었다.

사회주의혁명이 민족국가단위로 진행되게 되는 새로운 역사적 조건하에서 식민지나라들에서의 진정한 민족주의와 진정한 공산주의사이에는 사실상 깊은 심연이 없다고 할 수 있다. 한편에서는 민족성에 대하여 좀 더 역점을 찍고 다른 편에서는 계급성에 대하여 좀 더 강조하고 있을 따름이지 외세를 반대하고 민족의 이익을 옹호하는 애국애족적인 입장은 같다고 보아야한다.

진정한 공산주의자도 참다운 애국자이며 또 진정한 민족주의자도 참다운 애국자라고 보는 것은 나의 변함없는 신조이다. 이런 신조로부터 출발하여 우리는 시종일관 애국적인 진정한 민족주의자들과의 합작을 중시해왔으며 그들과의 동맹을 강화하는데 모든 힘을 다 바쳐왔다.

우리는 조선공산주의자들이 조국해방을 위하여 싸우는 것은 민족적 권리라는 것을 인식시키고 그것이 결코 프롤레타리아국제주의와 모순되지 않는다는 것을 납득시키는데 상당한 시간과 정력을 바치지 않으면 안되었다. 이와 함께 우리는 자신의 투철한 조국애와 민족해방을 위한 실천투쟁으로써 공산주의자들이야말로 진정으로 나라를 사랑하고 민

족을 사랑하는 애국자들이라는 것을 온 민족 앞에 과시하였으며 드디어
는 민족해방투쟁의 진두에 떳떳이 나서게 되었다.

우리의 이러한 장구한 희생적인 투쟁의 결과로 보람찬 결실을 보게
되는 것이 바로 조국광복회창립이다.

그러므로 우리는 조국광복회라는 명칭자체도 당당하게 내달고 강령
의 첫 조항에 우리 민족성원전체의 자력으로 조국광복을 이룩하고 동만
유격근거지에 세웠던 것과 같은 진정한 민중의 정부를 세우려 한다는데
대하여서도 뚜렷이 밝혀야 한다.

그 이야기를 주의 깊게 듣고 난 이동백은 무릎을 치며 탄성을 올렸다.

이처럼 조국광복회 창립준비위원회는 조국광복회 10대 강령에서 주권문
제 해결을 1차적 과제로 제시하고 민중들에게 민주주의적 자유와 권리를 보
장하며, 사회의 민주적 발전을 이룩하기 위한 과업을 비롯해 여러 가지 과업
들을 제시했다. 김일성이 강령과 규약, 창립선언문을 기초하는 동안 다른 사람
들은 창립준비위원회의 명의로 된 편지와 선전문들을 준비했다.

## 조국광복회 창립대회
강령과 규약, 창립선언문을 모두 끝마친 후 만강부락 허락여 촌장집에서
최종 토의에 부쳤다. 준비위원들을 모두 적극적인 지지와 찬성을 표하고 환희
에 들떴다. 4월말에 모든 준비를 끝마치고 창립대회장소인 동강수림으로 향
했다. 초청장을 받은 대표들이 그럭저럭 거의 다 모였으나 꼭 참석하겠다고
답장까지 보내왔던 남만의 이동광과 전광(오성륜)은 대회가 끝날 때까지 참석하
지 못했다. 국내대표로는 벽동에서 온 천도교 대표와 농민대표가 왔고, 온성

지역에서 교원대표와 노동자 대표들이 각각 한 사람씩 왔다.

역사적인 조국광복회 창립대회는 5월 1일부터 15일까지 무려 15일간이나 진행됐다. 이것이 통칭 동강회의라 부르는 조국광복회 창립회의였다.

5월 1일 회의가 시작됐다. 이동백이 대회시작을 선포하고, 대회 앞으로 온 축사를 낭독하고, 김일성이 '반일민족통일전선운동을 더욱 확대발전시켜 전반적 조선혁명을 새로운 앙양에로 이끌어 올리자'라는 제목의 보고를 했다. 보고의 요지는 다음과 같았다.

**반일민족통일전선운동을 더욱 확대발전시켜 전반적 조선혁명을 새로운 앙양에로 이끌어 올리자** (1936년 5월 1일)

조성된 정세는 전 민족을 하나로 굳게 결속하여 반일민족해방투쟁을 가 일층 앙양시킬 것을 절박하게 요구하고 있습니다. 우리는 이러한 정세의 요구를 반영하여 남호두회의에서 토의된 방침에 따라 이번에 전민족을 하나로 조직 결속할 수 있는 상설적인 반일민족통일전선조직체인 조국광복회를 창립하게 됩니다.

조국광복회를 창립하는 것은 반일민족해방투쟁 발전에서 거대한 의의를 가집니다.

우리는 조국광복회를 통하여 각계각층의 광범한 반일애국역량을 전국적인 규모에서 하나로 결속하고 그들을 반일혁명투쟁에 힘 있게 조직 동원할 수 있게 될 것입니다.

이번에 조국광복회를 창립함으로써
- 모든 반일애국역량은조국광복회 강령의 혁명적 기치하에 반일민족통일전선운동을 통일적으로 발전시켜나갈 수 있게 될 것입니다.
- 항일무장투쟁과 대중운동을 밀접히 결합시키고 조선인민혁명군과 광범한 반일대중과의 연계를 결정적으로 강화할 수 있게 될 것입니다.
- 조국광복회 조직망을 거점으로 당 창건 준비사업을 더욱 줄기차게 밀고나갈 수 있게 할 것입니다.

그리하여 조국광복회는 항일무장투쟁을 중심으로 하는 전반적 조선혁명을 일대 앙양에로 이끌 수 있게 할 것입니다.

조국광복회는
- 전 민족을 조국광복전선에 하나로 결속하고 조직 동원할 수 있는 대중적인 혁명조직입니다.

- 각계각층의 광범한 반일애국역량을 결속할 수 있는 정연한 조직체계를 가진 포괄적이고 전일적인 통일전선조직체인 동시에 반일민족해방투쟁을 더욱 적극적으로 전개해나갈 수 있는 강력한 지하혁명조직입니다.
- 조선혁명의 영도기관으로서의 기능도 수행할 수 있는 혁명조직입니다.

조국광복회강령은
- 반일민족해방운동의 요구를 구현하고 있을 뿐 아니라 반제반봉건 민주주의혁명단계에서 해결하여야 할 노동계급의 기본요구와 각계각층 민중의 이익을 가장 정확하게 반영하고 있습니다.
- 이처럼 혁명의 영도계급인 노동계급을 비롯한 각계각층의 광범한 대중의 절실한 이해관계를 반영하고 있으며 일제의 주구들을 제외한 전민족적 역량을 조국광복회에 결속할 수 있는 혁명적 기치로 됩니다.

조국광복회의 기치 하에 전 민족적 역량을 결속하기 위하여서는 하부조직의 명칭을 해당 지방과 지역의 특성에 맞게 다는 것이 중요합니다.

조국광복회의 기치 하에 전 민족적 역량을 광범히 결속하기 위하여 중요한 문제로 나서는 것은 노동자, 농민, 청년 학생, 지식인, 종교인, 민족주의자, 양심적 민족자본가 등 각계각층 군중과의 사업을 능숙하게 하는 것입니다.
반일민족통일전선의 기치하에 각계각층의 광범한 반일군중을 결속하기 위하여 반일청년동맹을 비롯한 혁명조직들의 역할을 강화하여야 하겠습니다.

반일민족통일전선운동을 확대발전시키기 위하여 비합법적 활동을 강화하는 기초위에서 합법적 활동의 가능성을 최대한으로 이용하는 것이 중요합니다.

우리는 전 민족을 반일민족통일전선조직에 결속하는 동시에 반일부대와의 사업을 더욱 강화하여야 하겠습니다. 우리는 적군와해사업에도 응당한 주목을 돌려야 하겠습니다.

반일민족통일전선운동을 급속히 확대 발전시키는 것은 마르크스-레닌주의당을 창건하기 위한 준비사업을 적극 추진시키는 데서도 거대한 의의를 가집니다.

오늘 우리가 남호두 회의에서 토의한대로 국경지대와 국내에 진출하여 반일민족통일전선운동을 힘있게 전개하며 항일무장투쟁을 가일층 확대발전시켜나가려면 국경연안에 조선인민혁명군이 의거할 새로운 근거지가 있어야 합니다. 그것은 무엇보다도 조선인민혁명군 부대들이 자유롭게 이동하면서 군사정치활동을 전개하며 지하혁명조직들에 대한 지도를 원만히 보장할 수 있는 거점으로 되여야 합니다.

백두산주변일대가 반유격구로 꾸려져야 일제의 발악적공세가 강화되는 조건에서도 조선인민혁명군부대들이 근거지방어에 머무르지 않고 높은 기동성을 가지고 군사 활동을 할 수 있으며 후방기관들의 안전과 부대들의 휴식도 보장할 수 있습니다. 그리고 인민대중과의 연계를 보다 넓은 지역에서 강화하고 혁명조직들의 안전을 보장할 수 있으며 인민혁명군에 대한 인민들의 각종 형태의 지원을 더욱 강화할 수 있습니다.

이러한 백두산근거지가 형성되면 우리는 전국적 범위에서 반일민족
통일전선운동과 당 창건 준비사업, 항일무장투쟁을 줄기차게 확대발전
시키고 일제침략자들에게 심대한 정치군사적 타격을 줄 수 있으며 조선
혁명을 일대 앙양에로 이끌 수 있게 될 것입니다.

보고가 끝나고, 조국광복회 10대 강령과 규약을 심의에 붙였다.

### 조국광복회10대강령(1936년 5월 5일)

1. 조선민족의 총동원으로 광범한 반일통일전선을 실현함으로써 강
   도 일본제국주의의 통치를 전복하고 진정한 조선인민정부를 수립
   할 것.
2. 재만조선인들은 조중 민족의 친밀한 연합으로써 일본 및 그 주구
   만주국을 전복하고 중국영토 내에 거주하는 조선인의 진정한 민
   족자치를 실행할 것.
3. 일본 군대, 헌병, 경찰 및 그 주구들의 무장을 해제하고 조선의 독
   립을 위하여 진정하게 싸울 수 있는 혁명군대를 조직할 것.
4. 일본국가 및 일본인 소유의 모든 기업소, 철도, 은행, 선박, 농장, 수
   리기관 및 매국적 친일분자의 전체 재산과 토지를 몰수하여 독립
   운동의 경비에 충당하며 일부분으로는 빈곤한 인민을 구제할 것.
5. 일본 및 그 주구들의 인민에 대한 채권, 각종 세금, 전매제도를 취
   소하고 대중생활을 개선하며 민족적 공, 농, 상업을 장애 없이 발
   전시킬 것.
6. 언론, 출판, 집회, 결사의 자유를 전취하고 왜놈의 공포정책실현과
   봉건사상장려를 반대하며 일체 정치범을 석방할 것.
7. 양반, 상민 기타 불평등을 배제하고 남녀, 민족, 종교 등 차별 없는
   인륜적평등과 부녀의 사회상 대우를 제고하고 여자의 인격을 존

중히 할 것.

8. 노예노동과 노예교육의 철폐, 강제적 군사복무 및 청소년에 대한 군사교육을 반대하며 우리말과 글로써 교육하며 의무적인 면비교육을 실시할 것.

9. 8시간노동제 실시, 노동조건의 개선, 임금의 인상, 노동법안의 확정, 국가기관으로부터 각종 노동자의 보험법을 실시하며 실업하고 있는 근로대중을 구제할 것.

10. 조선민족에 대하여 평등적으로 대우하는 민족 및 국가와 친밀히 연합하며 우리 민족해방운동에 대하여 선의와 중립을 표시하는 나라 및 민족과 동지적 친선을 유지할 것.

회의 참가자들은 강령에 대해 전폭적 지지와 찬동을 표시하면서 뚜렷한 투쟁목표를 갖고 조선 혁명의 승리를 향해 확신 있게 나갈 수 있게 된 데 대해 기쁨을 토로하였고, 강령에서 제시된 과업을 적극적으로 실현하겠다는 굳은 결의들을 다졌다.

다음으로 창립선언문 낭독이 있었다. 이 선언문을 누구의 이름으로 발표할 것인가를 두고 논란이 있었다. 결국은 김동광(김일성의 가명), 이동백, 여운형의 이름으로 발표하기로 했다. 이때 발표된 조국광복회 선언은 그 후 국내외 여러 곳에 발송됐는데, 어떤 곳에서는 자기대로 복제 발표하면서 자기 지방의 영향력 있는 인물들과 저명인사 이름을 발기인으로 바꿔 발표하기도 했다. 명칭도 동만에서는 동만조선인 조국광복회라고 했고, 남만에서는 재만한인 조국광복회라고 했다.

창립선언문 낭독이 끝나고 회장 선출이 있었다. 회장은 참가자들의 만장일치로 김일성이 선출되었다.

이리하여 우리나라 반일민족해방투쟁의 역사에서 처음으로 상설적인 반일민족통일전선체가 탄생했다. 조국광복회 창립은 민족해방운동의 군중적 토대를 강화하는 데서 획기적 사변으로 되었다. 조국광복회가 창립됨으로써 반일민족통일전선운동은 항일무장투쟁과 밀접히 결합하여 전국적 범위에서 보다 조직적이고 체계적으로 빨리 발전하게 되였으며 모든 반일역량을 나라의 해방을 위한 투쟁으로 힘 있게 조직 동원할 수 있게 되었다. 또한 우리 민족이 민족자체의 힘으로 일제를 반대하는 투쟁을 더욱 과감히 전개해 나갈 의지를 다시금 엄숙하게 선포한 역사적인 계기로 되였으며 항일무장투쟁을 기본으로 하는 전반적 조선혁명을 새로운 앙양에로 떠밀어가는 전환점으로 되었다.

1936년 5월 백두산북쪽기슭에서의 조국광복회 탄생은 우리나라 민족해방운동 발전에 새로운 전기를 마련하고 조국광복의 밝은 서광을 안아온 역사적 사변으로 되었다. 우리나라 민족해방운동의 보다 창창한 새날은 이렇게 백두산기슭에서부터 밝아오기 시작하였다.

# 2

항일혁명의
책원지 백두 밀영

# 1
# 백두산으로 가는 길

조선인민혁명군은 1936년 5월 동강에서 조국광복회 창립대회를 성대하게 치렀다. 이제는 백두산으로 가야 했다. 그러나 백두산으로 가는 길은 직선로가 아니라 우회로였다. 백두산으로 나가기 위해서는 그 주변부터 반유격구화해야 했다. 그렇지 않으면 백두산이 있는 장백지역과 압록강 유역으로 나갔을 때 포위 고립돼 버릴 수가 있었다. 조선인민혁명군 주력부대는 백두산으로 진출하기 전에 우선 백두산 서북부와 서남부일대의 적들을 제압해 이 지역을 반유격구로 만들기 위한 군사작전에 돌입했다.

당시 일제침략자들은 조선인민혁명군의 국경지대와 국내에로의 진출을 막아보려고 날뛰었다. 백두산 서북부와 서남부일대에 군사력을 대대적으로 증강하고 지방통치체제를 강화했다. 이러한 조건에서 적을 강력히 타격해 철저히 제압해야만 조선인민혁명군이 이 일대에 발을 붙이고 주동적으로 활동할 수 있었다. 그리고 새로운 근거지 창설을 위한 투쟁도 힘차게 벌여나갈 수 있었다. 이것은 또한 이 지역 민중들의 의식화 조직화의 측면에서나, 중국인 반일부대와의 연합전선 공고화 측면에서도 매우 절실했다. 당시 그 지역 반일부대는 일제의 토벌에 위축돼 와해 상태에 빠져 있었다. 이러한 그들에게는 일제에 대한 강력한 군사적 타격만이 다시 반일투쟁으로 불러일으켜 줄 수 있는 가장 효과적인 수단으로 될 수 있었다.

이러한 점을 고려해 조선인민혁명군은 먼저 중국 동북지방의 무송현을 비롯한 백두산 서북부의 적을 제압하고, 그 성과를 백두산 서남부로 확대해 나간다는 작전계획을 세웠다. 이러한 작전계획에 따라 무송일대의 적들을 제압하기 위한 공격작전에 돌입했다.

## 무송일대의 적들을 제압하기 위한 공격전

조선인민혁명군주력부대(김일성부대)는 무송과 임강현을 정치군사적으로 장악하기 위한 전투를 전개했다. 주력부대는 두도송화강전투에 이어 노령전투(1936년 6월 중순 무송현 노령의 영마루에 매복하고 있다가 고개를 넘어 오고 있는 정안군을 완전히 섬멸한 전투)를 승리함으로써 무송, 임강현의 수림지대를 장악했다. 노령전투 소식은 삽시에 무송일대에 퍼져 나갔으며, 적들은 공포에 떨었다. 위만군 하층병사들은 말할 것도 없고 일부 상층장교들까지도 겁에 질려 병영에 들어박힌 채 밖으로 나올 생각을 못 했다. 대부분의 적들은 포대가 설치된 큰 부락으로 들어갔다.

적들이 큰 부락으로 들어가자, 주력부대는 적들이 집중적으로 배치되어 있는 큰 부락에 대한 습격전투를 벌였다. 주력부대는 협약을 어기고 도발을 벌이고 있는 왕가대장에게 본때를 보여주고, 무송일대의 적들을 군사적으로 제압하며, 무장부대의 무기를 해결하기 위해 시난차를 치기로 했다. 당시 조선인민혁명군은 위만경찰 토벌대인 왕가 대장과 화평관계를 맺고 활동했으나, 그가 3개항의 화평약속 중 하나인 반일부대 토벌 중단 약속을 어기고 계속해서 반일부대(만순부대)를 토벌하고 있었다. 이처럼 협약을 깬 그를 그냥 둘 수 없었다.

시난차는 크지 않은 집단부락이었지만 적 토벌대들의 중요한 출진기지였다. 이 마을에는 경찰분서와 자위단무력도 있었다. 김일성은 이 마을의 실정을 잘 알고 있는 대원을 통해서 낮 12시부터 1시 사이는 경찰들의 점심시간인 동시에 무기청소 시간이라는 것을 파악하고 대낮에 시난차를 치기로 했다.

1936년 7월 10일, 작전계획에 따라 2개의 습격조와 1개의 엄호조가 편성되었다. 습격조원들은 농민차림으로 변장한 다음 대낮에 토성에 접근해 재빨리 성문을 통과했다. 그리고 습격조별로 대상물에 진출했다. 그때는 예상대로 경찰들이 무기를 청소하느라 분해해 놓고 있었던 때였다. 습격조원들은 큰 저항없이 경찰 분소를 장악하고, 분서장 이하 경찰들을 모두 포로로 붙잡았다. 마을을 완전히 장악한 주력부대는 경찰분소 앞에 가설무대를 설치하고 연예공연을 했다. 여성대원들은 무대에 올라 여성해방가를 불렀다. 시난차전투 승리는 조선인민혁명군의 전투적 위력을 널리 시위하고 토벌능수라고 하던 왕가대장에게 커다란 심리적 타격을 주었다.

시난차전투 승리이후 주력부대는 서강전투를 벌였다. 서강은 무송현성에서 남쪽으로 약 40km, 동강에서는 서남쪽으로 약 20km 떨어져 있는 산간부락으로서 교통이 매우 나쁜 지대였다. 하지만 일제는 이 일대가 인삼재배지역이고, 특히 백두산의 원시림과 직접 연결돼 있어 조선인민혁명군에 매우 유리한 지역이라는 것을 고려해 가장 악질적인 위만군 3연대를 상시 주둔시키고 통제지역으로 관할하고 있었다.

김일성은 서강전투를 계획하면서 위만군의 위세에 겁을 먹고 있던 반일부대들도 끌어들여 그들에게 신심을 갖게 해주어야겠다고 결심했다. 이리하여 이 전투에는 반일부대 병사들도 참가하게 되었다. 서강의 수림 속에서 진행된 조선인민혁명군 주력부대와 반일부대 지휘관들의 모임에서 적의 건물이 목조건물이라는 것을 고려해 화공전술을 배합한 강한 화력전과 적군와해전술을 이용해 소탕하자는 전술방침을 제기했다.

적들 모르게 감쪽같이 공격태세를 갖춘 다음에 전투명령이 하달되었다. 화공조는 불붙은 솜뭉치를 적 병영 지붕에 연속 던졌다. 보슬비가 내리는 날이었으나 마침내 적 병영 지붕에 불길이 타올랐다. 불길은 삽시에 병영 전체로 타 번졌다. 적 병영 앞마당은 불붙는 병영에서 뛰쳐나온 자들과 불을 끄려고 달려온 자들로 아수라장이 되었다. 이때 사격명령이 떨어졌다. 병영을 포위하고 사격신호를 기다리던 전투원들은 적들에게 맹렬한 사격을 퍼부었다. '항복하면 살려준다. 총을 버리고 밖으로 나오라!'고 소리쳤으나, 악질적인 위만군 연대장은 난공불락이라고 떠들던 방어시설을 믿고 여전히 무모한 저항으로 병사들을 내몰았다.

사태를 주시하고 있던 김일성은 무모하게 발악하는 적 지하포대를 폭파하기 위해 대원들에게 지하포대와 가까이에 있는 한 민가의 부엌에서부터 땅 밑으로 굴을 파고 들어가도록 하는 한편 성 밖에 있는 민가에서 위만군 장교 가족을 찾아보도록 지시했다. 예견했던 대로 위만군 연대장의 장모가 성 밑에 살고 있었다. 김일성은 직접 그 노파를 만나 사위가 위험한 처지에 빠졌다는 것을 설득력 있게 설명하고, 사위로 하여금 중국사람으로 일제 주구노릇을 하는 치욕을 벗어던지고 무모한 저항을 즉시 중지하고 조선인민혁명군에게 무기를 바치도록 설득하도록 권고했다.

노파는 어떤 어려움을 무릅 쓰고라도 사위를 설득해보겠다고 답했다. 수차에 걸친 편지 담판 끝에 2병의 사병만을 데리고 떠나게 해달라는 위만군연대장의 요구를 수락했다. 연대장이 현성에 가면 자기변명을 위해서라도 조선인민혁명군의 위력을 선전할 것이며, 그렇게 하면 적들이 더욱 공포에 떨 것이라는 것을 예견하고 흔쾌히 수락한 것이었다.

겨우 살 구멍을 찾은 위만군 연대장은 포대사병을 철수시키고 전체 사병들을 한 곳에 정렬시킨 다음 무장을 해제해 성 밖에서도 볼 수 있는 곳에 쌓아놓았다. 그리고 2명의 호위병과 함께 성급히 북문으로 빠져나갔다. 전투는 조선인민혁명군의 빛나는 승리로 끝났다. 위만군 포로들에게는 반일선전을 하고, 여비까지 주어 보내주었다. 포로들에 대한 이러한 관대한 정책은 적 내부를 와해하는 데 큰 도움을 주었다. 부락 주민들은 주력부대를 환영하면서 난공불락의 요새를 하루아침에 무너뜨린 데 대해 경탄했다. 한편 목숨만 건져 달아난 위만군 연대장은 예상대로 무송에 가서 조선인민혁명군에 대해 요란스럽게 떠들어 댔다. 그의 선전에 위압당한 무송 쪽 적들은 감히 토벌할 생각조차 하지 못했다.

서강에서 위만군부대가 하루사이에 녹아난 것을 본 반일부대들은 조선인민혁명군의 전투승리에서 힘을 얻고 다시금 항일의 길에 나서기 시작하였다. 그런데 무송지방에서 악명 높은 위만군 대대장인 왕가가 인민혁명군과 맺었던 화평약속을 어기고 반일부대에 대한 토벌을 계속하고 있었다. 김일성은 이미 시난차 전투를 계획하면서 김산호를 불러 날쌘 싸움꾼 30여명을 골라 주고, 10연대에 가서 그 연대대원들과 함께 왕가 대장을 징벌하도록 임무를 주었다. 김산호 소부대는 적들을 타격하기에 유리한 황니하자 뒷산에 매복진을 친 뒤 허수아비로 가장물을 만들어 세워 놓고 왕가부대를 유인해 매복진에 끌어넣은 다음 모조리 족쳐버렸다. 왕가대장이 녹아났다는 소문을 듣자 도처의 반일부대 지휘관들이 왕가의 머리를 천하가 다 볼 수 있게 무송현성 성문높이 매달겠다고 자기들에게 팔아달라고 요청했다. 그러나 김일성은 왕가 시체를 고스란히 무송현 경찰대에 보냈다. 왕가대장의 장례식이 요란스럽게 치러졌다. 이를 계기로 조선인민혁명군에 맞서면 차례질 것은 죽음밖에 없다는 소문이 널리 퍼졌다.

왕가를 제거해버린 다음 주력부대는 60명의 일본군이 무송에서 임강 쪽으로 배를 타고 가게 돼 있다는 정보를 입수하고, 매복전을 조직했다. 그 싸움 역시 매우 통쾌하게 끝났다. 파손된 배에 실려 도망친 자들은 10여명밖에 되지 않고 모두 수장됐다.

이제 무송일대에서 조선인민혁명군에 감히 대항해 나설 자들이 없게 되었고, 무송일대는 조선인민혁명군의 천하가 되었다.

## 무송현성전투

무송지역에서 조선인민혁명군 주력부대의 맹활약에 좋은 영향을 받은 반일부대 두령 만순은 그동안 협력제의를 외면해 오던 태도를 바꿔 적극적인 연합으로 돌아섰다. 김일성부대는 만순부대와 협동작전으로 성시공격을 합의하고 대상을 물색했다. 그러던 중 오의성부대 이홍빈이 대오를 이끌고 예고도 없이 불쑥 김일성을 찾아왔다. 이홍빈의 제1지대는 오의성 부대에서 전투력이 제일 강한 기간부대였다. 이홍빈 자신은 오의성의 오른 팔이라고 불릴 만큼 상관에게 충실한 사람이었고 그만큼 총애받는 능력 있는 지휘관이었다. 그는 오의성이 김대장을 찾아가 도우라고 해서 불원천리 달려왔다고 했다.

김일성은 만순대장, 이홍빈지대장과 함께 성시공격을 위한 작전협의에 들어갔다. 김일성은 처음 몽강을 제안했지만, 만순이 거리가 너무 멀다는 이유

무송현상전투에 관한 당시 신문자료

무송에 구축되었던 성벽과 소남문포대

로 반대했다. 그는 무송현성을 염두에 두고 있었다. 이홍빈도 몽강 대신 무송을 치자고 제안했다. 그러면서 무송현 성내에서 벌어지고 있는 악귀 같은 살인흑막(민중들에 대한 가혹한 학살사건)을 알려주었다. 이 이야기를 들은 김일성은 주저하던 마음을 벗어던지고 무송현성을 칠 결심을 했다.

무송은 임강, 장백과 함께 백두산 주변의 여러 성시 가운데에서 적들이 각별히 중시하고 있는 군사요충지였다. 일제는 무송을 동변도 치안숙정의 중심거점의 하나로 삼고, 여기에 관동군, 위만군, 경찰대 등 수많은 무력을 주둔시키고 있었다. 특히 서강전투 이후 일제는 무송지역에 수많은 병력을 증강하는 조치를 취했다. 실전에서 단련됐다고 하는 다까하시의 정예부대도 무송현성에 도사리고 있었다. 그런 것만큼 무송을 군사적으로 제압하는 것은 백두산지구를 장악하는 데서 매우 의의가 컸다. 김일성은 무송을 공격해 백두산 서북부 일대를 장악하는 데서 결정적 국면을 열어 놓을 결심을 했다.

이렇게 해서 무송현성을 공격하기로 결정됐다. 무송현성 공격이 결정된 후 정찰대를 다시 파견해 적정을 자세히 살폈다. 정찰자료들을 종합해 본 결과 매우 힘든 싸움을 해야 하리라는 것을 예감했다. 무송현성 방어시설은 예상보다 훨씬 견고했다. 다행히 성문보초를 담당한 위만군중대가 조선인민혁명군의 영향 하에 있는 중대라는 점이 다소 도움이 되었다. 반일회를 책임지고 있는 부중대장은 성시공격시간에 맞춰 성문을 일시에 열어주겠다고 약속했다.

조선인민혁명군 주력부대, 만순부대, 이홍빈부대 병력 1800여명으로 공격역량을 편성했다. 작전회의를 열고 각 부대의 전투임무를 분담했다. 조선인민혁명군 주력부대의 임무는 동산포대를 점령하는 것, 대남문, 소남문 방향으로 공격해 성안의 적을 소멸하는 것이었다. 반일부대들은 동문과 북문방향을 담당하기로 했다. 현성방어에만 매달리고 있는 적들의 주의를 다른 데로

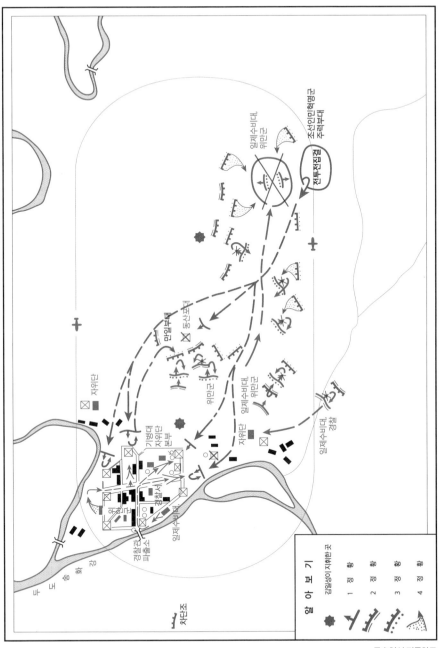

무송현성 전투약도

돌리기 위해 조선인민혁명군 소부대들을 파견해 공격 개시 전날 송수진과 만량하를 치기로 했다.

1936년 8월 17일 새벽 1시에 공격을 개시하기로 했다. 그러나 무송현성전투는 첫걸음부터 엄중한 난관에 봉착했다. 그 주되는 이유는 반일부대들이 지정된 집결시간을 지키지 않고 제멋대로 움직인 데 있었다. 이홍빈 부대가 지나친 열성으로 집결지점에 들르지도 않고 동문으로 직행한 데다, 만순 휘하의 부대가 약속시간이 되도 나타나지 않았다. 만순부대가 제시간에 도착하지 못한 것은 약담배(마약) 때문이었다. 그래서 공동작전의 승리를 위해 어쩔 수 없이 약담배를 보낼 수밖에 없었다. 모든 부대들이 집결장소에 도착한 것은 예정시간이 훨씬 지난 후였다. 모든 부대들이 목에서 비린내가 날 정도로 급보로 행군했지만 행차 뒤 나팔이었다. 성문들 앞에서 약속신호를 기다리며 보초를 서던 위만군중대 반일회 성원들은 교대시간이 되자 기관총의 기관실에 모래를 쓸어 넣고 초소에서 철수했다. 성문을 은밀히 열고 잠입해 적들을 일거에 섬멸하려던 작전계획은 시작부터 뒤틀렸다.

이럴 경우 작전을 연기하는 것이 현명할 수 있었다. 하지만 싸움을 단념할 수는 없었다. 만일 1800명이나 되는 병력을 갖고 성시를 치지 못하고 물러선다면 반일공동전선의 대의는 물거품이 될 위험이 있었다. 이때 김일성 사령관은 조선인민혁명군 지휘관들에게 비록 정황은 어렵지만 선봉에 서서 결사의 각오를 갖고 모처럼 마련된 작전을 승리로 이끌자고 호소했다.

사령관의 뒤늦은 공격명령이 떨어지기가 바쁘게 조선인민혁명군 7연대 4중대는 동산포대에 은밀히 접근해 불의의 행동으로 총 한방 쏘지 않고 적을 감쪽같이 생포하고 포대를 장악했다. 제7연대는 동산포대를 장악한 다음 소남문 방향을 향해 돌진했다. 반일부대 병사들도 북문과 동문 쪽으로 공격을 시작했다. 소남문 앞거리에서는 백병전이 벌어졌다. 성문으로 향하는 아군을 향해 포대의 기관총이 불을 뿜었다. 조선인민혁명군 대원들은 기관총 중대의 엄호를 받으며 성문을 돌파해 시내로 돌입했다. 바로 그때 북문을 공격하던 만순 부대가 적의 포성에 질겁해 퇴각한다는 연락이 지휘처로 날아들었다. 사령관은 이동학 중대장에게 급히 중대를 이끌고 북문 쪽에 가서 만순 부대를 도와주라고 명령했다. 조금 후에는 동문을 담당했던 이홍빈의 부하들이 반격해 오는 적을 막지 못하고 뒤로 밀리기 시작한 탓으로 동문을 나선 적들이 모조리 소남문 쪽으로 밀려오고 있었다.

설상가상으로 전광이 책임진 소부대가 만량하 습격전투를 포기하고 돌아왔다는 보고까지 지휘처로 날아들었다. 이유인즉 두도송화강물이 불어나 건널 수 없었다는 것이었다. 북문을 공격하던 만순의 부하들이 뒤로 한꺼번에 밀려난 원인은 포 소리에 놀란 탓도 있지만, 만량하 습격을 단념하고 돌아오는 아군의 한 부대를 적의 증원군으로 착각한 탓도 있었다. 그들은 앞뒤로 타격을 받을 것 같아 겁을 먹고 꽁무니를 뺀 것이었다. 만순부대의 공격대오가 아수라장이 되자, 그 여파가 옆쪽에까지 미쳐 이홍빈 부대도 풍비박산이 되었다. 전광이 습격전투를 포기하고도 제 때에 보고하지 않은 후유증이 이처럼 전반적인 전투행동에 엄청난 영향을 미쳤다.

상황을 타개하지도 못했는데 벌써 날은 푸르스름하게 밝아오고 있었다. 정황은 시시각각으로 불리해졌다. 이때 이홍빈이 지휘처로 달려왔다. "사령님, 판이 글러진 것 같습니다. 더 어물거렸다가는 전멸당합니다."라고 총퇴각하자고 주장했다. 이때 사령관은 "지대장, 너무 낙망하지 마시오. 이럴 때일수록 정신을 바싹 차리고 화를 복으로 만들어야 하오. 복속에 화가 숨어있고 화속에 복이 숨어있다고 하지 않소."라고 말했다. 특별한 묘안이 있었던 것은 아니었다. 단지 반일부대들이 퇴각하는 이 기회에 유인전술을 써서 상황을 반전시키고 주도권을 장악해야겠다는 결심을 굳혔을 뿐이었다.

정황이 불리해지면 적을 성문 밖으로 유도해 골짜기에 몰아넣고 포위 섬
멸하는 것은 유격활동의 전술적 원칙이기도 했지만, 이 전투를 시작할 때부
터 깔아놓고 있었던 복선이기도 했다. 그런데 이런 유인전술은 야간에 적용
해야만 큰 효력을 발휘할 수 있었다. 날이 완전히 밝기 전에 전쟁에서 전술적
후퇴를 하든지 아니면 정면 돌격의 방법으로 결사전을 벌이든지 빨리 선택해
야할 상황이었다. 그런데 인명피해를 걱정해 퇴각명령을 내리지 못하고 망설
이고 있을 때 하늘이 도와주는 기적이 발생했다. 현장과 그 주변에 갑자기 짙
은 안개가 끼기 시작해 한 치 앞도 볼 수 없는 천지조화가 발생한 것이었다.

사령관은 각 부대에 흩어진 병사들을 이끌고 동산과 소마록구 능선으로 철
수할 것을 명령했다. 적들은 퇴각하는 아군을 미친 듯이 따라왔다. 아군의 행
동방향이 동산이라는 것을 탐지한 적들은 잘루목을 앞질러 차지하고 지휘부
와 주력부대를 양쪽에서 타격하려고 시도했다. 잘루목은 성안에 돌입했던 부
대들이 동산으로 철수하는 데서 하나밖에 없는 통로였다. 만약 적들이 잘루목
을 차지한다면 부대는 적의 포위에 들게 되고 소남문 가까이에 자리 잡은 사
령부가 위험에 처할 수 있었다. 마침 잘루목에는 전투 후 아침 식사준비를 위
해 남겨둔 7~8명의 여성유격대원들이 남아 있었다.

주력대오가 동산을 오르기 시작할 때 그 산 중심돌출부 잘루목에서 한방의
총소리가 울려나더니 총소리가 더 자지러지게 들려왔다. 유격대 여성대원들
과 적 대부대와 치열한 화력전이 펼쳐지고 있는 게 분명했다. 사령관은 전령
병을 시켜 잘루목의 형편을 알아 오게 했다. 전령병은 사령부의 안전을 위해
잘루목을 피로써 지켜내겠다는 김확실, 김정숙 대원들의 결의를 받아가지고
돌아왔다. 여성대원들은 잘루목을 영웅적으로 지켜냈다. 그 여대원들과 함께

조선인민혁명군 7연대 4중대는 결사적으로 동산을 사수했다.

　잘루목에서 치열한 공방전이 펼쳐지고 있는 사이에 7연대 주력은 자욱한 안개를 이용해 동산 남쪽 고지에 긴 매복진을 폈다. 반일부대들도 골짜기를 사이에 두고 맞은 편 능선을 차지했다. 그때에야 주력의 철수를 엄호하던 중대는 적들을 유인하면서 안개 낀 골짜기로 깊숙이 철수했다. 그들도 나중에는 골짜기 막바지에 있는 산등성이에 올라 감쪽같이 매복했다. 잔혹하기로 악명 높았던 다까하시 부대는 일단 발을 들여놓으면 살아서 돌아가지 못하는 죽음의 함정 속으로 모조리 끌려 들어왔다. 승패는 이미 결정된 셈이었다. 아군은 산에서 내려쏘고, 적들은 골짜기에서 올려 쏘는 화력전이 얼마 동안 하늘땅을 진감했다. 다까하시의 병사들은 만순이 용맹의 전법이라고 말하던 그런 악독한 전술로 파도처럼 돌진했으나 매번 죽음만 남기고 물러설 수밖에 없었다. 돌격이 실패하자 그들은 총질을 멈추고 산기슭에 붙어 증원부대가 오기만을 기다렸다.

　이때 사령관이 반돌격명령을 내렸다. 유창한 나팔소리와 함께 매복진에서 떨쳐나선 유격대원들과 반일부대원들은 적들을 닥치는 대로 쓸어 눕혔다. 백병전의 선두에는 연길 감옥이란 별명을 가진 7연대의 분대장 김명주가 서있었다. 김명주가 연길감옥에서 탈옥투쟁을 할 때 그를 희생적으로 도와준 8연대의 중대장 여영준도 이 전투에서 김명주 못지않게 잘 싸웠다. 유격대의 여장군 김확실대원은 시종 두 눈을 부릅뜨고 기관총을 쏘았다. 왜 한눈을 감지 않느냐고 전우들이 묻자 그는 왜놈의 더러운 상통을 똑바로 보려고 그런다고 대답하였다고 한다. 그가 기관총을 휘두를 때마다 적들은 비명을 지르며 떼거지로 나가넘어졌다. 김확실대원은 이날 대검을 뽑아 들고 육박전에도 참가하였다. 김정숙 대원이 양손에 싸창(연발식 소총) 한 자루씩 거머잡고 기관총으로 연발사격을 하듯이 불질을 해 10여명의 적들을 쓸어 눕혔다는 일화도 무송현성전투가 빚어낸 것이었다.

이편 때문에 싸창 맛을 볼 뻔했던 만순이네 연대장은 적탄이 빗발치는 바위위에 올라서서 구령을 치며 연대를 지휘하였다. 모든 반일부대가 이날은 실력을 충분히 과시하였다.

다까하시의 정예부대는 동산골짜기에서 전멸하고 겨우 10여명이 살아서 도망갔다. 이 전투에서 300명의 적이 살상되었다. 이 비극적인 사태는 그날 오전 중으로 관동군사령부에 보고되었다. 신경비행장에서는 무송주둔군을 지원하려고 폭탄과 탄알을 만재한 군용기들이 떠올랐고, 통화, 환인, 사평가 등지에서는 증원부대가 긴급히 출동하였다. 중강진수비대도 무송으로 급파되었다. 그러나 이렇게 비상한 속도로 추진된 발광적인 수습책도 다까하시를 죽음의 구렁텅이에서 건져 내지는 못했다. 8월 17일 오후에 지원병의 선봉부대가 무송에 들이닥쳤을 때에는 이미 승패가 결정된 뒤였다.

조선인민 혁명군과 반일부대 연합부대가 진지수색을 끝마치고 깊은 수림 속으로 철수해가고 있을 때 신경에서 날아온 적기들은 우리 손에 의하여 파괴된 동산포대와 현성부근의 주민가옥들에 눈먼 폭탄들을 마구 내던지고 있었다.

만순의 앞에서는 전리품들을 한짐씩 가득 진 수백 명에 달하는 그의 부하들이 연대장의 인솔하에 개선장군들처럼 씩씩하게 걸어가고 있었다. 아편부족 때문에 집결시간조차 지키지 못하여 작전에 막대한 혼란을 주었던 사람들이라고는 믿기 어려울 정도로 그들의 표정과 걸음걸이는 일변하였다. 반일부대의 행군대오에서는 웃음소리가 연달아 일어났다.

확실히 무송현성전투는 동녕현성전투나 라자구전투와 마찬가지로 반일부대 장병들에게 사상개조의 길을 열어준 충격적인 사변이었다. 그들은 이 전투를 치르고 나서 처음으로 통일전선의 맛을 알게 되었다. 실천이란 언제나 이론보다 더 생동하고 확고한 믿음을 주는 법이다. 반일부대들과의 통일전선에 대한 조선인민혁명군의 사상과 이론은 빈말공부가 아니라 진리이며 진실이라는 것이 무송현성전투를 통하여 또다시 확증되었다.

무송현성전투는 조선인민혁명군의 빛나는 승리로 끝났다. 그 승리로 반일부대와의 공동전선이 강화되었으며, 백두산 서북지구를 조선인민혁명군이 더 확고히 장악할 수 있게 됐다.

## 만강에서 피바다 공연

조선인민혁명군 주력부대는 무송현성전투를 승리하고 동강에서 무송현성전투를 총괄 평가하는 반일부대 지휘관들과의 연합회의를 가졌다. 이 회의이후 주력부대는 백두산의 서쪽지역에 있는 만강부락으로 향했다. 만강은 드넓은 고원 위에 있는 백두산 아래 첫 동네이며, 무송현성 남쪽 끝 마을이다. 이곳에서 남쪽으로 되골령을 넘으면 장백 땅이고 서남쪽으로 노령을 넘으면 임강 땅이다. 1936년 당시 만강은 80여호밖에 되지 않은 작은 산골 화전민촌에 불과했다. 이 마을은 무송지방에서는 흔치 않은 조선인 부락이었다. 현성에서 멀리 떨어진 탓에 사람들의 왕래가 매우 드문 심심산골이었다. 사람이 거의 없는데다가 오고가는 나그네도 거의 없어 인간세상과는 동떨어진 절해고도와 같은 인상을 주었다.

행군대오가 두 그루의 자작나무가 서 있는 만강부락의 천연대문 앞에 이르렀을 때 허락여 촌장을 비롯해 마을사람들이 나무동이며 나무함지들에 시원한 감주며, 막걸리를 담아 놓고 기다리고 있었다. 마을 촌장은 한 농민이 현성에 소금 사러 갔다가 무송현성 전투 소식을 듣고 온 후부터 적들의 움직임

만강부락

만강부락의 촌장 허락여

《피바다》를 공연한 장소

을 예리하게 살폈는데 일본군 비행기들이 자주 만강방향으로 날아오는 것을 보고 혁명군대가 자기네 마을로 찾아오는 것이 틀림없다고 확신하고 준비하고 있었다는 것이었다.

사령관은 막걸리를 한 쪽박 마시고나서 촌장에게 물었다.

"이렇게 다들 떨쳐나서서 우리를 공개적으로 환영했다가 후환이 없겠습니까?"

"염려하지 마십시오. 봄에 혁명군이 이 고장을 다녀간 후부터 만강 경찰대 놈들은 우리 앞에서도 설설 깁니다. 더구나 왕가대장도 녹아났다, 무송현성 왜놈들도 풍비박산이 됐다는 소식들을 듣고 나서는 그저 무서워서 벌벌 떨지요."

조선인민혁명군 주력부대는 한동안 만강부락에서 머물렀다. 그때 이동백이 사령관에게 연극 한 편 쓰라고 권했다. 서로 쓰라고 둘이 옥신각신하다 사령관이 맡아 쓰기로 했다. 사령관은 허락여촌장 집에 머물면서 연극 대본을 써나갔다. 남편과 아이를 일제의 총칼에 잃어버린 여성이 혁명투쟁에 나서는 것을 골자로 연극대본을 썼다. 이렇게 탄생한 연극대본이 『피바다』였다. 대본이 완성되자 대통영감 이동백이 직접 대본을 들고 연극 감독을 맡아 나섰다. 그런데 배우선발에서부터 난관에 봉착했다. 토벌대장 역을 그 누구도 맡으려 하지 않았으며, 꼬마역인 을남이 역을 찾기 어려웠다. 그래서 토벌대장 역은 이동학중대장에게 전투과업 명령을 내려 맡겼으며, 을남 역은 마을 꼬마를 등용시켰다.

우여곡절 끝에 피바다 연극이 무대 위에 올랐다. 만강사람들은 무대 위에서 자기들이 겪어 온 생활과 똑같은 생활이 펼쳐지자 가슴을 움켜쥐고 연극의 세계에 끌려들어 갔고, 나중에는 갑순이와 함께 울고 어머니와 함께 부르짖었다. 한 노인은 지금 연극을 보고 있다는 것도 잠깐 잊어버리고 무대 위로 뛰어올라가 을남이를 쏘아죽인 일본군 토벌대장 역을 맡은 이동학 중대장의 이마를 장죽으로 내려치기까지 했다. 공연이 끝나자 장내는 요란한 박수갈채로 떠나갈 듯했다. '일제 강도놈들을 타도하자!', '우리도 일제놈들과 싸움에 나섭시다!'라는 힘찬 구호가 연방 나오는 가운데 많은 청년들이 무대에 뛰어올라와 입대 청원을 했다.

피바다 공연을 본 마을 사람들은 그날 밤 잠을 이루지 못했다. 순박한 시골 사람들이 그날 밤만은 자정이 훨씬 지날 때까지 등잔불 밑에서 연극을 본 소감을 소곤소곤 나눴다. 어떤 집들에서는 여럿이 모여 떠드는 소리와 함께 웃음소리도 들려왔다.

만강에서의 연극공연은 두메산골 까막눈이던 젊은이들, 늙은이들을 계몽하고 교양하여 항일혁명투쟁의 적극적인 참가자로, 후원투사로 바꿔놓았다. 만강은 수많은 참군자를 배출한 고장의 하나로 되였으며 우리의 믿음직한 후방보급기지의 하나로 되였다.

그 연극이 만강사람들에게 얼마나 깊은 인상을 남겼는가 하는 것은 20여년이 지나서 혁명전적지답사단이 만강을 방문하였을 때에도 그곳 사람들이 공연을 한 장소만이 아니라 등장인물들의 이름과 상세한 줄거리, 심지어 일부 대사까지 생생히 기억하고 있더라는 사실만으로도 가히 짐작할 수 있을 것이다.

혁명군의 사상과 정서는 피바다의 공연무대를 통하여 사람들의 뇌수와 심장과 폐부에 만강천의 물처럼 풍만하게 흘러들었다.

## 장백지역에서의 첫 전투

조선인민혁명군 주력부대가 만강에서 피바다 공연을 성공적으로 마치고 만강부락은 떠난 것은 철 늦은 감자꽃이 한창 피어 있던 8월 말경이었다. 대열은 묵묵히 남으로 행군해 갔다. 주력부대 대오 성원들은 모두 백두산지구 진출이 갖는 의의를 너무도 잘 알고 있었다.

백두산은 군사지형학적 견지에서 볼 때 한 사람이 지켜도 만 사람이 열수 없는 천연의 요새라고 말할 수 있다. 유격전을 확대하는 데서 백두산 보다 더 좋은 적지는 없었다. 백두산이야말로 조선인민혁명군이 의거해야 할 지상제일의 보루였다. 백두산은 이처럼 군사적 측면에서 최고의 천연요새였을 뿐만 아니라, 정치적 측면에서도 그에 못지않은 가치를 갖고 있었다. 예로부터 백두산은 조종의 산으로서 우리 민족의 상징이었다. 백두산을 숭상한다는 것은 곧 조선에 대한 숭상이었고 조국에 대한 사랑이었다. 이런 백두산은 민족의 상징일 뿐 아니라 항일광복의 상징이기도 했다. 그러므로 백두산을 타고 앉아야 민족의 모든 역량을 항쟁의 마당으로 불러낼 수 있고, 그 항쟁의 최종적인 승리를 보장할 수 있다는 신념이 항일무장투쟁 대오의 심장 속에 자리 잡고 있었다.

사령관은 되골령을 넘자 원래의 계획을 변경해 압록강 연안을 에돌아 백두산으로 들어가기로 작정했다. 국경지대 민중들도 만나보고, 국내동포들에게 총성도 들려주고 싶었다. 주력부대는 처음으로 덕수골 마을에 들렀다. 당시 주력부대에는 대덕수 출신 신입대원이 한명 있었는데, 대원을 통해 덕수골 일대의 주민동향에 대해 구체적으로 알아냈었다. 그에 따르면 덕수골은 장백 주민지구에서도 농촌혁명화가 가장 잘된 곳이었다. 그곳에는 3.1인민봉기이후 독립운동자들이 개척해놓은 반일애국투쟁의 전통과 그 투쟁을 통해 끊임없이 단련되어 왔던 믿음직한 군중토대가 있었다. 주력부대는 이에 대한 기대를 걸고 그날 오후에 이 마을 초입에 들어섰다. 그날은 덕수골 초입에 있던 한 노인의 집에서 머물렀다.

다음날 주력부대는 새벽이슬을 걷어차며 대덕수 마을로 향했다. 대덕수 마을입구에 다다랐을 때, 깃발을 꺼내 높이 들고 나팔소리를 요란하게 불면서 마을로 들어갔다. 눌려 사는 주민들에게 조선인민혁명군의 위풍당당한 모습을 보여 주기 위해서였다. 대덕수 사람들은 기쁨과 놀라움으로 주력부대를 맞이했다. 신식보총에 기관총까지 갖춘 수백 명의 조선군대가 대낮에 깃발을 들고 요란하게 나팔소리까지 내며 나타나기는 마을이 생긴 이래 처음이라고 했다.

조선인민혁명군 주력부대는 만강에서와같이 연극공연을 펼쳐 보일 작정으로 가설무대를 준비했다. 하지만 공연은 이루어질 수 없었다. 갑자기 적들이 밀려들어 왔기 때문이었다. 보초병으로부터 적들이 온다는 소식을 들은 사령관은 즉각적으로 부대를 마을 뒷산에 오르게 하고 보초병들로 하여금 적들을 유인하면서 천천히 철수하도록 했다. 적들은 유격대원들이 얼마 되지 않는 줄 알고 조선인민혁명군 주력이 배치된 선바위 남쪽 고지로 바싹 다가들었다. 사령관은 적들이 사격권 안으로 들어오자 일제 사격명령을 내렸다. 주력부대 대원들은 그 싸움을 솜씨 있게 치렀다. 적들은 수십 명의 사상자를 내고 이도강쪽으로 퇴각했다. 이것이 장백으로 진출해서 진행한 첫 싸움이었다. 대덕수에서 울린 첫 총성은 조선인민혁명군이 백두산에 나왔다는 것을 조국 민중들에게도 알려주고, 적들에게도 알려 준 신호탄으로 되었다.

마을은 명절처럼 흥성거렸다. 이웃 마을 사람들까지 모여들어 승전을 기뻐했다. 주민들은 감자떡을 치고 농마국수를 눌러 유격대를 환영했으며, 유격대원들은 춤과 노래로 화답했다. 사령관도 선동연설을 했다. 간단한 연예공연과 연설을 마친 다음 주력부대는 철수했다. 마을 사람들은 정을 붙이자마자 이렇게 훌쩍 떠나는 법이 어디 있냐고 항변했다. 사령관은 적들이 증원대를 이끌고 언제 달려들지 모르니 유격대가 자리를 떠야 마을이 피해를 보지 않게 된다고 설득했다. 떠나면서 조국광복회 10대 강령과 창립선언이 등사돼 있는 소책자를 마을 노인에게 주었다. 그 후 얼마 지나지 않아 덕수지구에 조국광복회 하부조직들이 생겨났다.

소덕수 등판에서 숙영한 조선인민혁명군 주력부대는 마등창 수림 속에서 휴식을 취하고 있었다. 대원들이 쉬면서 잠이 들어 있었는데 갑자기 총소리가 났다. 15도구 방향과 이도강 방향에서 밀려온 적들이 남북 양쪽에서 거의 동시에 달려들었다. 무성한 숲은 적아를 분간하기 어렵게 했다. 사령관은 육 감적으로 부대가 감쪽같이 옆으로 빠져나가면 적들의 협공을 자기들끼리의 골육상쟁으로 만들 수 있겠다고 판단했다. 조선인민혁명군은 마등창 수림에서 슬쩍 옆으로 빠져나와 15도구골 등판으로 올라갔다. 그리고 전투경계 성원들과 후위대는 남쪽과 북쪽에서 기어드는 적들에게 맹렬한 사격을 퍼붓고는 주력부대가 있는 곳으로 감쪽같이 철수했다. 그곳에서 적들끼리 싸우는 꼴을 구경했다. 그 전투가 세칭 소덕수전투라고 하는 마등창 망원전투(적들을 끌고 다니다가 감쪽같이 자취를 감춰 자기들끼리 싸우게 하는 전투)이다. 이날 적들은 자기들끼리 서너 시간쯤 싸웠다. 조선인민혁명군이 구경하기 지루할 정도였다. 적들은 이렇게 장시간 싸우다가 이도강 쪽에서 온 패들이 퇴각나팔을 불었다. 그 나팔 소리를 듣고서야 15도구 쪽에서 온 패들도 자기편끼리 싸운다는 것을 깨닫고 사격을 중단했다.

수백 명에 달하는 유격대가 감쪽같이 어디로 사라졌는가? 귀신이 곡할 노릇이 아닌가? 이에 대한 해답을 찾지 못한 적들은 그 해답을 둔갑술에서 찾았다. 이렇게 해서 김일성부대는 둔갑술을 써서 승천입지하고 신출귀몰한다는 소문이 장백지역에 파다하게 퍼져 나갔다.

조선인민혁명군은 소덕수 전투가 있은 다음에도 압록강연안의 여러 마을들을 돌면서 장백현 15도구 동강, 13도구 용천리, 17도구 반절구 전투, 20도구 이종점 등 곳곳에서 전투를 벌여 적들에게 숨 돌릴 틈을 주지 않고 연속적인 타격을 가했다. 압록강 연안 일대는 벌 둥지를 쑤셔놓은 것처럼 소란스러웠다. 인민혁명군의 장백진출과 군사적 위세 앞에서 적들은 대경실색하였다. 장백지방 경찰기관들에서는 경찰들이 집단으로 사직서를 내고 공직을 회피하는 이직바람, 은퇴바람이 불었다. 적들의 통치체계에서는 심한 혼란이 일어났다.

김일성은 이때 군사활동과 정치활동, 집중과 분산 등을 밀접히 결합했으며, 대부대와 소부대의 배합전술, 망원전술(적들을 끌고 다니다가 감쪽같이 자취를 감춰 자기들끼리 싸우게 하는 전술), 동쪽에서 소리치고 서쪽의 적을 치며, 동쪽의 적도 치고 서쪽의 적도 치는 전술 등 다양한 유격전법과 전술을 능숙하게 활용해 수많은 전투를 승리로 이끌어 나갔다. 이처럼 수많은 전투를 연속적으로 벌였을 뿐만 아니라 대중을 교양하고 결속하기 위한 조직정치사업도 활발히 진행하였다. 조선인민혁명군의 정치일꾼들에 의하여 덕수골, 지양개골 일대에서는 조국광복회 하부조직들이 도처에 꾸려졌다. 백두산주변의 곳곳에 생겨나기 시작한 그 조직들은 새로 창설되는 근거지의 믿음직한 정치적 지반으로 되었다. 덕수골일대에서는 여러 명의 청년들이 입대를 탄원했다. 그들의 입대는 혁명군 대오를 급격히 확대한 대대적인 참군운동의 서막으로 되었다.

백두산 서남부의 적을 제압하기 위한 작전은 장백현 대덕수 전투로부터 시작해 이도강 전투로 마무리되었다. 신출귀몰하고 탁월한 작전과 영활한 지휘에 의해 백두산일대의 적이 제압됨으로써 이 지대는 조선인민혁명군이 주동적으로 활동할 수 있는 무대로 전변됐으며 백두산 근거지 창설을 추진할 수 있는 유리한 조건이 조성되었다.

### 백두산밀영 건설

조선인민혁명군 주력부대가 곧바로 백두산으로 들어가지 않고 우회해 백두산 서남부의 적들을 제압하는 전투의 목적은 원만하게 달성되었다. 이러한 성과를 딛고 주력부대는 백두산으로 들어가 보금자리를 틀기 시작했다. 1936년 9월 20일 사령관은 김주현 이동학을 앞세우고, 부대 지휘성원과 경호대, 일부 전투부대와 함께 백두밀영후보지로 향했다. 김주현, 리동학, 김운신 등이 찾아낸 소백수골은 우리가 백두산지구에 잡아놓은 국내의 첫 밀영후보지였다. 소백수골에서 서북방향으로 40리가량 되는 곳에는 백두산이 솟아있고

백두산밀영의 사령부와 사령부내부

20리쯤 되는 지점에는 선오산, 동북방향으로 15리 정도 떨어진 수림 속에는 간백산이 각각 솟아있었다. 소백수골 뒤에 길게 가로놓여있는 산은 사자봉이라고 불렀다.

조선인민혁명군이 소백수골로 나온 것은 집을 떠났던 주인이 오래간만에 자기 집으로 돌아온 것과 같은 경사였다. 항일혁명이라는 큰 역사의 흐름으로 볼 때는 활동중심을 동만에서부터 백두산으로 옮겼다고 할 수 있다. 백두밀영지에 처음 들어간 날 조선인민혁명군 지휘성원들과 사령관은 하루 밤 숙영하고, 다음날인 9월 21일 간부회의를 열었다. 이 모임에서 남호두를 출발해 백두산에 이르기까지의 원정을 총괄적으로 평가하고, 향후 사업방향과 과제, 대책들을 토의하고 각각에게 맡아 진행해야 할 임무도 부여되었다. 이 회의의 주제는 한마디로 백두산근거지 창설을 적극적으로 벌여나가는 것이었다. 거기에는 밀영을 빨리 건설해야 한다는 것은 말할 것도 없고, 백두산 기슭의 주민지대들에 지하혁명조직을 튼튼히 꾸려야 한다는 뜻도 담겨 있었다.

1930년 전반기 동만의 유격근거지와 후반기 백두산근거지는 내용과 형태면에서 상당한 차이가 있었다. 전반기 동만유격구는 고정된 유격구로 눈에 보이는 공개적 혁명근거지였다면, 후반기 백두산근거지는 은폐된 밀영들과 지하 혁명조직들에 의거해 군사정치활동을 전개하는 보이지 않는 혁명근거지였다. 전반기에는 근거지안의 주민들이 민중정권의 시책 속에서 살았고, 후반기에는 지하혁명조직망에 망라된 주민들이 표면상으로는 적의 통치를 받았으나 속으로는 조선인민혁명군의 방침과 노선에 따라 움직였다. 전반기에는 유격구사수를 위한 방어에 큰 힘을 넣어야 했지만 후반기에는 그렇게 하지 않아도 되었다. 이로부터 유격활동을 광활한 지역에서 벌여나갈 수 있는 가능성을 얻게 되었다. 다시 말해 근거지 형태를 바꿈으로써 주동적인 공격자의 위치에 서게 된 것이다. 그러므로 근거지를 확대하면 확대할수록 활동영역이 그만큼 넓어지게 되어 있었다.

그날 회의에서 김일성은 백두산밀영을 중심으로 장백의 넓은 지역과 장래에는 백무고원, 개마고원, 낭림산줄기로 뻗어 나가면서 근거지를 국내종심 깊이 확대해 나감으로써 무장투쟁의 불길을 한반도 북부로부터 중부를 거쳐 남부에 이르는 전국적 판도로 번져가게 하는 동시에 당 조직건설과 통일전선운동을 확대 발전시키고 전민항쟁 준비도 강력히 추진할 구상을 밝혔다.

회의결정에 따라 밀영건설 사업은 김주현중대에게 맡겨졌다. 밀영건설 사업이란 밀영의 설치와 운영에 관련된 모든 문제를 말하며, 밀영을 세우고 먹고 입는 문제까지를 해결하는 문제였다. 그리고 전투활동과 지하조직망 구축 사업은 이동학중대에게 맡겨졌다. 그리하여 짧은 기간에 소백수 골 안에 백두산밀영이 꾸려지게 됐다. 이때부터 백두산밀영은 조선혁명의 본거지로 중심 영도거점으로 되었다.

백두산밀영은 조선혁명의 책원지인 동시에 심장부였으며, 조선인민혁명군의 중핵적인 작전기지, 활동기지, 후방기지였다. 백두산 밀영으로부터 한반도 북부, 중부지역 곳곳에 부채 살처럼 뻗어 나가면서 수많은 비밀근거지이 생겨났다. 그 밀영들에서 혁명의 불길을 지피기 위해, 권영벽, 김주현, 김평, 김정숙, 박록금, 마동희, 지태환등 수많은 정치일꾼이 전국각지로 떠나갔으며, 또한 백두산으로 조선인민혁명군을 찾아왔던 이제순, 박달, 박인진 등 수많은 민중대표들이 새로운 혁명의 불씨를 안고 다시 민중 속으로 들어갔다. 그리고 조선인민혁명군 부대들이 적들을 치기 위해 출전의 길을 떠났다. 혁명의 운명과 직결된 크고 작은 많은 일이 백두산 밀영에서 구상되고 설계되고 행동에 옮겨졌다.

백두산밀영망에 속한 위성밀영들은 국내에도 있었고 중국 쪽에도 있었다.

소백수골밀영, 사자봉밀영, 곰산밀영, 선오산밀영, 간백산밀영, 무두봉밀영, 소연지봉밀영 등은 국내에 꾸려놓은 밀영들이었으며, 곰의골밀영, 지양개밀영, 이도강밀영, 횡산밀영, 이명수밀영, 부후물밀영, 청봉밀영들과 무송지구의 여러 밀영은 서간도 쪽에 꾸려놓은 밀영들이었다.

백두산지구의 밀영들은 서로 다른 사명과 임무를 수행하였다. 순수한 비밀병영의 역할만 한 것이 아니라 재봉소나 무기수리소, 병원 같은 후방밀영의 역할을 한 것도 있었으며 정치일꾼들의 중간연락소나 숙영소 역할을 한 것도 있었다.

백두산밀영망의 심장부는 소백수골의 밀영이었다. 그러므로 그 당시 우리는 소백수골의 밀영을 '백두산 1호밀영'이라고 불렀다. 지금은 '백두산밀영'이라고도 부르고 '백두밀영'이라고도 부르고 있다. 최대한의 안전과 비밀을 보장하기 위하여 거기에는 사령부직속 부서성원들과 경위대를 포함한 일부 골간부대만 있게 하고 출입도 엄격히 제한 단속하였다. 그 당시 사령부와 함께 상시적으로 지내지 않는 부대나 개별적 사람들이 사령부에 찾아왔을 때에도 소백수골의 밀영에서 만나지 않고 2호밀영 ( 사자봉밀영 ) 에 나가 만났다. 2

호밀영에서는 사령부를 찾아온 부대나 개별적인 방문객들을 맞아도 주고 쉬우기도 하고 떠나보내기도 하였으며 경우에 따라서는 그들에게 강습이나 훈련도 했다. 배두밀영은 해방될 때까지 적들에게 한 번도 발각되지 않았다.

# 2
# 백두산기슭에서의 싸움

조선인민혁명군이 백두산지구로 진출하자 장백 땅이 속해 있는 동변도, 특히 북부동변도 일대는 관동군과 만주국 치안당국에는 매우 골치 아픈 최대의 치안불량지대로 되었다. 일만군경의 모든 신경은 동변도로 쏠렸다. 신문기사들은 장백 땅에서 발생한 소란스러운 사변들에 대한 기사들이 그칠 새 없이 쏟아졌다. 치안 양호지대로 치부돼 왔던 백두산기슭이 온통 뒤죽박죽되었다.

일본침략자들은 만주강점 직후부터 조선과 함께 만주를 아세아제패의 전략기지로 만들기 위하여 동변도의 치안에도 깊은 주목을 돌리었다. 동변도는 북양정부가 중국 동북지역을 요녕성, 길림성, 흑룡강성의 3개 성과 10개 도로 나누면서 생긴 행정구역으로 지금의 길림성과 요녕성의 일부를 포괄하고 있는 넓은 지역이다. 동변도는 압록강을 사이에 두고 조선과 잇닿아 있으므로 선만일체화의 이념에 비춰보아도 그렇고 엄청난 광물자원과 산림자원을 갖고 있는 경제적 측면으로 볼 때에도 그렇고 일만 정계와 군부가 특별히 관심을 갖고 있는 주요대상지였다.

그런데 조선인민혁명군이 이 지대의 북부지역을 완전히 장악하고 압록강을 따라 내려가면서 군사정치활동을 쉴 사이 없이 벌이자 적들은 깜짝 놀랄 수밖에 없었다. 다급해진 관동군은 동변도를 포함한 만주일대에 항구적인 치안대책을 세운다는 명목으로 '만주국치안숙정계획대강'이라는 것을 만들고, 그에 기초해 만주국 정부는 '3개년 치안숙정계획요강'이라는 것을 내놨다. 여

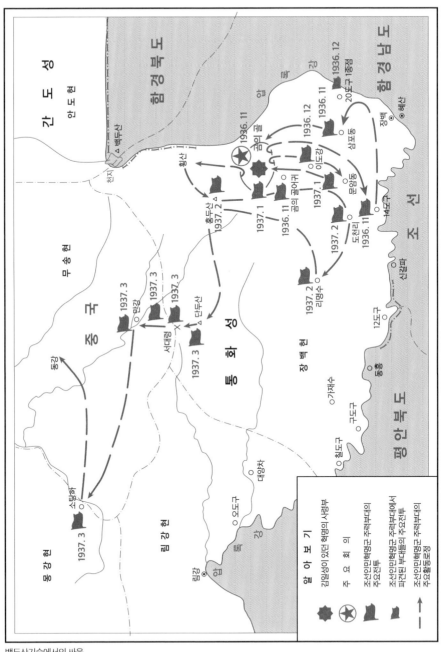

백두산기슭에서의 싸움

기에서 가장 중점적인 특별공작대상지로 선정된 것이 북부동변도(장백, 임강, 무송, 휘남, 금천, 유하, 통하, 집안현)였다. 만주국은 중앙에 동변도 부흥위원회, 통화에 동변도부판사처와 동변도특별치안유지회를 설치하는 한편, 만주국 최고 고문인 사사끼를 우두머리로 하는 통화토벌사령부를 설치하고 북부동변도 치안확보를 겨냥하는 동기대토벌전을 개시했다.

조선인민혁명군의 백두산지구 진출에 대해 일본군부는 신경을 곤두세웠다. 도쿄에서는 조선총독 미나미 육군 대장과 만주의 사실상 최고통치자인 관동군사령관 우에다 육군 대장으로 하여금 항일무장부대들을 완전 소탕하고 치안을 확보할 수 있는 비상대책을 수립하도록 지령을 내렸다. 이 지령에 따라 도문회담이라고 부르는 악명 높은 비밀회담이 1936년 10월에 조만국경의 자그마한 세관도시인 도문의 일본영사관분관 밀실에서 열렸다. 미나미와 우에다의 밀담에 이어 그 수행원들이었던 관동군 헌병대 사령관 도죠와 조선총독부 경무국장 미쯔바시 사이에도 회담이 진행됐다. 그 회담들을 통해서 국경경비강화, 대규모 공동토벌작전 전개, 서간도일대의 집단부락화를 골자로 하는 3대 정책이 채택되었다. 또 쌍방의 연합행동을 강화하기 위한 구체적 대책들이 토의되었다.

3대 정책의 핵은 1936년 동기대토벌이었고, 그 기본목표는 백두산이었다. 동기대토벌의 특징은 만주로 출전한 조선주둔일본군병력과 만주관동군과의 혼성토벌작전이라는 데 있었다. 그리고 작전의 기본전술은 참빗전술이다. 참빗전술이란 대병력으로 포위해 놓고 참빗으로 머리를 빗듯이 산골짜기와 등성이를 샅샅이 훑어 유격대를 찾아 섬멸한다는 전술이다. 그들은 이 전술로서 그해 겨울에는 항일무장부대를 완전히 섬멸할 목표를 세웠다.

이러한 음흉한 계획하에 조선총독부는 '치안유지와 국경경비의 강화'

를 첫째 과업으로 내세워 국경경비역량을 증강하고, 방어시설을 확충했으며, 조선주둔 일본군부대들과 특설국경경비대, 국경일대의 경찰부대들을 대거 출동시켰다. 관동군 측에서도 동변도에 최대의 관심을 갖고 토벌작전을 준비해나갔다. 이리하여 백두산을 중심으로 한 압록강 두만강연안의 국경일대에는 각양각색의 토벌부대들이 대대적으로 투입됐다. 치치하얼에 있던 관동군 부대들도 백두산 쪽으로 남하하기 시작했고, 조선주둔 일본군 19사단 산하 부대들도 압록강을 건넜다. 일만 경찰부대들과 위만군 토벌대들도 백두산 쪽으로 몰려들었다. 압록강 연안에는 경찰관주재소들이 부쩍 늘어났다. 곳곳에 단속초소들이 생겨났으며 강위로는 전화선들이 줄줄이 늘여졌다.

백두밀림에는 그해 초겨울부터 토벌대들이 쫙 깔렸다. 적들은 '이번의 토벌을 최종적인 것으로 하여 치안을 결정적으로 확립한다.'고 하면서 백두산일대의 밀림을 샅샅이 뒤졌다. 백두산기슭에서는 조선인민혁명군과 일본침략군사이의 새로운 결전이 바야흐로 박두하고 있었다.

형세는 조선인민혁명군에 매우 불리했다. 우선 역량 상으로 비교가 되지 않았다. 적들은 수적으로 너무 많았다. 게다가 항공대의 지원까지 받는 정예무력이 기본을 이루고 있었다. 적들은 행정, 경제, 경찰 등 모든 단위를 다 발동하고 있었으나 조선인민혁명군에게 발동시킬 것이라고 아무것도 없었다. 있는 것이라고는 오직 민중들의 은밀한 지원뿐이었다.

조선인민혁명군 사령관은 1936년 11월 곰의골 밀영에서 조선인민혁명군 군정일꾼회의를 소집하고, 적들의 동기대토벌에 대한 대응방침을 협의했다. 이 회의에서 사령관은 일제의 동기대토벌 공세를 격파하고 백두산 근거지를 공고하게 발전시키기 위한 전략 전술적 방침을 제시했는데, 그것은 적의 양적

기술적 우세를 사상적 기술적 우세로 격파하는 것이었다. 그는 대병력으로 달려드는 적들과의 싸움에서 승리하기 위해서는 제국주의 고용군대로서의 일제침략군에 대한 조선인민혁명군의 사상적 우세를 견지하는 것이 가장 중요하며, 이와 함께 전술적 우세를 견지하면서 대부대활동과 소부대 활동을 밀접히 결합해 적을 군사적으로 제압해야 한다고 강조했다.

이 방침은 압도적 전술적 우세로 적의 동기대토벌 공세를 짓 부셔버리고 조선인민혁명군 주력부대가 백두산 서남부 일대에서 무장투쟁을 급속히 확대하고 강화할 수 있게 하는 탁월한 방침이었다.

조선인민혁명군 주력부대는 전투원들의 사상적 각오를 고도로 높인데 기초하여 대부대활동과 소부대활동을 적절히 배합하면서 유인매복전과 불의의 기습전, 철벽의 방어전 그리고 적의 퇴로를 차단하고 적 대오를 토막 내여 섬멸하는 전법 등 적극적이며 능동적인 전술을 활용하여 매 전투마다 승리를 거두었다.

조선인민혁명군의 탁월한 군사작전에 의하여 적들은 동기대토벌의 첫걸음에서부터 골탕을 먹었다. 적들은 조선인민혁명군 부대들이 압록강연안으로 나온 첫 시기에는 반만군부대들처럼 거기서 겨울을 나지 못할 것이라고 타산하였다. 하지만 그것은 오산이었다. 적들이 토벌을 강화하면 할수록 물러서지 않고 밀림 속에 더 깊숙이 숨어서 신출귀몰의 수를 써가면서 백두산주변과 압록강연안 국경일대에서 더욱 맹렬한 군사정치활동을 벌려 적들을 수세에 몰아넣고 새로 꾸린 백두산근거지를 공고화해 나갔다.

1936년 겨울, 조선인민혁명군은 일제의 동기대토벌 공세에 맞서 수많은 전투를 벌여 연전연승했다. 그 대표적인 것들을 소개해 본다.

## 참빗전술을 깨뜨린 곰의골어귀전투 (1936년 11월 12일)

일제의 동기대토벌 공세를 격파하기 위한 투쟁은 곰의골에 기어든 적들을 소탕하는 전투로부터 시작됐다. 곰의골어귀전투는 조선인민혁명군 밀영에 대한 적들의 기습소탕작전을 앞질러 좌절시킨 방어전투였다. 적들의 동기대토벌이 개시되었을 때 사령부는 주로 곰의골밀영에 나가 있었다. 그러던 어느 날 오중흡이 적들의 밀정 둘을 잡아왔다. 밀정을 심문해 보니 일만 합동토벌대를 편성했는데, 그중 한 부대는 이도강을 떠나 곧바로 곰의골로 밀려오고, 다른 한 부대는 16도구의 마가자 서북쪽을 거쳐 유격대밀영으로 접근하고 있다고 했다. 이것은 조선인민혁명군의 정찰자료와 일치했다. 그러나 적들은 아직 포위망을 완전히 구축하지 못하고 있었다. 밀정을 통해 사령부의 위치를 낌새 맡은 적들은 나남 19사단 산하 일본군토벌대와 이도강 주둔 위만군토벌대를 곰의골로 들이밀어 사령부과 주력부대를 불의에 타격함으로서 불안의 화근을 송두리째 뽑아버리려고 했다.

정황은 매우 불리하고 위급했다. 적들이 수색을 벌이면서 밀영으로 조여들고 있는 형편에서 아군은 밀영근처의 유리한 지대에서 적을 치고 슬쩍 빠져나갔다가, 회군하는 적을 삼개골 지대에서 밤을 이용해 한 번 더 때리기로 하였다.

곰의골의 남쪽은 깊은 골짜기로 이루어져 있었다. 적의 주력이 들어오게 되어 있는 골에는 잘록한 병모가지처럼 묘하게 생긴 곳이 있었다. 이 골짜기의 양쪽비탈은 경사가 몹시 급한 벼랑을 이루고 있어 벼랑을 잘 타는 산짐승들조차도 발을 붙일 수 없었다. 적들을 좁은 홈통 속에 몰아넣고 족치기에는 둘도 없는 싸움터였다.

2중대와 4중대를 서북쪽과 동북쪽 고지들에 매복시키고 골짜기 안 깊은 곳에 허위진지를 만들게 하였다. 그리고 몇 명의 대원들을 거기에 배치하여 마치 주력이 그곳에 있는 것처럼 불도 피우고 소리도 내게 하였다. 그런 다음 유인조를 파견하였다. 적진에 들어가 밤새껏 소란을 피우다가 날이 밝으면 대부대가 움직인 것 같은 흔적을 내면서 철수해오라고 지시하였다. 날이 어슬어슬해질 때 유인조는 적진으로 들어갔다. 그날 밤의 추위가 몹시 맵고 짰다. 그러나 매복조들은 매복위치를 숨기기 위하여 불을 피우지 못하게 하였다.

유인조는 적을 유격대주력이 배치되어 있는 곳으로 끌어오려고 골짜기 바닥에 대부대가 지나간 듯이 무질서한 발자국을 내면서 허위진지 쪽으로 올라갔다. 잠시 후에 그쪽 산비탈에서는 여러 개의 우등불 연기가 솟구쳐 오르고 떠들썩한 노랫소리가 들려왔다. 그 모든 것은 미리 짜준 유인각본에 따르는 기만동작이었다. 유격대 유인조를 뒤따라 골짜기 안에 기어든 적들의 신경은 우등불을 피워놓고 법석을 떠는 허위진지 쪽으로 쏠리기 마련이다. 적의 척후대는 기마대열이었다. 잠시 한자리에 몰려서서 골짜기 안쪽의 허위진지를 살펴보며 쑥덕거리던 기마척후대의 일행 중에서 검정말을 탄 기병 하나가 말 떼를 헤치고 나와 골짜기아래쪽으로 내달렸다. 다른 두필의 말도 그 말을 따라갔다.

11월 12일 오후 5시 기마척후대는 기다란 보병종대를 달고 다시 골짜기 안에 나타났다. 종대의 선두마다 말을 탄 장교들이 긴 군도를 번쩍거리며 오고 있었다. 그들이 바로 나남 19사단 관하부대 패거리들이었다. 정안군장교들은 말을 얻어 타지 못한 채 병사들과 같이 걸어왔다. 적 부대들의 뒤꼬리에는 박격포를 분해하여 안장에 얹은 말들이 뒤따랐다. 다른 골로도 적들이 기어들었다. 분명 포위망을 형성하려는 것이었다. 100여명 정도의 아군 역량에 비하면 실로 5배도 더 되는 어마어마한 토벌역량이었다.

이 전투에서 적을 싸워 이길 수 있는 비결의 하나는 시간을 쟁취하는 것이었다. 적들이 포위진을 완성하기 전에 1차 타격을 강하게 안기고 슬쩍 빠져서 다음 지점으로 이동해야 했다. 밀징을 저단하는 총소리를 신호로 하여 직들에게 선제타격을 가하기로 하였다. 신호총소리와 함께 적들은 순식간에 풍지박살 났다. 대부분의 적들은 공격개시 신호를 기다리다가 그대로 나가 너부러졌다. 포탄이 장탄된 포들은 그냥 전장에 나뒹굴었다. 곰의골어귀의 골짜기는 적들의 무덤으로 되고 말았다.

유격부대는 전장수색을 끝낸 다음 어둠을 타서 은밀히 그곳을 빠져나왔다.
예견대로 패잔병들의 안내를 받으며 추격해오던 적의 증원부대가 해가 떨어지자 한곳에 몰려 숙영준비를 하고 있다는 적정자료가 사령부에 전달되었다. 사령관은 오중흡에게 적 숙영지를 야습하라는 임무를 주었다. 사령관의 야습지시를 받은 오중흡은 1개 소대역량으로 습격조를 편성했다. 적 숙영지로 은밀히 접근한 오중흡 습격조는 졸고 있는 보초병을 사로잡아 간단한 심문을 했다. 보초병은 입이 매우 싼 놈이었다. 일본군대와 위만군, 그리고 짐꾼들이 어떻게 배치되어 숙영하고 있는가를 매우 상세히 설명해주었다. 오중흡은 습격조를 3명씩 나누어 순찰병으로 가장시켰다. 군호를 대면서 보초선을 무사히 통과하여 숙영지 한복판으로 깊숙이 들어간 습격조원들은 조 단위로 일본군의 천막을 향해 불의에 사격을 들이댔다.

총소리에 놀라 깨어난 천막안의 적들은 신발도 찾아 신을 겨를도 없이 우왕좌왕했다. 적아를 가리지 못하고 자기들끼리  마구 쏴 갈기는 눈먼 총알에 숱한 장졸들이 비명을 지르며 나가떨어졌다. 숙영지 안은 마치 벌 둥지를 쑤셔 놓은 것처럼 발칵 뒤집혔다. 습격조원들은 혼란스러운 틈을 타서 전장 밖으로 감쪽같이 빠져나왔다. 그날 밤 적들은 자기들끼리 밤새껏 총격전을 벌려 떼죽음을 당했다. 간신히 살아 도망친 적병들은 거의 다 얼어 죽고 말았다. 신발도 못 신고 털외투도 못 입은 채 들고 뛴 자들이 백두산의 혹한을 이겨낼 리가 없었다. 패잔병들은 숙영지자리에 널려있는 수백구의 시체들을 그대로 다 운반할 수가 없어 머리만을 잘라서 마대에 넣어서는 마차에 싣고 황급히 달아났다.

곰의골어귀 전투가 있은 다음에도 조선인민혁명군 주력부대는 압록강 근처 여러 고장들에서 맵시 있는 전투들을 하였다. 11월 20일에는 적의 토벌거점의 하나인 장백현 14도구시가습격전투를 하였으며 그 며칠 후에는 13도구 도천리 상촌에 있는 적을 기습 소탕하였다. 일부 소부대들은 15도구와 19도구 일대에서 정치군사 활동을 벌렸다.

적들은 곰의골어귀전투와 뒤이어 계속된 전투들에서 얼마나 혼이 났던지 그 후 두세 달 동안 조선인민혁명군이 있는 백두산근처에 얼씬도 하지 않았다. 그렇다고 그들이 토벌을 완전히 포기한 것은 아니었다. 적들은 시간을 두고 새로운 토벌을 감행하려고 획책하였다. 조선인민혁명군은 경각성을 높여, 전부대가 밀정들의 침습을 막기 위하여 경계태세에 들어갔다. 다른 한편 적을 군사적으로 제압하기 위한 새로운 전술적 대책도 세웠다. 백두산기슭에는 얼마동안 정적이 깃들었다.

### 20여명으로 500여명의 적을 물리친 홍두산전투(1937년 2월 14일)

한동안 잠잠하던 적들이 백두산밀영지들에 다시 범접하기 시작한 것은 1937년 새해에 들어서부터였다. 만주와 북부국경지대에 출몰하는 항일무장투쟁세력들을 일거에 소탕해 버리려던 기도가 실패로 돌아가자, 일본 소화천황은 군부의 제기를 수락해 자기의 시종무관 시데이를 특별사신으로 파견해 압록강 연안 국경일대를 한 달 동안이나 현지 시찰케 했다. 동시에 조선총독 미나미와 관동군사령관 우에다, 그리고 조선주둔 일본군사령관 고이소 등과 함께 항일유격대에 대한 토벌공세를 강화할 대책을 모의하도록 했다. 어명을 받은 시종 무관은 도쿄로부터 압록강 상공으로 날아 넘어왔다. 그의 행차를 세기로 적들은 도벌에 디 얼을 올렸다.

바로 이러할 때에 홍두산밀영에 대한 적들의 기습토벌이 자행되었다. 그때가 1937년 음력설 무렵이었다. 그때 조선인민혁명군 사령부는 홍두산밀영에 있었는데, 갑자기 일이 생겨 횡산밀영에 나와 있었다. 횡산밀영에서 조선인민혁명군 당위원회 회의를 열었다. 이 회의에서는 곰의골 군정간부회의 이후 주력부대의 군사정치활동을 총괄 평가하고 적의 동기대토벌을 결정적으로 격파하기 위한 당면 투쟁과업을 토의했다. 특히 도천리 이명수 계선과 무송지구로 전투부대들의 전술적 전략적 이동 문제와 국내진공작전의 시기선택 문제 등이 논의되었다. 또 이 회의에서는 조선인민혁명군 당위원회의 당조직체계를 세우는 문제를 토의했고, 권영벽을 위원장으로 하고 이제순을 부위원장으로 하는 장백현당위원회와 이제순을 책임자로 하는 조국광복회 장백현 위원회를 조직했다.

1937년 2월 14일 조선인민혁명군 사령부가 횡산에서 음력설을 즐겁게 보내고 이튿날 홍두산 밀영으로 돌아온 직후 전방 경계소조 쪽에서 갑자기 총성이 울렸다. 적들이 쳐들어온 것이다. 정황은 아주 긴박했고, 형세는 매우 불리했다. 이때 유격대오의 병력이란 이두수 중대원 몇 명과 사령관 호위임무를 맡고 있었던 기관총반원을 포함해 20여명정도 뿐이었다. 반면 적들은 500여명이나 되었다. 그런데다가 전방경계초소에서 적을 발견했을 때에는 이미 적들이 전방경계초소가 있는 고지에 거의 다 오른 뒤였다.

사령관은 적들이 이 일대의 지형을 잘 모르는 약점을 이용해 놈들을 칼날 같이 생긴 능선에 몰아넣고 모조리 쓸어 없애야겠다고 판단하고, 즉시

대원들에게 남쪽 능선을 재빨리 차지할 것을 명령했다. 또 이두수 중대장에게 전방경계초소에 있는 대원들을 철수시켜 적들에게 길을 열어주되, 반드시 적들의 눈에 띄게 칼릉선을 타고 내려오도록 지시했다. 그 칼릉선은 한발자국이라도 헛디디면 깊은 골짜기의 눈 속으로 굴러떨어져 파묻힐 수 있는 외통길이었다. 그 외통길로 적들을 유인하게 되면 한사람이 100명, 1,000명도 능히 당해낼 수 있었다. 홍두산남쪽능선은 칼릉선으로 달려드는 적을 손금 보듯 내려다보면서 쳐 갈길 수 있는 전술적 지탱점이었다. 그리고 적들이 퇴각하면 능선아래 골짜기 바닥에 몰아넣고 모조리 족칠 수 있는 곳이었다. 사령관의 명령을 받은 전방경계초소 성원들은 적들을 칼릉선으로 유인했다.

칼릉선과 남쪽능선사이의 골짜기는 말 그대로 적들의 함정으로 되었다. 게다가 이두수 중대장이 남쪽 능선의 비탈을 얼음 강판으로 만들어 놓았다. 그 얼음 강판은 적들로 하여금 한 놈도 사령관부대가 차지하고 있던 능선으로 기어오를 수 없게 만들어 놓았다. 적들은 경계초소 대원들의 뒤를 따라 칼릉선의 매복구역에 들어서기 시작했다. 적들이 매복구역에 완전히 들어서자, 사령관은 일제 사격명령을 내렸다.

조선인민혁명군 대원들은 적들에게 강력한 불벼락을 안겼다. 잠깐 사이에 적들은 수많은 사상자를 냈다. 그러나 수적 우세를 믿은 적들은 기관총의 엄호밑에 기어이 능선을 올라오려고 발버둥 쳤다. 그러나 그때마다 낭떠러지에 굴러 떨어져 눈 속에서 허우적거리다가 조선인민혁명군의 명중탄에 죽어나갔다. 그런데도 짐 운반을 위해 끌고 온 주민들을 방패삼아 앞세우고 악착스럽게 능선으로 기어 올라왔다. 이때 사령관은 돌격명령을 내렸다. 조선인민혁명군 대원들은 비호처럼 적진에 뛰어들어 발악하는 적들을 쳐 갈겼다. 치열한 전투가 벌어졌다. 치열한 전투 끝에 골짜기에 밀려들었던 적들은 거의 섬멸되고 뒤따르던 적들은 황급하게 도망쳤다. 도망친 적들은 얼마가지 못하고 한 골짜기에서 숙영하다가, 유격대의 야간습격조에 의해 섬멸되었으며, 사령부 안진이 긴정돼 곰의돌 밀영 쪽에서 달려온 오중흡 부대에 의해 완전 섬멸되었다. 이날 주력부대는 아주 작은 역량으로 일제침략군 500여명을 살상하고 기관총 3정과 수많은 보총을 노획했다. 홍두산전투 승리는 일제의 토벌 공세에 심대한 타격을 주었다.

홍두산전투는 보통 군사상식으로 보면 도저히 성립되지 않는 싸움이었다. 역량상 엄청난 차이에도 불구하고 주력부대는 적을 전멸하다시피 하였다. 홍두산전투 승리의 요인은 무엇이었겠는가? 그것은 강한 정신력의 힘이었다. 수배 혹은 수십 배의 적 앞에서도 당황하거나 절망하지 않고 반드시 이길 수 있다는 필승의 신념과 백절불굴의 투쟁정신, 자력갱생 간고분투의 혁명정신, 헌신성과 자기 희생성을 가지고 싸웠기 때문에 조선인민혁명군은 언제 어디서나 어떠한 적들과 맞서도 패한 적이 없었다.

## '라와전법'으로 적을 쳐서 승리한 도천리 전투(1937년 2월 20일)

홍두산전투 후 조선인민혁명군 사령부는 장백현 하강구 쪽으로 내려갔다. 적들이 백두산주변일대에 다시금 대병력을 집중하여 대대적인 수색전을 펴고 있는 조건에서 새로운 군사작전을 벌이려면 적들의 주의를 다른 데로 돌릴 필요가 있었다. 사령부 주력부대가 하강구 방향으로 움직인 것은 적 토벌 역량을 분산시켜놓고 혼란을 조성한 다음 적의 동기토벌을 결정적으로 분쇄하려는 전술적 이동이었다.

부대가 요방자 근방 마을에 이르자 사령관은 숙영명령을 내리고 도천리에 정찰조를 파견하였다. 정찰조원들이 마을로 내려가던 도중, 마침 적정통보를 가지고 유격대를 찾아오던 도천리 지하조직원을 만났다. 그가 가져온 통보에 의하면 유격대의 대소부대배합전술에 걸려들어 겨우내 이리저리 끌려 다니다가 허탕을 친 정안군부대가 결판을 내겠다며 사령부를 찾아 헤매고 있다는 것이었다.

요방자에서 도천리나 최영감골로 가려면 자작나무, 가시나무와 한길이 넘는 갈대들, 억새풀이 얼기설기 뒤엉킨 까마득한 소로 길을 지나야 하였다. 사령부는 이 길로 도천리 상촌에 갔는데 그때 전령병 최금산이 떨기나무숲에 들어섰다가 가시에 눈을 찔려 소동이 벌어졌었다. 이것을 본 사령관은 만약 이 30리 길에 적들을 끌어들인다면 적들은 외줄로 행군하게 될 것이므로 유격대원들이 요소요소에 매복했다가 쉽게 적들을 토막 내서 족칠 수 있겠다고 판단했다. 소부대 유인전술로 적들을 잔뜩 피로하게 만들어 놓은 다음 대부대 매복전으로 모조리 섬멸할 전술을 세우고, 오증흡을 사령부로 불렀다. 사령관은 오증흡에게 적들을 그 등판의 오솔길로 유인해 토막 내 족치라는 임무를 주었다.

유인조 대원들은 적의 행군종대가 나타나자 그 선두대열에 일제히 사격을 가했다. 그리고는 재빨리 몸을 피해 매복조들이 잠복하고 있는 가시덤불 등판으로 이동했다. 그것이 유인전술이라는 것을 알 리 없는 적들은 무작정 유인조의 뒤를 쫓았다. 유인조 성원들은 가시덤불에 뒤엉킨 등판 길로 들어섰다. 하지만 가시덤불은 산 생활에서 단련되지 못한 적들에게는 가시철조망과 같은 장애물이었다. 그 가시덤불의 성화 때문에 적 대오는 자연히 토막토막 끊어지게 되었다. 매복조 대원들이 적 대열의 중간중간에서 일제 사격을 갈겼다. 적들은 골짜기를 따라 오르락내리락 갈팡질팡하다가 눈 위에 피를 뿌리며 거꾸러졌다. 수백 명의 적들이 유격대의 토막치기전술에 걸려 녹아나고 말았다. 적들은 실패를 거듭하면서도 유인조의 역량을 분산시키려고 했다. 사령관은 놈들의 계략을 눈치채고 주력종대 일부 역량을 유인조 양쪽 옆에 배치해 적들에게 결정적 타격을 가했다. 적들은 이날 10여 차례나 유인매복전술에 걸려 이리저리 끌려다니다가, 날이 어스름해지자 수많은 사상자를 싸움터에 팽개치고 도천리 부락으로 도망쳤다.

도천리 지하조직에서는 적들이 그날 밤중으로 자기네 소굴로 돌아갈 것 같다는 연락을 보내왔다. 적들은 유격대의 야습을 두려워하며 몹시 서두르고 있다는 것이었다. 현재 유격대가 있는 집결장소에서 도천리 앞도로까지 가려면 적어도 2시간 정도가 걸려야 했다. 무슨 구실을 만들어서라도 그들의 출발을 지연시킬 필요가 있었다. 그래서 사령부는 도천리 지하조직에 될수록 적들의 저녁식사 준비를 질질 끌라는 지시를 보냈다.

도천리 지하조직에서는 유격대가 산에서 내려와 매복위치를 차지할 수 있도록 일부러 식사준비를 질질 끌었다. 적들은 초조하게 저녁을 빨리 지어달라고 독촉했지만, 지하조직원인 구장 정동철은 무슨 큰 성의라도 베풀듯이 ‘정안군어른들이 모처럼 우리 마을에 왔는데 어떻게 대접을 소홀히 하겠는가’고 하면서 닭도 잡게 하고 쌀도 찧게 하는 등으로 식사준비를 지연시켰다. 결국 적들은 한밤중이 되어서야 마을에서 떠나게 되었다. 그때는 이미 유격대가 도천리 앞 큰길 좌우에 매복을 끝내고 반시간 가까이 적들을 기다리고 있을 때였다.

조선인민 혁명군은 이 매복전에서 정안군부대를 완전히 괴멸시켰다. 억새가 깔린 등판에 적의 주검이 쭉 널려 있었다. 유격대원들은 그 시체들에서 총만 벗겨서 유유히 철수하였다. 이 시체들을 실어 나르는 데만 해도 24필의 소가 동원되었다고 한다. 소발구 하나에 주검 9구씩 처싣고 13도구까지 날라 갔다는 것이었다. 그날부터 사람들은 ‘소발구 하나에 아홉 개씩 스물네 발구면 모두 얼마요?’ 하면서 적들이 당한 패배를 깨 고소해 하였다.

## 동기대토벌작전을 최종적으로 깨뜨린 이명수 전투(1937년 2월 26일)

조선인민혁명군 주력부대는 도천리 전투를 치른 다음 부후물 골짜기로 옮겨갔다. 그곳에서 남만에서 온 동북항일연군 1군 2사 대원들과 만났다. 1군 2사 대원들과 만나서, 함께 연합전투를 벌이기로 합의했다. 그리하여 그들과의 연합작전으로 또 한 차례의 통쾌한 싸움을 벌였다. 그 싸움이 이명수 전투인데, 이 전투는 적들의 동기대토벌작전을 결정적으로 분쇄한 최종 전투였다.

이명수는 당시 일제가 목재를 벌채해 운반하는 물길로 이용하고 있었다. 이 물줄기의 상류에는 사문개정이라는 작은 부락이 있었고, 여기서 강기슭을 따라 약 6km 떨어진 곳에 이명수라는 마을이 있었다. 당시 조선인민혁명군과 항일연군 1군 2사 대원들은 이명수 일대에 있었는데, 적들이 이도강, 팔도구, 대정자 일대의 병력을 동원해 유격대원들을 동쪽과 서쪽으로부터 포위공격하려 한다고 정찰조가 알려 왔다.

조선인민혁명군 사령관은 적들을 유인매복으로 섬멸해야겠다고 결심하고 조선인민혁명군 주력부대와 동북항일연군 1군 2사 대원들을 이명수와 북수골물의 합류지점 근처의 유리한 지점에 배치했다. 그리고 이 지역 조국광복회 조직에 적들을 매복구역으로 유인하도록 요청했다. 매복지점을 차지한 유격대원들은 눈으로 참호를 만들고 흰색 위장복으로 빈틈없이 위장했다. 한낮이 지나서 적들의 긴 행군종대가 나타났다.

적들이 매복권 안으로 완전히 들어섰을 때 사격개시 신호가 울렸다. 이 신호에 따라 유격대원들의 일제사격이 시작됐다. 적들은 총 한방 쏘지 못하고 떼로 쓰러졌다. 일부 악질적인 놈들은 은폐지에 숨어서 저항했다. 유격대원들은 수세에 빠져 허덕이는 적에게 강력한 화력타격과 함께 함화(가까이 맞선 적군을 향하여 큰소리로 하는 정치적·군사적인 선동.)를 들이댔다. 적들 속에서는 혼란과 동요가 생기기 시작했다. 정황을 살피고 있던 사령관은 부대에 돌격명력을 내렸다. 적들은 앞뒤에서 강력한 타격을 받자 투항했다. 이 전투에서 유격대원들은 불과 30분 만에 저 100여명을 살상하고 2개 중대를 투항시켰으며, 경기관총 3정, 보병총 150정, 권총 30여정과 많은 총탄을 노획했다. 전투가 끝나자 일부부대를 이도강 쪽으로 보내 그쪽에서 오는 적들을 섬멸하도록 지시했다. 명령을 받은 부대는 진출과정에서 적들과 만나 20여명을 살상하고 1개 중대를 포로로 붙잡았다.

조선인민혁명군은 연전연승했다. 적들은 전력을 다해 구상하고 감행했던 동기대토벌이 물거품이 돼버렸다. 그리하여 장백 땅은 완전한 조선인민혁명군 세상으로 되고 말았다. 일본제국주의자들은 조선인민혁명군을 군사적으로 제압하면서 혁명군의 조국진출을 막아보려고 필사적으로 발악하였으나 오히려 싸움을 벌이는 족족 참패를 면치 못하였다. 적들은 조선인민혁명군을 정치 도덕적으로 매장시키기 위해 비적수괴이니, 공비괴수이니 하는 험담을 해가면서 별의별짓을 다했지만 그것마저 성공하지 못했다. 그렇게 되자 그들마저 조선인민혁명군의 유격전술을 놓고 신출귀몰이니, 승천입지니 하고 아우성을 치면서 벌벌 떨었다. 일제와 만주국 군경들은 천변만화하는 유격전술에 걸려 꼼짝달싹하지 못했다. 적들이 제일 두려워한 것은 '라와 전법'이었다. '라와 전법'이란 대표적인 유격전법의 하나인 매복전에 대해 일제 군경이 붙인 이름이다. '라와'라는 것은 라망의 중국식 발음인데, 하늘과 땅 그 어디에도 빠질 곳이 없는 천라지망 즉 포위망, 함정이라는 뜻이다. 그들은 출판물과 내적 훈령을 통해 산악지대에서 '라와전'의 함정에 빠지지 말도록 거듭 강조했다. 일단 '라와'에 걸리기만 하면 그 누구도 빠져나올 수 없다는 공포심리가 일만군경들 속에서 열병처럼 만연되었다.

조선인민혁명군이 장백에서 연전연승함으로써 조선인민혁명군이 조국으로 진출할 수 있는 통로를 개척해 놓았다. 이 작전들로 하여 조선혁명의 실제적 주력으로서의 조선인민혁명군의 지위는 확고한 것으로 되었다. 김일성은 이 싸움들에 대해 다음과 같이 회고했다.

《나는 우리가 장백에서 벌린 싸움들이 세계를 들었다 놓은 규모가 큰 것들이라고는 생각지 않는다. 세계전쟁사에는 수천수만, 지어는 수십만의 사상자를 낸 요란한 전역들과 대결전들이 얼마나 많은가. 우리가 한 전투에 투하한 병력은 불과 수백명, 적 살상도 백이나 천 단위를 헤아릴 뿐이다.

그러나 우리는 이 싸움들에 대하여 커다란 자부심을 가지고 돌이켜본다. 우리가 중시하는 것은 간고한 싸움에서 발현된 혁명군의 넋이다. 인민혁명군의 의지는 적들을 압도하였다. 적을 정신적으로 압도하면 승리는 필연적으로 이루어지는 법이다.

우리가 장백 땅에서 벌린 혈전의 자취들을 소중히 여기는 까닭이 여기에 있다. 》

# 3
# 당 및 조국광복회 조직의
# 급속한 확대

## 이제순과 조국광복회 장백현위원회

조선인민혁명군 주력부대는 백두산지구로 나오자마자 밀영건설과 동시에 조국광복회 조직을 건설하기 위한 사업을 본격적으로 전개했다. 조국광복회 망 건설의 첫 대상지로는 백두산을 직접 끼고 있는 장백지역과 국내 갑산지역이 선정됐다. 조직건설의 어려운 과업을 용의주도하게 수행해나가자면 생명을 걸고 조선인민혁명군의 사업을 도와줄 수 있는 믿음직한 인재를 찾아내야 한다. 조선인민혁명군은 무엇보다 이러한 인재 발굴에 심혈을 기울였다.

그러던 어느 날 보따지라는 별명을 가진 중대장 이동학이 이제순이라는 사람을 데리고 사령부에 나타났다. 이제순은 20도구 등판에 있는 신흥촌 마을의 촌장이자 야학선생이었다. 신흥촌 사람들은 늙은이건, 젊은이건 부녀자이건 할 것 없이 각별한 애정을 갖고 자기네 촌장을 우리 선생, 우리 선생하면서 존경했다. 이러한 점들을 파악한 이동학은 이제순이 어떤 사람인지 가늠하기 위해 그에게 중대가 2~3일 동안 소비할 수 있는 식량을 요구했다. 그런데 촌장은 중대 성원들이 다 지고도 남을 만큼 엄청난 양의 식량을 잠깐 사이에 모아놓고 밀영까지 져다 드리겠다고 자청했다.

일솜씨도 좋았지만 통이 이만저만 크지 않아서 이동학중대장은 초면의 이 촌장에게 대뜸 반해버리고 말았다. 그래서 경솔하다고 비판받을지언정 이제순을 사령관에게 직접 소개하고 싶어 촌장의 청을 받아들였다. 그래서 그를 밀영으로 데리고 들어왔다. 이제순은 밀영에 들어와 지내는 며칠 동안 조선 인민혁명군이 발행한 출판물들을 읽느라고 잠시도 쉬지 않았다. 사람이 얼마나 이악하던지 그동안 유격대원들을 따라다니며 무기분해결합법과 방위판정법까지 다 배워두었다.

이제순은 여자처럼 곱살하게 생긴 사람이었다. 겉보기에는 상당히 부드럽고 유약한 듯이 보이나 사실은 강쇠처럼 굳건한 속대와 바위와 같이 흔들리지 않는 신념과 냉철한 사고력을 가진 강하고 의로우며 이성적인 사람이었다. 빈농의 아들로 태어난 그는 어려서부터 고생을 많이 했다. 그는 학교는 다니지 않았지만 독학으로 중등의 지식을 소유한 성실한 노력가였다. 학교 물을 먹어보지 못한 것을 평생의 한으로 여긴 이제순은 신흥촌에 오자마자 화전민의 자식들을 위해 야학을 열고 정열적인 계몽활동을 벌여 나갔다.

이제순은 고향에 있을 때 소년회와 청년동맹에 망라되어 몇 해 동안 조직생활을 했다. 끊임없는 박해와 탄압 속에서 신변의 위험을 느낀 이제순은 1932년 초에 처가가 있는 갑산 쪽으로 이주하였다. 그 무렵이 바로 박달을 비롯한 선각자들이 이 일대에서 애국계몽운동을 한창 벌리고 있을 때였다. 이제순은 그들과 함께 오풍동 일대에서 비밀독서회를 결성해 새 사조를 연구하는 데 달라붙었다. 이제순은 올바른 투쟁진로와 명망 높은 지도자를 찾으려고 온갖 애를 썼으나 찾지 못하다가, 1934년경부터 인민혁명군이 장백지방으로 나온다는 풍문을 듣고 장백현 20도구 천가덕으로 넘어왔다. 이 천가덕 마을이 신흥촌이었다. 신흥촌에서 보천보까지는 직선거리로 얼마 멀지 않았다. 그 마을에서는 베개봉, 소백산, 곤장덕과 함께 백두산도 볼 수 있었다. 백두산을 바라볼 수 있는 고장에서 산다는 것, 이 한 가지 사실은 이방의 서름서름한 풍토 앞에서 망향의 슬픔을 금치 못하던 이제순에게 신비스러운 안도감을 주었다.

이제순 국내에 있을 때 동지들에게 늘 농조조직이 투쟁에서 성과를 거두려면 반드시 조선인민혁명군의 지도를 받을 수 있는 통로를 개척해야 한다는 것과 혁명군의 지도가 없이는 국내투쟁이 승리할 수 없다는 것을 완강하게 주장하였다. 물론 그 주장은 많은 동지들의 지지를 받았다. 그러나 일부 사람들은 혁명군의 줄을 어떻게 찾겠는가 하고 하면서 그 주장을 시답지 않게 대하였다. 그러나 그는 혼자서라도 유격대를 찾아가기로 결심하고 자기의 친지들이 살고 있는 장백현 신흥촌으로 단호히 이주하였다. 그는 국내인사들 가운데서 해외의 무장투쟁과 국내정치투쟁의 불가분리성과 일원화의 필요성을 처음으로 인식하고 공리공담의 울타리를 벗어나 적극적인 자세로 그것을 실현하였을 뿐 아니라 혁명군과의 연계를 성사시킨 다음에는 조선인민혁명군의 노선을 관철해나가는 길에서 생명까지 바친 선각자, 투사 중의 한 사람이었다.

밀영에 들어온 이제순은 유격대 입대를 청원했다. 하지만 조선인민혁명군 사령관은 그에게 다른 요구를 했다. 큼직한 조직을 만들어 유격대를 지원하는 활동을 하는 게 어떠냐고 물었다. 어떤 일을 해야 하냐는 질문에 조국광복회 조직을 만드는 게 어떻냐고 말하면서 민족통일전선의 중요성을 해설해주었다. 그는 쾌히 승낙했고, 그에 따라 이제순을 위한 단독 강습을 진행했다. 강습 주제는 조선민족해방혁명의 노선과 성격, 전략전술에 대한 것이었다. 강의는 사령관이 직접 담당했다. 조국광복회 10대 강령과 창립선언, 규약에 대한 해설 강의, 국제당사 강의는 이동백이 해주었다. 강습을 마치고 밀영을 떠날 때 이제순은 진정에 넘쳐 말했다.

《저는 쌀 한말을 지고 왔다가 몇 섬이나 되는 혁명적 양식을 지고 갑니다. 이 은혜를 평생 잊지 않겠습니다. 이제는 저에게 사업 분공을 주십시오. 지역을 하나 떼서 맡겨주면 그 지역 안에 있는 조선사람들이 사는 모든 마을마다에 조국광복회 조직을 내오겠습니다.》

이제순은 장백현 상강구 지역에서 조국광복회 조직을 결성하는 과업을 부여받았다. 이제순은 그해 가을 김병철, 이주관, 이삼덕과 함께 조국광복회 신흥촌 지회를 조직했다. 이 지회는 백두산 서남쪽 턱밑에서 생겨난 최초의 조국광복회 조직이었다. 이때부터 이제순은 촌장의 자리를 이삼덕에게 넘겨주고 권영벽과 함께 장백현 상강구 일대를 중심으로 해 조직망을 확대하기 위한 사업에 착수했다. 조선인민혁명군은 편의상 장백현을 세 개의 지구 상강구, 중강구, 하강구로 구분하고 활동했으며, 상강구는 다시 상방면 중방면, 하방면으로 나누고 활동했는데, 이제순은 신흥촌에서 지회를 결성한 후 주경동, 약수동, 대사동, 평강덕에도 조국광복회 지회를 조직했다. 지회산하에는 또한 많은 분회를 두었으며 반일청년동맹과 부녀회, 아동단과 같은 외곽단체를 꾸려 각계각층을 폭넓게 결속시켰다. 불과 반년도 못 되는 사이에 이제순은 상강구 전 지역을 조밀한 지하조직망으로 뒤덮어놓았다.

백두산밀영을 둘러싸고 있는 거의 모든 마을에는 조국광복회 조직들이 그 물코처럼 촘촘히 들어 배겼다. 조국광복회 조직은 장백현의 선진적인 청년학생들과 지식인들, 종교인들 속에도 침투되었으며, 심지어 만주국의 관공서들과 경찰기관들, 정안군부대들에도 뿌리를 내리었다. 조국광복회는 그 산하에 각계각층의 광범한 군중을 망라한 대중단체들을 두었다. 조국광복회의 외곽단체들에는 수만 명의 군중이 집결되었다. 조국광복회의 매개 지회는 생산유격대를 가지고 있었는데 그것은 유사시 인민혁명군과 합세하여 거사를 치를 수 있는 강력한 밑천으로 되었다. 장백지구에서의 조국광복회 조직들의 확산이 어찌나 빠르게 진척되었던지 조국광복회 장백현위원회를 결성되고 이제순이 총책임을 맡았던 1937년 초에 이르러서는 장백현의 전 지역이 완전한 우리 세상으로 되었다.

장백의 거의 모든 마을들은 '유격대 마을'이 되였고 거의 모든 사람이 '유격대 사람'이 되었다. 장백의 거의 모든 촌락의 구장, 촌장의 직책들도 '유격대 사람'들이 차지하였다. 그들은 겉으로는 적들의 하수인노릇을 하는척하였으나, 속으로는 유격대 일을 하였다. 면장 이주익도 그런 사람이었다. 우리가 백두산 진출을 앞두고 장백지방에 선발대를 파견하였을 때 그는 김주현에게 흡수된 조국광복회 특수회원이었다. 이주익은 가짜 민적을 대량으로 만들어 거민증과 도강증을 만들어, 조선인민혁명군이 수시로 압록강을 도강할 수 있도록 도와주었다.

19도구 지양개에서 구장노릇을 하던 이훈도 이제순의 영향으로 조국광복회에 가입한 사람이었다. 이제순은 밀영에 와서 김일성을 만나고 돌아간 후 인차 이훈을 찾아가 조국광복회10대강령을 소개한 다음 김장군의 뜻이라고 하면서 믿을만한 청년들에게 영향을 주어 조직에 받아들일 준비를 하라는 과업을 주었다. 이 과업을 받고 이훈이 이제순에게 소개한 맨 첫 사람이 함경남도 영흥 ( 금야 ) 에서 농조운동에 관계하였다가 19도구 덕삼촌에 와있던 안덕훈이었다. 1937년 봄에 이제순은 안덕훈을 책임자로 하는 조국광복회 19도구 지회를 조직하였다. 그 관하의 모든 부락에는 그해 여름까지 분회들이 다 조직되었다. 분회장은 대체로 촌장이 겸하였다. 조직의 활동이 얼마나 드셌던지 이 지방들에서는 소년들이 혁명가요를 공개적으로 부르며 돌아다니었다.

이러한 노력과 과정을 거쳐 장백현의 상강구, 중강구, 하강구에 조국광복회 구위원회들이 결성되고 1937년 2월에는 횡산밀영에서 진행된 조선인민혁명군 당위원회 회의에서 이제순을 책임자로 하는 조국광복회 장백현위원회가 결성되었다.

## 박달과 국내당공작위원회

카륜회의 방침중의 하나는 당 창건 과업이었다. 독자적인 당을 갖는 것은 조선혁명가들의 열렬한 염원이었고, 항일무장투쟁을 전개하면서 새세대청년 공산주의자들이 내세웠던 가장 중요한 전략적 과업의 하나였다. 김일성은 항일무장투쟁 전 기간 혁명투쟁의 실천 속에서 단련 육성된 우수한 전위투사들로 당 기층조직들을 확대 강화해 나가는 자주적인 당 창건방침을 일관되게 관철해 나갔다.

조선인민혁명군은 당 창건의 조직 사상적 준비를 책임지고 있는 당 건설의 주도적 역량이었다. 그중에서도 조선인민혁명군 당위원회가 당건설사업의 참모부역할을 담당했다. 조선인민혁명군 당위원회의 지도아래 활발히 전개된 당 건설운동은 무장투쟁을 중심으로 하는 전반적 조선혁명을 일대 앙양으로 이끌어가는 강력한 추동력으로 되었다. 항일무장투쟁에 직접 참가하고 있는 전위투사들에 의해 추진된 당 조직건설 사업은 1930년대 후반기에 이르러 우리나라 공산주의 운동의 당당한 주류를 이루었으며, 확고한 정통성을 대표했다.

우리의 당 건설사업은 처음부터 복잡한 과정을 거쳐 힘들게 진척됐다. 조선인민혁명군 주력부대가 동만이나 북만 땅에서 활동하던 1930년대 전반기까지만 해도 당 건설을 위한 노력이 국내에 깊숙이 미치지는 못했다. 그 당시에는 온성, 종성 등 두만강 연안의 국내 여러 곳에 몇 개의 기층 당 조직을 꾸리는 정도였고, 기본 활동판도는 아직 동만에 머물러 있었다. 조선인민혁명군 당위원회를 튼튼히 꾸리는데 주력하면서도 간도 각 현의 당 조직들과의 밀접한 연계 속에서 '우리 당 조직'(중국공산당조직이 아니라 우리나라 사람들의 공산당 조직)을 확대해 갔으며, 향후 국내에 당 조직을 대대적으로 꾸려나가는 데 필요한 핵심들을 육성하는 데 힘을 집중했다.

남호두회의의 정신에 따라 당 건설 방침을 심화시키고 그 방침 실현을 위한 대책을 논의한 것은 1936년 5월 동강회의였다. 이 회의에서는 국내에 당 창건의 조직 사상적 기틀을 본격적으로 마련하기 위한 과업이 상정되고 그 대책으로 국내당공작위원회를 조직하고 혁명투쟁의 골간들로 전위적인 당 조직을 확대하기 위한 대책과 방안이 논의됐다.

그 대책과 방안의 핵심은 다음과 같다. 첫째 당 조직건설 사업을 유격대에 국한시키거나 중국 동북지역만을 무대로 삼아서는 안 되며 국내깊이까지 당 창건의 조직 사상적 기초를 쌓아나가야 한다. 둘째 지금까지는 두만강 건너편 국경 부근 일부지역에만 기층 당 조직을 건설했으나, 이제부터는 국내 광활한 지대에 당 조직들을 박아나가야 한다. 셋째 국내에서의 당 창건 준비사업을 통일적으로 지도하기 위해 국내당공작위원회를 설치해야 한다. 이러한 문제들이 중점적으로 다뤄졌다.

당시 조선혁명의 주체노선을 관철하는데서 가장 긴급한 과제는 국내에 무장투쟁과 정치투쟁을 총괄적으로 이끌어나갈 수 있는 믿음직한 책원지, 비밀거점을 구축하는 것과 함께 강력한 정치역량과 군사역량을 마련해 자력 해방을 위한 전민항쟁 준비를 힘 있게 추진해 나가는 것이었다. 이것은 조선인민혁명군이 백두산을 타고 앉아 벌이려고 하는 모든 정치군사 활동의 승패를 좌우하는 관건이 되는 중심고리였다. 한마디로 국내혁명운동과 항일무장투쟁의 일원화를 실현하는 것이다. 이러한 방침을 관철하려면 무엇보다도 국내에서 이제순과 같은 형의 견실한 혁명가들을 찾아내고 그들과의 공동노력을 통하여 조국광복회 조직을 빨리 확대하고 온 민족을 반일성전에로 불러일으키기 위한 대책을 세워야만 했다. 이런 대책의 일환으로서 국내혁명가들을 찾았고, 그때 찾은 혁명가가 박달이었다.

박달은 이제순의 소개로 조선인민혁명군과 연결되었다. 연결당시 그는 갑산공작위원회라는 비밀혁명조직의 대표로 활동하고 있었다. 박달은 이제순과 마찬가지로 세파에 때 묻지 않은 깨끗한 사람이라고 할 수 있다. 그는 어떤 파벌에 속했던 적도 없었고, 운동권 행세를 하며 거만하게 굴적도 없었다. 산골사람다운 농민적 순박성을 갖고 있었다. 또한 말과 몸가짐이 세련되고, 혁명이론도 뛰어났다. 이제순은 다음과 같이 박달을 소개했다.

《박달은 자기가 옳다고 생각하는 것을 위해서는 칼날 위에라도 올라서는 사내대장부입니다. 이론도 굉장합니다. 한번은 사상가랍시고 으시대던 단천내기 사자머리하고 무슨 논쟁이 붙었는데 그 사람의 코를 아예 납작하게 만들어놓았습니다. 함남북을 개척하자면 박달을 만나야 합니다!》

박달의 원래 이름은 박문상이었다. 그런데 박달나무같이 단단한 사람이라고 하여 이웃사람들이 박달, 박달 하고 부르면서 이름처럼 고착되었다고 한다. 박달은 인정이 많은 사람이었다. 감자를 수확하는 계절이 올 때마다 그는 자기 집에 지나가는 사람들을 끌어들였다. 올해 감자 맛이 꿀맛인데 한번 먹어보고 갈 생각 없소 하고 잔뜩 구미가 동하게 해놓고 슬쩍 팔을 잡아당겨 끌어들이곤 했다. 그는 돈은 없지만 이웃을 돕는 일이라면 아무것도 아끼지 않는 그런 사람이었다. 그는 초등학교를 마친 다음 독학으로 중학강의록도 공부했다. 그가 얼마나 지독한 독서가였는가 하는 것은 감옥살이할 때 불구의 몸으로 동의보감을 전부 독파했다는 사실만으로도 충분히 입증된다.

박달이 갑산공작위원회를 조직하던 과정은 절대 순탄하지 않았다. 그 지역의 사회주의자들이 일제의 폭압에 겁을 집어먹고 투항주의적 입장에 빠져 있었는데, 이것을 감추려고 당 중앙이 없는 조건에서는 당중앙이 만들어져 새로운 노선과 정책을 내놓을 때까지 자연발생적 반제투쟁을 부추기거나 부채질

하지 말고 기다려야 한다고 주장했다. 박달은 이런 입장을 혁명에서의 도피라고 비판하면서 "갑산군에서 일어나는 자연발생적인 운동을 우리가 조직화하여야 하며 그것을 진조선적인 운동으로 발전시키기 위하여 노력하여야 한다, 그렇게 하여야 앞으로 공산당이 조직되더라도 당 중앙이 우리 지방에서 일어나는 운동에 대한 영도를 보다 쉽게 할 수 있게 될 것"이라고 하였다. 갑산공작위원회는 이처럼 좋은 시기가 도래하기를 앉아 기다리기만 하거나 경찰의 주목을 피하여 타지방에 도피해서 제 한 몸이나 부지하려는 자들과의 비타협적인 투쟁 속에서 조직되었다.

조선인민혁명군 사령부는 이제순을 국내연락 책임자로 해서 박달에게 만나자는 연락을 했다. 그러자 박달은 자기에게 조선인민혁명군 대표를 직접 보내줄 것을 요구했다. 이것은 그가 얼마나 조심성있고, 용의주도한 혁명가인가를 잘 보여주었다. 사령부에서는 권영벽을 갑산지방에 파견하였다. 그때 사령관은 권영벽을 통하여 박달에게 아래와 같은 편지를 보냈다.

조국을 사랑하며 일제를 반대하여 싸우는 국내의 애국자동무들 앞
국내에서 간악한 일제 원쑤들과 싸우는 동무들!

박달에게 보낸 편지

우리는 조국의 광복을 위하여 무장을 들고 만주광야에서 일만군경들과 싸우고 있습니다.

우리는 동무들과 손을 굳게 잡고 모든 힘을 합쳐서 일제를 반대하며 조국을 광복시키는 투쟁을 진행할 것을 충심으로부터 원합니다.

나는 우리의 대표를 직접 동무들에게 파견하오니 서로 만나서 사심 없는 토론들을

교환하여주시기 바랍니다.

경 례

김 일 성


편지를 받은 박달은 너무 흥분된 나머지 눈물을 흘리면서 즉시 만날 수 있도록 해 달라고 요청했다. 이렇게 김일성 과 박달의 만남이 1936년 12월 말 백두산지구 곰의골 밀영에서 있었다. 이 만남에서 두 사람은 실로 많은 대화를 나눴다. 그중에서 다음과 같은 대화도 있었다.

박달은 나에게 좀 외람된 질문을 한 가지 하겠는데 나무라지 말라고 하면서 심각한 표정을 지었다.

"지금 국내혁명가들 속에서는 김일성장군은 조선 사람이지만 중국혁명을 하는 사람이고 김일성부대는 조선 사람들로 꾸려진 부대이지만 동북항일연군에 소속되어 있는 부대라는 말이 돌아가는데 이걸 어떻게 이해해야 합니까? 장군님의 직접적인 해명을 받고 싶습니다."

이제순에게서 듣던 바대로 박달은 역시 매우 솔직한 성품을 가진 사람이다.

나는 박달을 위해 비교적 긴 설명을 하지 않을 수 없었다.

출판보도계가 내가 인솔하는 부대를 가리켜 동북항일연군 제2군 제6사라고도 칭하고 있는 것만큼 국내혁명가들이 그런 의문을 가지는 것은 당연한 일이다. 그렇다고 하여 내가 인솔하는 부대를 완전한 중국군대로 인정한다면 그것은 아주 잘못된 것으로서 사실과도 맞지 않는다. 동북항일연군이라는것은 명칭그대로 중국 동북지방에서 활동하는 각종 항일유격부대의 연합군을 의미한다. 거기에는 공산당계열의 중국인유격부대, 구국군계열의 중국인반일부대들과 조선공산주의자들이 조직 지휘하는 조선인항일유격대 등이 망라되어있다. 그것은 반일항전에서 공동보조를 취하기 위하여 결속된 일종의 국제적인 연합군이다. 일본이라는 공동의 적, 자기 조국의 해방이라는 같은 목적, 동북이라는 동일한 투쟁무대 또는 역사적으로 형성되어온 조중 두 나라 인민들간의 친선의 감정과 공통한 처지, 이러한 것들이 조중 두 나라 공산주의자들과 애국자들의 무장대들로 하여금 그와 같은 무력연합을 실현하게 하였다. 연군체계는 어디까지나 자원성의 산물인 만큼 항일연군은 각 민족군의 자주성과 독자성을 존중하고 있다. 우리 조선인민혁명군은 연군의 간판을 띠고 중국혁명을 도와주면서도 조국해방을 근본사명으로 하는 민족군대로서의 면모를 완전히 갖추고 조선혁명에 주력하면서 독자적인 활동을 하고 있다. 우리 군대가 창건초기부터 자기 조국의 해방과 자기 민족의 자유를 위해 싸우고 있는 조선의 민족군대라는 것은 만주에 살고 있는 모든 동포들이 다 알고 있다. 우리는 중국사람들이 많이 사는 고장에 가서는 항일연군이라고 부르고 조선사람들이 많이 사는 고장에 가서는 조선인민혁명군이라고 말한다.

한때 어떤 사람들은 1국1당제원칙을 코에 걸고 조선사람이 조선혁명을 하는데 대해 시비하면서 우리 민족군의 독자성과 자주적 권리를 침해하고 유린하려고까지 하였다. 그후 국제당은 조선사람이 조선혁명을 하는 것이 1국1당제원칙에 모순되지 않는다고 하면서 우리에게 항일연군에서 갈라져 나와 독자적으로 활동하라는 조언을 주었다. 그러나 우리는 그대로 남아있기로 하였다. 따로 세간을 나면 우리에 대한 중국인민의 지지가 약화될 수 있었고 우리의 활동도 불편해질 수 있었다. 연군을 민족별로 가르는데 대해서는 중국사람들도 바라지 않았다. 우리가 지금 유지하고 있는 연군체계는 공동의 적을 반대하여 싸우는 조중 두 나라 전우들간의 혈연적 유대의 산물로서 국제적인 반제공동행동의 모범이라고 당당히 말할 수 있다. 우리의 자주적 권리가 침해당하지 않고 또 중국사람들이 싫다고 하지 않는 한 우리는 앞으로도 이 체계를 그대로 유지하려고 한다. 가능하다면 몽골민족군대나 소련군대와도 항일연군을 형성해가지고 싸우고 싶다.

박달은 나의 설명을 다 듣고 나서 방안이 환해지게 미소를 지었다.

"아참, 그런 걸 우리는 괜히 낙망했댔습니다. 김장군빨찌산이 중국군소속의 군대라면 기대를 걸 여지가 없지 않습니까. 그렇지만 이제는 용기가 백배해집니다!"

"그렇다면 나도 기쁩니다. 말이 났으니 말이지 조선인민혁명군에 대해서는 신심을 가져도 됩니다. 일본군은 강군이긴 하지만 결코 무적은 아닙니다. 우리는 백두산을 거점으로 조선국내에로 광복전을 확대하려고 합니다. 조국해방은 시간문제입니다. 우리는 자체의 힘으로 조국을 광복할 수 있는 힘을 축적해가고 있습니다. 그 속에 바로 박달동무가 지도하는 갑산공작위원회도 있다는 걸 명심해야 합니다."

두 사람은 당 건설 문제에 대해서도 깊은 토론을 벌였다. 처음에 박달은 당 건설 문제에 있어서 코민테른의 승인 없이 당 조직을 건설하는 것이 옳은 가에 대해 의문을 제기했다. 이에 대해 김일성 은 당 건설 문제에 대한 자주적 입장과 원칙을 밝혀주었다. 이러한 토론 속에서 당 건설의 원칙과 방도에 대한 원칙적 합의가 이루어졌다. 특히 국내 당 조직은 조선인민혁명군 당위원회의 산하에 있으면서 그의 지도를 받는 문제에 이르기까지 전적인 의견일치를 보았다. 이때 박달은 또 다른 질문을 제기했다. 그것은 당 조직 건설과 대중단체 건설의 선후차에 관한 문제였다. 이에 대해 국내 혁명가들이 당을 먼저 건설하는가, 군중단체를 먼저 건설하는가 하는 문제를 갖고 논의만 하고 있는데, 조건에 따라 당 조직을 먼저 조직할만한 곳에서는 당 조직을 먼저 조직하고, 대중단체를 먼저 조직할만한 곳에서는 대중단체를 먼저 조직해 거기에서 혁명가들을 키워낸 다음 당 조직을 건설할 수 있다고 답변을 주었다.

이러한 기본적인 토론을 통해 의견의 일치를 본 다음 박달이 참여한 상태에서 1936년 12월 31일 중국 장백현 곰의골 밀영에서 국내당공작위원회를 결성하기 위한 조선인민혁명군 당위원회회의를 열었다. 이 회의에서 국내당공작위원회는 국내에서 혁명투쟁을 통일적으로 지도하고 국내당조직건설을 담당하게 될 지역적 지도기관이라고 규정하고, 김일성을 책임자로 하고 김평과 박달을 위원으로 참가하는 국내당공작위원회를 결성했다. 국내당공작위원회의 결성은 자주적 당 창건 방침을 확고히 고수하며 국내에서의 당 조직 건설

사업을 힘 있게 밀고 나가는 중요한 계기로 되었다.

　1937년 5월 하순 백두산근거지에서 국내당공작위원회 제2차회의를 소집하고 국내당공작위원회의 기능과 역할을 높이고 국내에서의 당 조직건설사업과 혁명운동에 대한 지도를 한층 강화하기 위한 대책을 협의했다. 이 회의에서는 당 조직건설과 당 생활에서 사대주의와 교조주의를 반대하는 문제가 특별히 강조되었으며, 국내에서 분산적으로 활동하고 있는 혁명가들을 당을 비롯한 여러 가지 혁명조직들에 받아들이며 당 조직이 늘어나고 있는 현실적 요구에 맞게 당 조직체계를 올바로 세우기 위한 방안들이 협의됐다.

　이 회의 이후 국내당조직 사업을 도와줄 정치일꾼부대를 파견했다. 1937년 여름과 가을에 김평, 권영벽, 정일권, 김주현, 마동희, 김정숙, 백영철, 이동학, 최경화, 김운신, 이창선, 이경운, 이병선 등을 성원으로 하는 정치일꾼부대가 우리나라 북부지대에 파견되어 당 조직건설사업과 군중과의 사업을 진행했다. 국내에 파견된 정치일꾼들은 노조, 농조를 비롯한 기성의 조직들과 개별적인 혁명가들 속에 들어가 당 조직건설사업과 조국광복회 조직망을 늘이는

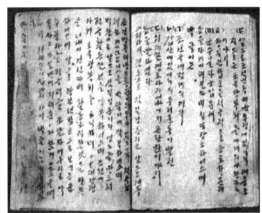

**박달** (국내당공작위원회 위원 조선민족해방동맹 책임자)　　박달의 수기

사업을 정력적으로 벌였다. 이들의 활동으로 국내 민중들 속에서는 백두산바람이 억제할 수 없는 힘으로 강하게 스며들었다. 그들의 영향으로 국내민중들은 조선인민혁명군에 대한 정확한 인식을 갖게 되었고, 많은 청년이 유격대에 참군하려고 백두산으로 찾아갔다.

박달은 국내 당 조직건설 사업에 온 넋과 육신을 다 바쳤다. 박달은 갑산 공작위원회를 조국광복회 산하조직으로 하도록 하고, 그 이름도 조선민족 해방동맹으로 바꾸면서 강령도 조국광복회 강령을 그대로 채택했다. 조선민족 해방동맹은 조국광복회 조직을 국내깊이에로 확대시키는 하나의 발진기지로 되었다. 그 산하에는 수십 개의 조국광복회 하부조직들이 꾸려졌다. 조국광복회 조직망은 갑산 뿐 아니라 삼수, 풍산을 비롯한 북부국경일대의 여러 지역에로 급속히 뻗어나갔다. 또한 갑산과 삼수 일대를 국내 당 조직 건설을 위한 핵심 거점으로 꾸리고 그것을 발판으로 점차 타군, 타도로 활동선을 뻗쳐 나갔다.

박달과 조선인민혁명군 정치일꾼들의 적극적인 활동으로 국내 넓은 지역에 당 조직이 급속히 확대되었다. 갑산, 신파, 풍산을 비롯한 함경남북도와 양덕지방 그리고 평양, 벽성 등 서북 조선일대의 여러 광산, 탄광, 공장, 농촌, 어촌, 도시들에 혁명조직들이 속속 건설되었다. 적색노조나 적색농조 운동으로 들끓다가 잠잠해진 지역들에서 다시금 혁명적인 노조, 농조 운동이 전개되었다. 어제 날의 노조, 농조들이 재조직, 재편성되는 과정은 곧 당 조직들이 생겨나는 과정과 일치하였다. 당 조직망과 조국광복회망은 북부조선일대의 영역을 멀리 벗어나 서울을 비롯한 중부조선일대와 경상도와 전라도경계에까지 이르렀으며 제주도와 현해탄을 넘어 일본 땅에까지 확대되었다.

국내에서의 당 조직 건설 사업은 장백과 임강 일대에서의 당 조직 건설사업과 밀접한 연관 속에서 추진되었다. 장백, 무송, 임강 일대의 조선인거주 지역들에도 당 조직들이 뿌리를 박았다. 동만과 남만 일대에도 당 조직들이 확대되었다. 전국적 판도와 전민족적 범위에서 당 조직건설 사업이 힘 있게 추진되는 과정을 통하여 분산적으로 활동하던 공산주의자들이 조직적으로 결속되고 전반적 조선혁명에 대한 당적영도가 더욱 강화되게 되었다.

모든 당 조직들이 조선인민혁명군 당위원회의 통일적인 지도 밑에 움직이는 전국적 범위의 강력한 당 조직체계가 세워졌다. 조선인민혁명군 당위원회로부터 기층조직인 세포에 이르기까지 당조직지도체계가 정연하게 세워짐에 따라 당 창건의 조직 사상적 기초축성 사업에서 획기적 전환이 일어나게 되었다. 이것은 항일혁명투쟁에서 이룩된 또 하나의 크나큰 전취물로서 압록강과 두만강 연안지구에서 얻은 군사작전들에서의 승리에 못지않은 정치적 승리였다.

# 4
# 대부대 국내진공작전 보천보전투

**무송원정**(1937년 3월)

도천리 전투와 이명수전투에서 일제군경에게 치명적 타격을 가한 이후 조선인민혁명군 주력부대는 장백산 줄기를 넘어 북상행군의 길에 올랐다. 사령관이 무송원정 방침을 발표했을 때 주력부대 대원들은 모두 어안이 벙벙했다. 이제 당장 국내로 들어가 적들을 쳐 갈기게 됐다고 가슴을 설레며, 국내진공명령을 기다리던 때에 "갑자기 북상행군이라니? 모처럼 개척한 서간도와 백두산을 등지고 왜 북쪽으로 다시 간단 말인가?"라는 의문을 갖지 않는 대원들은 거의 없었다.

당시는 군민의 사기가 절정으로 치달아 오르고 있던 시기였다. 적들과의 거듭되는 혈전에서 항일유격대는 연전연승하고 있었다. 백두산지구와 압록강연안 일대는 온통 유격대 세상으로 되어 있었으며, 싸움의 주도권은 유격대의 손에 튼튼히 장악되어 있었다. 이제 국내진공작전만 남았다. 국내진공작전은 무장투쟁을 국내로 확대하는 첫걸음이었다. 항일무장투쟁을 국내로 확대해야 반일민족통일전선도 힘차게 추진시켜 나갈 수 있고, 새 형의 당을 창건하기 위한 투쟁도 본격적으로 심화발전 시킬 수 있었다. 그렇기 때문에 유격대원 대부분은 곧바로 국내진공작전으로 돌입할 것이라고 예상했다. 그런데 갑자기 압록강을 떠나 북쪽으로 간다니 도저히 이해할 수 없었다.

하지만 적들의 토벌역량이 서간도지역에 집중된 조건에서 국내진공작전을 성공하자면, 그들의 토벌역량을 분산시킬 필요가 있었다. 그러한 전술의 일환으로 무송원정이 기획되었다. 무송원정을 기획한 기본목적은 이정화령(옹근 것이 부스러지거나 온전한 것이 변하여 영零이 된다는 뜻으로, 있다가도 없어짐을 이르는 말로서 유격대의 전술을 지칭하는 말)의 신통하고 기묘한 전법으로 적들을 혼란에 빠뜨리고, 장백지방에 집결되고 있는 적 토벌대 역량을 최대한 분산시키며, 적들의 주의를 딴데로 돌리자는 것이었다. 그렇게 함으로써 이 일대에서 번성하고 있는 지하조직망 건설사업의 안전을 보장하는 한편 대부대에 의한 국내진공작전 실현에 유리한 조건을 확보하기 위함이었다.

적 토벌역량을 분산시키자면 무엇보다도 먼저 주력부대가 장백 땅에서 자리를 뜨는 흉내라도 내야 했다. 주력부대를 데리고 다른 고장으로 가게 되면 어차피 적들은 주력부대를 따라나설 것이고, 국경방비도 상대적으로 허술해질 수밖에 없을 것이다. 이것이 무송원정의 1차적 목적이었다. 다른 한편, 무송원정 과정 중에 무송현, 임강현, 몽강현 접경지대에서 활동하는 최현부대와 1군 2사 부대를 만나 국내진공작전을 성과적으로 보장하기 위한 협동작전 계획을 세우기 위한 목적도 있었다. 그리고 마지막으로 조선인민혁명군 주력부대에 신입대원들이 많이 늘어난 조건에서 그들을 단련하고 훈련시킬 필요성도 있었다. 이처럼 무송원정은 적의 대병력이 집요하게 달려드는 조건에서도 주도권을 튼튼히 틀어쥘 수 있게 하는 진공적인 대책이며, 백두산지구에 진출한 후 반년 동안의 성과를 공고히 하고 확대 발전시키는 길이었다.

조선인민혁명군 주력부대가 무송원정을 떠난 것은 1937년 3월이었다. 첫날 되골령을 넘어가는 것을 행군목표로 삼았지만 눈이 얼마나 많이 쌓이고 날씨가 얼마나 추웠던지 영을 다 넘지 못하고 중턱에서 하룻밤을 숙영해야 했다. 그 당시 눈이 얼마나 많이 쌓였는가를 구체적으로 보여주는 사례가 있었다. 이때 어느 유격대원이 눈길을 가다가 신발을 잃어버렸었는데, 눈이 녹은 후에 다시 되골령을 넘어올 때 보니까 그 신발이 이깔나무 꼭대기에 걸려 있었다. 이처럼 이때의 무송원정 길은 매우 힘들고 간고했다. 행군거리로 따지면 100km 정도에 불과했고, 기일도 한 달이 채 못 되는 기간이었지만 고난의 행군 못지않은 간고한 행군 길이었다. 이때를 회상했던 한 유격대원은 이 원정을 가리켜 기아원정이라 할 정도로 춥고 배고프고 힘든 길이었다.

춥고 배고픈 고생만이 아니었다. 끊임없는 전투를 치르면서 무송지역으로 나가야 했다. 유격대오가 만강줄기를 따라 내려가는 도중 수상한 처서꾼(막벌이 노동자를 지칭하는 말) 두 사람을 잡았다. 그들은 솔직하게 일제군경들한테 유격대의 종적으로 탐지해오라는 지시를 받았다고 고백했다. 그 노동자들을 통해 근처 단두산목재소에 많은 인부와 산림경찰대가 있다는 것을 알았다. 유격대는 그 목재소를 치고 식량을 해결하기로 결정했다. 그런데 유격대원들이 목재소를 치고 창고를 수색했으나 한 포대의 쌀도 없었다. 목재소 주인들이 유격대 습격이 두려워 쌀을 창고에 저장해 두지 않고 딴 곳에서 실어다 먹고 있었기 때문이었다. 설상가상으로 그곳에는 700~800명의 적이 머무르고 있다가 유격대를 향해 공격해왔다. 공격 대오는 쌀은 얻지 못하고 20여 마리의 소만을 끌고 본대로 돌아왔다. 추격하는 적들은 오증흡의 결사대가 막았다. 10여 차례의 접전을 치르면서 적들을 완강하게 막았다. 날이 밝은 다음에 보니 적들은 50m 밖까지 가까이 뒤쫓아왔다. 결사대가 적들을 막고 있는 동안 주력은 동쪽에 있는 두 개의 봉우리를 차지하고 전령병을 보내 두 봉우리 사이에 있는 갈대밭으로 적을 유인하며 빠지도록 했다. 결사대의 유인전술에 걸려 끝도 없는 갈대밭 속으로 들어선 적 토벌대는 수많은 시체만을 남기고 도주했다. 이 전투가 장백현 단두산전투이다.

만강부근에서 여러 차례의 격전을 치른 후 조선인민혁명군 주력부대는 양목정자 밀영으로 감쪽같이 자취를 감추었다. 양목정자는 무송현 시난차에서 노령으로 올라가는 산중턱에 있었다. 영으로 올라가는 오솔길 좌우에 밀영이 각각 하나씩 있었는데, 한쪽 밀영을 동양목정자 밀영이라 했고, 다른 쪽 밀영을 서양목정자 밀영이라고 했다. 주력부대가 이때 갔던 밀영은 서양목정자 밀영이었다. 김일성은 이곳에서 위증민을 비롯한 군부 간부들과 여러 번 만나 연합작전에서 제기되는 문제를 갖고 협의를 수차 진행했다. 그리고 1937년 여름의 조국진군과 관련된 작전구상을 완성시켜 갔고, 그 준비를 다그쳐 갔다. 또한 그는 이 서양목정자 밀영에서 「조선공산주의자들의 임무」라는 논문을 써서 그 해 11월 10일 「서광」이라는 잡지에 발표하기도 했다.

그 후 주력부대는 적들을 유인 분산시키고 식량을 해결하기 위해 양목정자를 떠나 소탕하의 밀림 속에 있는 4사 후방밀영으로 찾아갔다. 후방밀영에는 여러 가지 물자들과 함께 술도 있었다. 그런데 그 술이 문제를 일으켰다. 유격대원들은 이동학 중대장을 꼬드겨 사령관도 모르게 전원 술을 마셨다. 다른 중대에서도 다 술을 마셨다. 이 황당한 사태로 인해 주력부대는 소탕하전투에서 커다란 위기에 봉착하게 되었다. 허약해질 대로 허약해진 유격대원들이 술을 마셨으나 취기가 심해질 수밖에 없었다. 그런데다가 보초병이 규정을 어기고 경솔하게 행동했다. 그날 아침 숙영지로는 수백 명의 위만군이 포위해 오고 있었다. 보초병은 인기척을 느끼고 '누구얏?'하고 소리쳤다. 그런데 보초에 발각된 위만군이 능청스럽게 "우리는 4사 부대이다. 너희들은 김사령부대가 아니냐?"라고 말하는 바람에 얼떨떨해진 보초병은 그들을 4사 부대라고 속단했다. 그리고 "그렇다. 너희는 어디서 오는 길이야?"하고 묻기까지 했다. 이러는 사이에 위만군 토벌대는 유리한 위치를 선점하고 포위망을 바짝 좁혀왔다.

그러고 나서 한 걸음 더 나가 보초병에게 너희가 정말 김사령부대라면 대표를 보내라고까지 했다. 인민혁명군이 인접부대를 만날 때 대표를 보내는 경우란 원래 규정에도 없는 행동이었다. 그런데 보초병은 자의적으로 대표를 한 사람 위만군 측에 보냈다. 능선을 다 차지한 적들은 대표를 체포하고 무장 해제시킨 다음 총공격을 개시했다. 그렇게 해서 조선인민혁명군 주력부대는 얼마동안 위만군의 공격을 막는데 만 급급해야 했다.

　이런 상태에서 전투정황을 유리하게 역전시킨다는 것은 절대 쉽지 않았다. 적들은 벌써 사령부가 자리 잡고 있는 능선 뒤에까지 기어오르고 있었다. 사령관은 전 부대에 고지를 차지하라고 명령했다. 명령이 떨어진 다음에도 술에서 미처 깨나지 못한 일부 대원들이 등선에 재빨리 기어오르지 못하고 기슭에서 어물거리고 있을 뿐이었다. 사령관이 호통쳤지만 그들은 계속 그 상태를 벗어나지 못했다. 적과의 거리가 너무 가까워 고지 위에서 혼전이 벌어졌다. 경위중대 기관총수의 맹렬한 지원 사격 덕분에 부대는 가까스로 적들의 포위망에서 벗어날 수 있었다. 하지만 희생이 너무도 컸다. 전투는 새벽부터 저녁까지 계속됐다. 이 전투에서 주력부대는 적 수백 명을 살상하고 많은 전리품을 노획했다. 싸움에서는 결국 이겼다. 그렇지만 그 전투에서 유격대가 입은 손실도 매우 컸다. 8연대 정치위원 김산호가 이때 희생되었으며, 창격전의 명수인 김확률도 희생됐다. 그밖에 많은 대원이 많이 희생되었다. 술 때문에 빚어진, 비록 승리했지만 가슴 아픈 전투였다.

### 소탕하의 일행천리 전술(1937년 3월)

　문제는 그다음부터였다. 싸움이 끝난 후에도 적들은 철수할 기미를 보이지 않았다. 이것은 분명 병력을 증강해 포위망을 완성한 다음 주력부대를 소탕하 골짜기 안에 몰아넣고 전멸시키겠다는 심보였다. 자칫 포위망에 갇혀 오도 가도 못하고 녹아날 수 있는 위기 상황이었다. 이럴 때일수록 주동에 튼튼히 서서 적들을 피동에 몰아넣는 것이 유격전의 묘리였다. 유격대는 수림 속으로 멀리 떠나가는 척하다가 은밀히 싸웠던 장소로 되돌아와 하룻밤을 숙영했다. 제자리를 뱅뱅 돌면서 적들을 혼란에 빠뜨리는 것 역시 유격대의 고유한 전술이었다. 이렇게 적들의 눈속임을 하는 사이에 적들은 나름대로 김일성부대와의 결판을 준비하느라고 병력을 계속 투입하고 있었다. 적들은 그해 동기대토벌에서 당한 참패를 만회해보려고 사생결단하고 있었다. 적들은 소탕하 골짜기 안으로 부대를 끊임없이 밀어 넣고 있었다. 마치 만주 땅에 있는 모든 무력이 다 몰려드는 것 같았다. 당시 유격대원들이 밤에 산릉선에서 평지를 내려다보았을 때 소탕하 수십 리 골짜기 안에 끝도 없는 우등불 바다가 펼쳐져 있었다. 이것은 마치 대도시의 야경을 방불케 하는 광경이었다. 유격대원들이 불무더기 수를 놓고 전체 병력을 계산해 보니 수천 명의 병력이 좁은 골짜기 안에 우글우글하고 있었다.

불의 바다를 바라보는 유격대원들은 다들 표정이 굳어졌다. 이제는 소탕하의 장대(군사를 지휘하는 장수가 올라서서 지휘하도록, 성, 보, 둔, 수 따위의 높은 곳에 돌로 쌓은 대)에서 최후를 각오해야 한다는 비장한 생각들이 든 것이 틀림없었다. 7연대장 손장상은 사령관에게 다가와 "사령관동지, 빠져나갈 구멍이 없는 것 같습니다. 결사전을 준비하는 게 어떻습니까?"라고 물었다. 다른 지휘관들도 똑같은 생각이었다. 500명도 못 되는 적은 역량으로 수천 명의 적과 결사전을 벌인다는 것은 사실상 자포자기적 만용에 불과했다. 결사전을 해서 모두가 죽더라도 그 덕으로 혁명이 성공한다면야 그 누가 그것을 피할 것인가? 하지만 문제는 그것은 민족해방혁명의 운명문제와 직결되어 있다는 점이었다. 살아서 혁명을 계속하는 것, 이것이 당시 시대와 민중들이 항일유격대원들에게 부여해 준 역사적 책무이자 사명이었다. 그런데 결사전을 벌인다는 것은 그러한 책무를 포기하는 것으로 된다. 이러한 요지의 말을 하면서 타개책을 찾자고 사령관은 대원들에게 호소했다. 그때 대원들은 "사령관동지, 용쓰는 재주도 정도가 있지 이런 함정 속에서 어떻게 솟아나겠습니까?"라고 말했다. 타개책을 궁리하고 궁리하던 사령관은 불현듯 이런 생각이 들었다.

《문제는 어느 쪽으로 어떻게 뚫고나가 적의 포위를 멀리 벗어나겠는가 하는 것이었다. 만일 소탕하골짜기 안에 널려있는 토벌대의 병력이 수천 명으로 추산된다면 적의 후방은 지금 텅 비어있을 것이다, 적들은 우리가 포위망을 벗어나려 할 때 분명 더 깊은 산속으로 빠지려 할 것이라고 생각할 것이다, 이런 조건에서는 적의 포위가 비교적 약한 큰길 쪽에 붙어서 살짝 빠져나가는 것이 상책이다, 그다음에 큰길을 따라 일행천리하자, 이러한 생각이 내 머리에 떠올랐다.》

사령관은 즉석에서 명령을 내렸다.

《…동무들, 죽기를 각오하는 것은 좋으나 그 누구도 죽어서는 안된다. 우리에게는 살길이 있다. 이제부터 우리는 소탕하의 수림지대를 버리고 주민지구로 나가야 한다. 주민지구에 나가서 큰길을 따라 동강 쪽으로 행군하자는 것이 나의 결심이다.…》

지휘관들은 큰길이라는 말에 일제히 고개를 쳐들었다. 이동할 때 은밀성을 보장하는 것은 유격대의 활동에서 철칙으로 되어 있었다. 그런데 적들의 대병력이 우리를 둘러싸고 있는 때에 주민지대에 나가 큰 도로를 따라 행군하라고 하니 그들이 놀랄 수밖에 없었다. 간부들은 지나친 모험이 아니냐고 반문했다. 이때 사령관은 다음과 같이 말했다.

《…적들은 지금 이곳에 수천 명의 병력을 집결시켰다. 이것은 그들이 소탕하주변은 물론, 무송일대의 모든 주민거주지들에 널려있던 군대와 경찰들만이 아니라 자위단무력까지 깡그리 긁어모아가지고 왔다는 것을 의미한다. 그런즉 이 근처의 마을과 큰 도로들은 텅 비어있을 것이다. 적들은 현재 밀림 속에만 주의를 돌리고 있다. 우리가 설마 큰 도로로 빠지리라고는 상상도 하지 못할 것이다. 거기에 바로 적들의 빈구석이 있다. 우리는 그 빈 공간을 이용하여 동강밀영으로 신속히 이동해야 한다.…》

그때 김일성이 소탕하에서 결심한 주민지대에로의 탈출과 대로(큰 도로)행군전술은 승산이 확실한 모험이었다. 사령관의 여유작작한 설명에 지휘관들은 비로소 화색이 돌았다. 그들은 신바람이 나서 대열에 출발구령을 붙였다. 먼저 8연대가 골짜기로 내려갔다. 그 뒤를 경위중대가 따르고 7연대가 따랐다. 행군종대는 불무더기들을 피해 가며 큰길 쪽으로 소리 없이 움직였다. 예상했던 대로 대로에는 개미 한 마리도 얼씬거리지 않았다. 마을 어귀에 불무더기자리만 남아 있을 뿐이었다. 유격대원들은 궤도 위를 질주하는 급행열차처럼 여러 개의 마을을 거침없이 통과해 동강으로 행군해 나갔다. 김일성부대는 총한 방 쏘지 않고 텅 빈 적구를 무사히 통과했다.

당시 적들은 이때 일본, 만주국, 독일 등 3국 기자로 구성된 기자단까지 끌고 왔다. 독일기자까지 끌고 왔다는 것은 이 전투를 다 이긴 전투로 생각했던 것이 틀림없었다. 적들은 무송지구 토벌작전을 전 세계에 자랑할 만한 시범작전으로 판단하고, 자신들의 혁혁한 전과를 자랑하기 위해 수많은 기자를 끌어들였다. 기자단을 맞은 토벌사령관은 김일성공산군과 만났는데, 지금은 자루 안에 든 쥐 신세일 뿐이라고 허풍 쳤다.

그러나 조선인민혁명군 주력부대는 쥐도 새도 모르게 포위망을 돌파해 종적을 감춰버렸다. 토벌대장은 머쓱해서 기자단 앞에 나서서 공산군은 300명 정도인데 다 도주했다고 하면서 포로병 한명을 보여주고 취재하라고 했다. 그런데 그 포로병은 가짜였다. 김일성부대가 포위를 성과적으로 돌파하고 쥐도 새도 모르게 사라졌다는 통보를 받은 적들은 경악을 금치 못하였다. 적들은 혁명군의 행방을 가늠하지 못하여 갈팡질팡하였다. 적 사병들 속에서는 여러 가지 유언비어들이 유포되었다. '유격대의 전술은 귀신도 곡할 전술이다.', '조선빨치산에는 제갈량을 찜 쪄 먹을 도사가 있다.', '조선인민혁명군이 수년 내에 서울도 치고 도쿄도 친다더라.' 이런 말들이 민간에까지 흘러나와 농촌 마실 방에 모여드는 늙은이들의 화젯거리로도 되었다. 이 행군을 통하여 김일성 부대에 대한 민화와 전설은 더욱 풍부해졌다.

### 서강회의 (1937년 3월 말)

조선인민혁명군 주력부대들은 우여곡절 끝에 동강밀영에 도착했다. 동강밀영에 도착한 조선인민혁명군 주력부대는 중대정치지도원급 이상 간부회의를 열고 무송원정을 총괄 평가했다. 이 평가모임에서는 원정과정에서 발현된 옹간애병(사병은 간부를 옹호하고 간부는 사병을 아껴 준다는 뜻)의 아름다운 이야기들이 널리 소개되었고 앞으로의 활동에서 그런 미풍을 더욱 발전시켜 나가자고 결의했다. 이 모임에 이어 1937년 3월 말 서양목정자 밀영에서 서강회의를 열렸다. 서강회의는 2사와 4사 간부들과 위증민, 조아범, 전광을 비롯한 군부간부들도 참여한 가운데 사흘 동안 진행됐다. 서강회의의 주된 의제는 국내진공작전 방침에 관한 것이었다. 이 회의에서 김일성은 다음과 같이 호소했다.

우리는 조선 혁명을 책임진 혁명가들로서 암운 속에서 신음하는 부모형제들을 보고만 있을 수 없습니다. 우리는 대부대로서 국내에 진출해 일제침략자들에게 심대한 정치 군사적 타격을 주고 민중들에게 민족해방투쟁의 승리에 대한 확고한 신심을 안겨주어야 하겠습니다. 조선민중의 아들딸인 조선인민혁명군의 대부대가 위풍당당이 국내에 나타나기만 해도 그것은 민중들에 대한 큰 고무가 될 것이며, 우리가 총을 몇 방 쏘아도 민중들은 거기에서 큰 힘을 얻게 될 것입니다. 우리는 대부대에 의한 국내진공작전으로 일제침략자들을 족치고 원수들의 아성에 불을 지름으로서 민중들에게 조선인민혁명군은 건재하며, 조국 광복을 위한 성스러운 투쟁에서 계속 승리하고 있다는 것을 똑똑히 보여주어야 하며, 우리 인민혁명군이 존재하는 한 조선은 반드시 독립된다는 것을 알려주어야 하겠습니다.

이 회의에서는 김일성이 제시한 국내 진공작전 방안을 만장일치로 찬성했다. 또한 국내 진공작전과 관련된 매개 부대들의 임무와 활동방향, 활동구역도 결정되었다. 이때 결정된 작전방침에 따르면 혁명군 부대를 3개 방면으로 진출시키도록 되어 있었다. 4사 최현의 부대는 무송-안도-화룡을 거쳐 두만강 연안의 무산지역으로 진격하고, 2사 부대는 임강, 장백일대 압록강 연안으로 진출하며, 주력부대는 압록강을 건너 일제의 국경경비의 요충지대인 혜산 방면으로 진출한다는 작전계획을 확정했다.

서강회의 방침에 따라 4사 최현의 부대는 1937년 4월 작전지역으로 떠나갔다. 1937년 5월 안도현 일대에서 이도선 부대와 마주쳤다. 이도선 부대는 혁명에 앙심을 품은 자산가 계급 출신의 망나니들로 구성된 가장 악질적인 토벌대였다. 토벌대장 이도선의 특기는 한번 걸려든 대상을 살려서 돌려보내지 않는다는 것이다. 그는 적아가 다 공인하는 명사수였다. 최현은 험한 산들을 타고 북상해 거듭되는 전투를 치르면서 무송 오지에 적들을 깊숙이 끌어들인 다음 갑자기 방향을 바꿔 안도지구에 진출했다. 그런데 그의 부대가 금창에 도착했을 때 난관이 발생했다. 부대가 건너야 할 강물이 범람해 건널 수가 없었다. 일부대원들이 가교를 건설하는 동안 남은 부대원들이 휴식을 하고 있을 때 이도선 부대가 갑자기 나타나 사격을 해대기 시작했다. 금광의 버력더미(광석이나 석탄을 캘 때 나오는, 광물이 섞이지 않은 잡돌인 버력이 쌓인 더미)를 사이에 두고 서로 치열한 화력전을 벌였다. 이 총격전에서 4사 사장이었던 주수동이 그만 전사했다. 주수동을 대신해 부대를 지휘한 최현은 불리한 정황을 재빨리 수습하고 역습으로 적들을 냅다 족쳤다. 총격전이 한창일 때 금광에 있던 광부들이 '이 도선이 도망간다!'고 소리쳤다. 유격대원들은 도망가는 이도선을 쫓아가 기관 총 사격으로 즉사시켰다. 최현부대는 도망치는 적들을 15리까지 쫓아가 족쳐 댔다. 이 전투가 그 유명한 금창전투였다. 이 전투 소식은 그 당시 신문들에 크 게 소개되었고, 그에 따라 최현의 이름도 널리 알려졌다.

이도선 부대를 격멸하고 계속 진군을 계속한 최현부대는 1937년 5월 15일 밤 무산지구 붉은 바위일대에 진출해 적을 타격한 다음 만주지역으로 일단 종 적을 감추었다가 다시 백두산 동남쪽에 있는 일본인 목재소의 상흥경수리 7토 장을 들이치고 베개봉쪽으로 번개같이 이동했다. 그러자 혜산, 호인, 신파 등지 에 있는 특설경비대와 군경들은 도로를 따라 베개봉 쪽으로 급속히 진출했다.

## 보천보의 햇불
조선인민혁명군 주력부대의 국내진공작전의 목적은 무엇이었을까? 그것 은 넓은 의미에서 보면 민족재생의 전기를 마련하려는 데 있었으며, 좁은 의 미로 보면 항일혁명투쟁에서 질적 비약을 이룩하는 데 있었다.

1930년대 전반기까지의 조선인민혁명군의 주 활동무대는 주로 만주지역 을 크게 벗어나지 못했다. 물론 그 당시에도 국내로 당 조직을 확대하기 위한 노력은 없지 않았으나, 그것이 주된 활동이 되지는 못했다. 당시만 해도 만주 지역에서 항일무장투쟁의 조직적 대중적 기초를 확립하는 데 활동의 주안점 이 두어졌기 때문이기도 하지만, 다른 한편으로는 그 당시만 해도 조선혁명 의 자주성 문제가 여전히 논쟁으로 되고 있었기 때문이었다. 조선의 혁명가 들이 조국해방의 기치를 들고 싸우는 것을 불온시하는 분위기가 팽배하게 남 아 있었다.

남호두회의를 통해 조선 혁명의 자주성 문제가 해결되고 나서, 조선인민혁

혜산에 있는 보천보전투 승전기념탑

명군의 주된 당면목표는 조국으로 진출하는 것이었다. 무장투쟁을 국내로 확
대시키고, 이것을 디딤돌로 당과 통일전선사업을 국내 깊숙이 뿌리내려 전민
항쟁의 주체역량을 튼튼히 갖추어 나가는 것. 이것이 조선인민혁명군의 당면
전략적 과제였다. 이런 전략적 과제를 가장 효과적으로 달성하는 길은 조선인
민혁명군이 국내로 진출해 총소리를 크게 내는 것이다. 조선인민혁명군이 소
조단위가 아니라 대부대로 국내에 쳐들어가 총소리를 크게 내게 되면 온 나라
가 크게 들썩일 것이다. 적들은 아우성을 칠 것이며, 조선 민중들은 경탄과 감
격으로 들끓을 것이다. 그러면서 조국해방을 이룩할 수 있는 조선의 혁명군대
가 있다는 긍지와 자부심으로 가슴이 뜨거워질 것이다. 이것이야말로 조선 사
람들이 조국광복의 길에 과감히 뛰어들 수 있는 힘과 의지의 기초로 될 것이
다. 바로 이점이 대부대 국내진공작전의 전략적 의도였다.

서강회의를 마치고 난후 주력부대는 동강밀영에서 군정훈련을 가졌다. 이
훈련은 국내 진공을 위한 정치 군사적 준비를 갖추는데 목표를 두고 진행됐

다. 군정학습을 마친 주력부대는 5월 중순 경 천상수와 소덕수를 거쳐 지양개 등판에 도착했다. 그곳에서 국내진공을 위한 대오정비와 여러 가지 선동사업을 벌렸다. 다른 한편 국내정세를 보다 상세히 파악하기 위해 박달을 불러 만났다. 박달은 놀라운 소식을 전해주었다. 혜산 갑산 방면의 일제의 국경경비 무력이 최현 부대가 진출하고 있는 무산 쪽으로 대대적으로 몰려가고 있다는 것이었다. 그 정보에 따르면 최현부대는 포위를 면할 수 없었다. 이 돌발적인 사태는 주력부대의 작전에 중대한 영향을 미쳤다. 주력부대는 이제 국내진공 작전의 전술적 목표를 달성하면서도 최현 부대를 구출할 수 있는 묘안을 찾아내야 했다. 주력부대 지휘관들은 이 사태를 놓고 타개책을 찾기 위한 전술토론을 벌였다. 이때 김일성은 다음과 같은 문제를 던졌다.

> …4사가 포위에 들었다. 최현은 자체로 빠져나올 수 있다고 하는데 그 결심을 믿고 우리가 가만있어야겠는가, 만일 그 결심이 미덥지 못한 것이라면 우리는 어떻게 해야 하는가, 국내진공을 뒤로 미루고 최현부대부터 구출해야 하는가, 아니면 국내진공을 먼저 한 다음 연이어 구출작전을 펼쳐야 하는가, 그것도 아니라면 우리 주력부대 역량을 둘로 갈라서 두개의 작전을 동시에 수행하는 것이 옳겠는가, 최현부대를 포위에서 구출하자면 국내의 어느 지점을 치는 것이 이상적이겠는가.…

논쟁은 처음부터 열띠게 진행됐다. 지휘관들의 의견은 최현부대부터 구출하자는 견해와 원래대로 혜산을 먼저 치자는 견해로 극명하게 나뉘었다. 하지만 두 방안 모두 결함을 내포하고 있어 하나의 의견으로 수렴되지 못했다. 이때 김일성은 두 작전을 하나로 결합하는 방안을 제시했다.

> …우리는 반드시 국내에로 진공해야 한다. 이 작전에는 변동이나 취소라는 것이 있을 수 없다. 또한 우리는 시급히 최현부대를 구원해내야

한다. 국내진공을 중시한다고 하여 혁명동지들을 사지판에 내버려두는 일은 있을 수 없다. 그렇다면 출로는 어디에 있는가? 그것은 국내의 어느 한 지점을 때려 두 가지 목직을 단번에 다 달성하는 것이다.…

지휘관들은 호기심을 감추지 못한 채 어느 한 지점이 어디냐고 반문했다. 사령관은 지도를 짚어가며 이에 답했다.

…우리는 그 지점을 선택하는데서 다음과 같은 측면을 고려하여야 한다. 그것은 적의 역량이 집결되어 있는 베개봉에서 너무 멀리 떨어져 있는 고장이여서는 안된다는 것이다. 반대로 턱밑에 바싹 붙어있는 고장이여야 한다. 그래야 우리의 국내진공이 두 가지 효과를 다 낼 수 있다. 베개봉 쪽에서 제일 가까운 요충지는 혜산과의 중간지점에 있는 보천보이다. 보천보를 때려야 베개봉 쪽에 집중되어 있는 적들이 우리 주력부대와 최현부대에 역포위될 수 있다는 위기감에 사로잡혀 포위추격전을 포기하고 이미 진출했던 계선에서 철수할 수 있다. 보천보를 치면 혜산을 치는 것 못지않게 국내에 강한 충격을 줄 수 있다. 그러므로 국내진공의 목적 역시 원만하게 달성할 수 있다. 문제해결의 열쇠는 보천보를 치는데 있다.…

이러한 과정을 거쳐 주력부대 국내진공작전의 목표가 혜산에서 보천보로 변경됐다. 조선인민혁명군 주력부대는 장백현 19도구 지양개에서 국내진공대열을 편성하고 대원들에게 일제히 여름군복을 지급했다. 1937년 6월 초 멋진 새 군복을 입은 국내진공부대가 지양개를 떠나 20도구, 21도구, 22도구를 거쳐 구시산이 지척으로 바라보이는 곳에 도착했다. 그곳에 도착하자 길을 안내한 사람이 '앞에 바라보이는 등판이 제비등판인데, 압록강을 사이에 두고 조국 땅 곤장덕과 마주 서있다'고 설명해 주었다. 부대는 구시산 부락에 조금

머물러 있다가 1937년 6월 3일 새벽 제비등판으로 올라갔다. 조국의 높고 낮은 산봉우리들이 유격대원들을 반겨주었다. 망국의 설움을 안고 두만강, 압록강을 건너 항일무장투쟁에 참여한 대원들은 조국 땅을 바라보면서 설레는 가슴을 달랠 수 없었다. 그날 부대는 제비등판에서 휴식을 했다. 선발대원들은 구시물동에 가서 뗏목을 만들었다.

6월 3일 밤 부대는 구시물동을 통해 압록강을 건넜다. 전원 무사히 강을 건널 때까지 온 부대에 긴장감이 감돌았다. 적들이 1선, 2선, 3선도 모자라 4선으로 경계진을 치고 있다는 삼엄하고 조밀한 국경 경비선을 뚫고 가는 길이었다. 당시 북부 국경지대에는 300여개를 넘는 경찰서와 경찰관 주재소들이 있었으며, 그곳에만 수천 명의 폭압무력이 상주하고 있었다. 게다가 혜산경찰서에서는 국경특설경비대라는 것까지 만들어 조선인민혁명군의 국내진출을 막고 있었다. 그러한 국경 경비선을 감쪽같이 건넜다. 구시물동은 시끌벅적한 물소리로 부대의 도하를 감싸주었다. 부대는 지체 없이 곤장덕에 올랐다. 곤장덕은 울창한 수림으로 덮여 있는 평평한 야산이었다. 부대는 이곳에서 보초를 세우고 하룻밤을 숙영했다.

조국진출부대는 1937년 6월 4일 이른 새벽부터 곤장덕 숲속에서 전투준비를 했다. 포고, 삐라, 격문 등을 준비하고, 지휘관 회의도 열었다. 정찰원들은 농민으로 가장하고 시내 동정을 면밀하게 정찰하고 돌아왔다. 부대는 날이 어두워지자 곤장덕 등판을 내려와 시내로 들어섰다. 거리에 들어서서는 여러 단위로 갈라져 미리 정해준 위치를 차지했다. 김일성은 그 당시의 상황을 다음과 같이 회고했다.

나는 거리초입에 있는 황철나무아래에 지휘처를 정하였다. 거기에서 주요공격목표인 경찰관주재소까지의 거리는 불과 100m 안팎이었다. 시가전을 하는 경우 지휘처와 시가와의 거리가 이처럼 가까운 실례는 거의 없다고 한다. 이것이 보천보 전투가 가지고 있는 하나의 중요한 특징이라고도 말할 수 있다. 지휘관들은 나에게 지휘처를 시내에서 좀 더 멀리 떨어진 곳에 정할 것을 권고하였으나 나는 그 권고를 받아들이지 않았다. 시가전의 움직임을 순간마다 포착할 수 있는 곳에 지휘처를 정하고 내 자신을 전투의 도가니 속에 밀어 넣으려는 것이 나의 소망이었다.

전투전야의 정경가운데서 지금까지도 잊히지 않는 것은 지휘처 근방의 농가앞마당에서 장기를 두고 있던 사람들의 모습이었다. 지하활동을 할 때 같으면 그 사람들에게 말도 걸어보고 훈수도 하였을 것이다.

정각 10시, 나는 권총을 높이 쳐들고 방아쇠를 당기였다.
10여년세월 조국의 동포들에게 말하고 싶었던 모든 사연들이 그 한방의 총성에 담겨 밤거리에 울려 퍼졌다. 그 총소리는 우리 시인들이 노래하듯이 어머니 조국 앞에 드리는 상봉의 인사였고 강도 일제를 징벌의 마당으로 불러내는 호출신호였다.

이 총성을 신호로 사방에서 적 기관들을 공격하는 사격소리가 자지러졌다. 먼저 이 고장 경찰들의 소굴이자 온갖 폭압과 만행의 아성인 경찰관주재소가 타격의 대상으로 되었다. 기관총수의 총알들이 주재소 창문을 향해 사정없이 날아갔다. 다음으로 미리 확보된 적정자료에 따라 적들이 많이 모이게 되어 있었던 산림보호구가 타격의 대상으로 되었다. 순식간에 온 거리가 발칵 뒤집혔다. 전령병들은 연이어 지휘소에 달려와 전투정황을 보고했다.

얼마 후 여기저기서 불길이 타오르기 시작했다. 면사무소, 우체국, 산림보

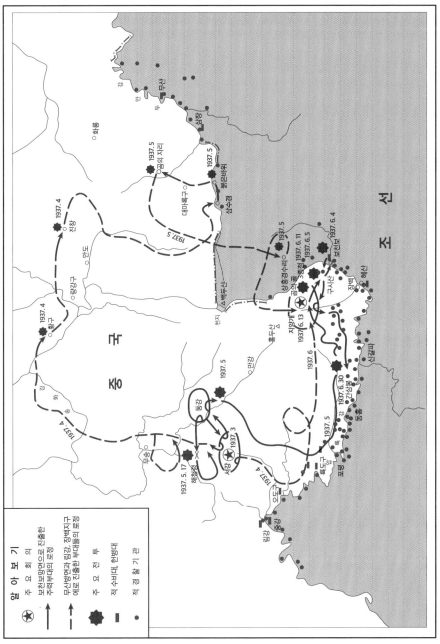

조선인민혁명군의 국내진 공작전도(1937. 3 - 1937. 6)

호구, 소방회관을 비롯한 여러 곳의 적 통치기관들이 일제히 화염에 휩싸였다. 거리 전체가 여러 개의 대형조명등을 설치한 무대처럼 환하게 밝아졌다.

김일성은 이때 시내로 들어섰다. 이 골목, 저 골목에서 사람들이 모여들기 시작했다. 처음에는 총소리를 듣고 꼼짝도 못 하고 있었는데, 유격대 선동원들이 부르는 구호 소리를 듣고 이 골목 저 골목에서 사람들이 쏟아져 나왔다. 사람들이 유격대원을 둘러싸고 웅성거렸다. 이때 김일성은 모자를 벗어 쥔 다음 팔을 높이 들어 흔들면서 '조국의 광복을 위하여 억세게 싸워나가자'라는 제목의 역사적인 반일연설을 했다. 이 연설에서 그는 보천보의 밤하늘에 타오르는 불길을 가리키면서, "여러분! 저 불길을 보십시오. 거세차게 타 번지는 저 불길은 놈들의 최후를 보여주고 있습니다. 저 불길은 우리 민족이 죽지 않고 살아있으며 날강도 일제 놈들과 싸우면 승리할 수 있다는 것을 온 세상에 보여주고 있습니다. 저 불길은 학대와 굶주림 속에서 신음하는 우리 민족의 가슴속에 희망의 서광으로 빛날 것이며 투쟁의 불씨로 되어 온 삼천리강토에 퍼지게 될 것입니다."라고 말했다. 이어서 투쟁만이 살길이며 민족재생의 유일한 길이라고 하면서 반일민족통일전선의 기치아래 더욱 굳게 뭉쳐 침략자 일제를 타도하고 조국해방위업을 실현하기 위한 성전에 한 사람같이 떨쳐나설 것을 열렬히 호소하였다. 연설을 마치고 '여러분, 나라가 해방되는 날 다시 만납시다'라는 말을 남기고 화광이 충천한 면사무소 앞을 떠났다. 보천보의 밤하늘에 폭풍 같은 만세의 환호성이 터져 올랐다. 그 사이 유격대원들은 '조국광복회 10대 강령', '조선 민중에게 알린다' 등의 포고와 격문을 뿌렸다.

보천보 전투는 대포도 비행기도 탱크도 없이 진행한 조그마한 싸움이었다. 보총과 기관총에 선동연설이 배합된 평범한 습격전투였다. 사상자도 많지 않았다. 조선인민혁명군 측에서 한명의 전사자도 나오지 않았다. 너무나도 일방적으로 진행된 기습전이어서 어떤 대원들은 오히려 아쉬워할 지경이었다. 그러나 이 전투는 유격전의 요구를 최상의 수준에서 구현한 전투였다. 전투 목표의 설정과 시간의 선택, 불의의 공격, 방화를 통한 충격적인 선동, 활발한 선전활동의 배합 등 모든 과정이 하나에서부터 열까지 입체적으로 맞물린 빈틈없는 작전이었다.

보천보전투는 한반도와 만주대륙에서 아세아의 제왕처럼 행세하던 일본제국주의자들을 보기 좋게 후려친 통쾌한 전투였다. 조선인민혁명군은 조선총독부당국이 치안유지가 잘된다고 장담하던 국내에 들어가 한개 면소재지의 통치기관들을 일격에 소탕해버림으로써 일본제국주의자들에게 커다란 공포를 주었다. 일본인들로서는 청천벽력과 같은 타격을 받은 셈이었다. '후두부를 꽝 하고 강타를 당한 것 같다.'라느니, '천 날 동안 베여들인 억새풀을 한순간에 태워버린 듯한 한을 남겼다.'라느니 하는 당시의 군경 당사자들의 고백 자체가 그것을 반증하고 있었다.

보천보전투가 가지는 가장 큰 의미는 조선이 이제 다 죽었다고 생각하던 국내 민중들에게 조선이 죽지 않고 살아있다는 것을 보여준 데 있었다. 뿐만 아니라 싸우면 반드시 민족적 독립과 해방을 이룩할 수 있다는 새로운 희망과 믿음을 안겨준 것도 커다란 의미가 있었다. 또한 '조선 사람은 일제에 항거한다.', '내선일체를 인정하지 않는다.', '조선 사람은 죽지 않고 살아 있다.', '일제와 싸우면 승리할 수 있다.'는 것을 전 세계에 선포했다.

이 전투가 국내민중들에게 준 충격은 매우 컸다. 조선인민혁명군이 보천보를 들이쳤다는 소식을 듣고 여운형은 전투현장으로 달려갔다고 한다. 동아일보, 조선일보, 경성일보를 비롯한 국내의 주요 신문들은 일제히 인상적인 표제를 달고 보천보전투 소식을 전했다. 중일전쟁 발발을 전후해서 일제의 식민지 통치가 더욱 가혹해지고, 국내의 민족해방운동이 극심한 탄압으로 힘을 잃어가고 있을 때, 그리하여 조선민중들이 조국해방의 희망의 불씨를 꺼드려 가던 암울한 시기에, 보천보전투는 조국해방의 희망의 불씨, 신념의 불씨, 투쟁의 불씨를 다시 지펴주었다.

연설과 선전선동을 마친 유격대원들은 유유히 시내를 빠져나가 곤장덕에 올라갔다. 그때 갑자기 뜻하지 않은 사태가 발생했다. 전 대원들이 흩어져 조국의 흙을 배낭에 담기 시작했다. 대원들뿐만 아니라 지휘관들 역시 마찬가지였다. 한 주먹의 조국의 흙, 그것은 유격대원들에게 심장과 같은 것이었다.

유격대원들은 아쉬움을 남기고 다시 압록강을 건너갔다. 구시물동을 건너 구시골 마을에 들어서자 대원들은 휴식을 요청했다. 그러나 사령관은 적들이 뒤쫓아 올 것이라고 판단하고 그 요청을 받아들이지 않았다. 곧바로 구시골 마을을 떠나 구시산에 올랐다. 부대가 산꼭대기에 오르자 전투배치부터 했다. 지형의 특성에 맞게 돌싸움을 배합할 작정으로 전 대오가 달라붙어 곳곳에 돌무더기를 만들어 놓았다. 그런 다음 주먹밥으로 간단한 아침식사를 했다. 곧이어서 적들이 뒤쫓아 왔다. 적들은 기세 좋게 접근해 왔다. 적들이 유격대 진지로부터 30m 가량 되는 곳까지 다가올 때까지 사격명령을 내리지 않다가, 30m 지점에 이르자 사격명령을 내렸다. 구시산 고지 위에서 보총과 기관총들이 일제히 불을 뿜어대기 시작했다. 적들은 납작 엎드려 필사적으로 고지를 향해 기어오르고 있었다. 이때 돌을 굴리라는 명령이 떨어졌다. 유격대원들은 돌을 굴리기 시작했다. 돌의 위력은 대단했다. 전투는 유격대의 대승리로 끝났다.

구시산전투 승리는 그 후에 있은 간삼봉에서의 전과와 더불어 보천보전투에서 거둔 성과를 공고히 하고 조선인민혁명군의 전투적 위력과 불패성을 보여주었다. 국경일대의 적들은 공포에 떨었다. 적들은 시체운반을 위해 구시산

근방의 부락들을 돌아다니며 인민들을 강제로 동원하고 문짝과 이불을 닥치는 대로 걷어갔다. 결국 조선인민혁명군은 혜산에서 치려했던 적을 구시산에서 친 셈이다. 결과적으로 보면 구시산전투는 혜산진공작전을 통해 달성하려고 했던 목적을 다 이룰 수 있게 해주었다. 보천보 진출부대는 구시산전투를 끝낸 후 포위에 들었다가 무사히 돌아온 최현부대와 감격적인 상봉을 하였다. 그 후 지양개에서 1군 2사 유격대원들도 합류했다. 서강회의 결정에 따라 3개 방면으로 진출했던 유격대원들이 모두 지양개 등판에 모였다. 신록이 무르익는 등판은 명절처럼 흥청거렸다. 1937년 단오날, 조선인민혁명군은 지양개 마을에서 전승을 축하하는 군민연환대회를 성대하게 치렀다.

## 간삼봉의 아리랑

1937년 6월 13일 지양개마을에서 군민연환대회를 성대하게 치른 조선인민혁명군 유격대원들의 사기는 하늘을 찌르는 듯했다. 대원들은 대부대가 모인 김에 혜산이나 장백과 같은 큰 도시를 또다시 치자고 제기했다. 하지만 이것은 유격전의 견지에서 볼 때 모험적 작전으로 해서는 안 될 작전이었다. 그래서 생각해 낸 것이 팔반도 습격전투였다. 팔반도는 간삼봉 부근에 있는 집단부락으로 거기에는 300여명의 위만군토벌대가 주둔하고 있었다. 조선인민혁명군이 보천보를 친 후 멀리 빠져나가지 않고, 계속 장백지역에 머문 까닭은 유격대 전법에 도통하고 있는 적들도 유격대가 군사요충지를 친 후 멀리 쏙 빠져 나갈 것이라고 예상하고, 그 대책을 세우고 있을 것이라고 판단했기 때문이었다. 그런데 실제로 일제는 유격대가 무송지역 쪽으로 쭉 빠져나올 것이라고 예상하고, 그 일대 길목 요소요소마다 대부대들을 촘촘히 배치해 놓고 있었다. 이점을 예측한 조선인민혁명군은 이번에는 쭉 빠지는 전술을 쓰는 대신에 적의 턱밑에서 그대로 돌아앉는 수법을 쓴 것이었다.

유격대가 장백지역을 벗어나지 않은 다른 이유도 있었다. 그것은 그 일대

조국광복회 조직들을 도와주면서 국내 실정을 더 구체적으로 파악해 상승단계로 전환되고 있는 국내 혁명을 더 적극적으로 밀고 나가자는 데 있었다. 그러려면 장백지역을 벗어나서는 안 되었다. 실제는 유격부대는 팔빈도 쪽으로 서서히 움직이면서 이르는 곳마다 지하혁명가들을 불러 지하사업의 실태를 파악하고, 새로운 과업도 제시하고, 지하조직 책임자들을 만나 사업방법도 전수해주었다.

그때 정보공작 임무를 받고 혜산에 건너가 있던 유격대원 이훈이 통신을 보내왔다. 도천리 노인을 통해서 전달된 그 통신에는 함흥 제74연대가 수십대의 자동차를 타고 급작스럽게 혜산으로 몰려왔다는 정보내용이 적혀 있었다. 적들은 벌써 신파 쪽으로 나가 압록강을 건너기 시작했으며, 토벌책임자는 김석원이라는 악질적인 조선인 장교라고 했다. 이때 김석원은 함흥 역에서 요란한 출정식을 갖고 '무운장구'라는 혈서로 쓴 깃발을 들고 일본천황에게 충성을 맹세했으며, 김일성부대를 몰살시키겠다고 허풍을 떨었다고 한다. 그는 자기가 토벌을 책임지고 떠나게 된 것은 공산군의 전술을 통달했기 때문이라고 떠벌리면서 머지않아 74연대의 솜씨가 어떤 것인가를 보게 될 것이며, 황군의 위력 앞에서 공산군은 추풍낙엽의 운명을 면치 못할 것이라고 큰소리쳤다. 김석원의 함흥 74연대는 혜산과 신파를 떠나면서도 환송의식을 치렀다. 일제의 앞잡이들은 집집마다 쫓아다니며 주민들을 환송식에 강제로 동원시켰다. 경찰과 일본인 유지들, 관리들, 재향군인들이 거리에 나와 노래를 부르고 일장기를 흔들면서 요란을 떨었다. 토벌대의 무력이 얼마나 많았던지 30~40명이 탈 수 있는 목선으로 하루 종일 신파나루를 건넜다. 이때 김석원의 토벌대 무력은 총 2000명 정도나 되었다. 이 정도 병력은 항일유격부대의 병력보다 훨씬 많았다.

유격대의 일반적인 전법에 따르면 이러한 대부대와 직접적인 접전을 피하는 것이 원칙이었다. 그러나 이때 조선인민혁명군 총사령부는 조선에서 건너온 일본인 부대와 정면으로 맞서기로 결심했다. 적이 대부대로 공격해 오면 분산해서 기동전을 전개하는 것이 유격전의 일반적 전술이지만 이번에는 관례에서 벗어나 대부대를 대부대로 치는 전술을 택했다. 조선인민혁명군은 팔반도 쪽으로 움직이다가 일단 멈추고 싸움터를 골랐다. 지형정찰을 통해 간삼봉을 싸움터로 선택했다. 간삼봉은 장백현 13도구부터 임강현 8도구에 이르는 100여리의 광활한 대지 위해 놓여 있는 서강고원 북쪽 세 개의 봉우리를 말한다. 간삼봉에서 북쪽을 보나, 남쪽을 보나 끝없는 원시림의 바다가 펼쳐져 있다. 남쪽으로는 동서로 100리가 넘어 보이는 숲의 바다인데, 이곳을 서강고원이라고 부른다. 이 서강고원에 팔반도며 노국소와 같은 부락들이 띄엄띄엄 있었다. 이처럼 간삼봉은 태고 적부터의 원시림의 바다 위에 섬처럼 솟아 있는 봉우리였다. 적들이 이 간삼봉으로 오려면 13도구에서 서강성으로 올라오는 산굽이와 영마루들을 거쳐야겠기에 싸움터로는 제격이었다.

1937년 6월 29일 밤에 지휘관 회의가 열리고, 여기에서 전투방안이 토의되었다. 사령관은 적의 정규전법에 걸려들지 말고 유격전법을 주동적으로 활용할 것을 강조했다. 이러한 원칙에서 전투방안이 결정되었다. 전투방안의 핵심 종자는 유격대가 산릉선을 먼저 차지하고 적들이 골짜기로 몰리게 유도하는 것에 있었다. 특히 부대배치에서도 도식을 범하지 않도록 주의했다. 예를 들어 적들이 유격대가 관심을 덜 돌릴 것이라고 생각할 수 있는 곳에 역량을 많이 배치하도록 했다. 그리고 전투과정에 부대들이 수풀을 이용해 좌우로 빨리 기동하면서 임기응변할 수 있도록 작전을 짰다. 작전회의가 끝난 후 권영벽, 김재수, 정동철을 비롯해 국내와 장백지역의 정치일꾼들과 함께 지하혁명조직들의 사업방향과 임무에 대해 토의했다.

함흥 74연대 병력이 간삼봉으로 공격해 온 것은 1937년 6월 30일 아침이었다. 새벽부터 가랑비가 내리고 안개가 뿌옇게 끼었는데, 최현부대가 배치된 산봉우리에 있는 보초소에서 적의 침습을 알리는 신호총소리가 울려나왔다. 최현은 보초부대기 적의 포위에 들 것 같아 한 개 중대를 데리고 전방으로 쳐나갔다. 적들은 순식간에 최현이 인솔한 중대를 포위해버렸다. 전투에서는 시작이 중요하다. 전투의 사기를 잃지 않으려면 현 사태를 재빨리 해결해야 했다. 사령관은 이동학에게 경위중대를 데리고 가서 최현 중대를 구출하라고 명령을 내렸다. 일본군은 위만군을 총알받이로 앞세우고 맹렬하게 달려들었다. 그러나 최현중대와 이동학의 경위중대가 안팎에서 협공하자, 적의 포위진이 무너지면서 치열한 육박전이 전개되었다. 이 육박전 끝에 최현의 중대가 구출되었다. 사태는 금방 역전되었다.

사태를 역전시킨 항일유격대원들은 적들을 여러 협곡에 몰아넣고 하루 종일 냅다 족쳤다. 하지만 일본군은 맹수처럼 기세등등하고 집요했다. 자기 동료들의 시체를 타고 넘으면서도 목이 터져라 함성을 지르며 파도식으로 연속해서 달려들었다. 소왕청방위전투 때 일본군의 간도파견대보다 함흥 74연대의 돌격은 더 맹렬했다. 항일유격대가 기관총을 10여정이나 배치해 놓고 쏘아대는 데도 적들은 그냥 새까맣게 달려들었다. 아침부터 시작된 전투는 하루 종일 계속되었다. 어떤 곳에서는 적이 유격대 진지까지 들이닥치는 바람에 육박전까지 벌이기도 했다. 유격대원들은 정황을 효과적으로 이용하면서 날이 저물도록 적들을 몰아붙였다. 싸움이 한창 벌어지고 있던 중간에 여대원들이 아리랑을 부르기 시작했다. 싸움을 하면서 여대원들이 부른 아리랑이 전 부대로 퍼져 나갔다. 유격대원들은 아리랑을 소리 높여 부르면서 기관총과 보총으로 일본군들을 하루종일 족쳐댔다. 격전장에서 노래를 부르는 것은 강자들만이 할 수 있는 일이다. 간삼봉 전투장에 울린 아리랑은 혁명군의 고결한 정신세계를 그대로 보여주며, 혁명적 낙관주의를 시위했다.  유격대원들이 부른 아리랑 노랫소리를 듣고 적들이 어떤 기분에 휩싸였을까를 상상해 보라. 포로로 잡힌 적들은 그 노래를 듣고 처음에는 어리둥절했었고, 그 다음 순간에는 공포에 잠겼으며, 나중에는 인생의 허무를 느꼈다고 고백했다. 적 부상자 중에는 신세를 한탄하며 우는 자들도 있었으며, 한쪽에서는 도망병까지 생겨났다.

함흥 74연대 일본군들은 수많은 사상자를 내면서도 저녁때가 되도록 폭우 속에서 공격을 중단하지 않았다. 김일성은 이때 팔반도 쪽에 정찰임무를 맡고 나갔다가 돌아오는 박성철소부대와 식량공작조에 연락해 적의 뒤통수를 때리도록 지시했다. 김석원은 날이 어두워지고 앞뒤에서 얻어맞을 위험이 발생하자 200여명밖에 남아 있지 않은 패잔병들을 모아 싸움터에서 도망치고 말았다. 이로써 함흥 74연대의 떠들썩했던 토벌행각은 완전한 참패로 끝나고, 간삼봉 전투는 유격대의 대승으로 마무리되었다.

간삼봉전투에서 김석원과 함께 살아서 도망간 패잔병들은 불과 200여명 남짓에 불과했으니, 하루 동안 전투에서 무려 1500여명 이상이 죽거나 부상당했다는 결론이 나온다. 전투 다음 날부터 일본군은 혜산과 신파, 간삼봉이 있는 마을들에서 담가와 우마차, 자동차들을 징발해 시체를 운반했다. 그런데 시체가 너무 많다 보니 다 운반해 가지 못하고 머리만 잘라서 마대나 나무상자에 넣어 우마차에 실어 자동차 있는 데까지 날랐다. 그러면 자동차들이 마대나 나무상자들을 싣고 압록강을 건너갔다. 시체들을 화장하는 연기와 냄새 때문에 간삼봉지구 농민들은 며칠 동안 숨도 제대로 쉴 수 없었다. 시체운반에 동원된 일본병사에게 어떤 농민이 시치미를 떼고 "나리 달구지에 싣고 가는 게 무엇입니까?"하고 묻자, 일본 병사는 능청스럽게 '가보짜'(호박)라고 대답했다. 그러자 농민도 싱글벙글하면서 "가보짜 농사가 대풍이군요. 좋은 국거리나 많이들 자시유"라고 야유했다. 그때부터 항간에서 호박대가리라는 말이 생겨났다.

결국 보천보전투와 그에 잇달아 진행된 구시산전투, 간삼봉전투로 조선총독 미나미와 관동군사령관 우에다가 도문회담에서 합의했던 이른바 도문밀약(조선인민혁명군을 안전히 섬멸히겠다는 밀약)은 완전히 파탄나고 말았다. 이로써 1937년의 대부대에 의한 국내진공작전은 성공적으로 마무리됐다. 간삼봉전투는 항일무장투쟁의 역사에서 하나의 큰 봉우리를 이루는 의미 있는 전투다. 이 전투는 구시산전투와 함께 보천보전투 성과를 더욱 크게 빛나게 해주었다. 두 전투로 보천보전투 승리가 더욱더 값진 것으로 드높아졌다. 조선인민혁명군은 이 전투를 통해 무적황군의 신화를 완전히 깨뜨려 버리고 조선인민혁명군의 위력을 만천하에 과시했다.

# 3

## 항일민족해방운동의
## 새로운 앙양

중일전쟁 발발과 항일민족해방운동
난관 돌파 투쟁의 연대, 1938년
고난의 행군을 승리의 행군으로
또 다시 조국으로 진군

# 1
# 중일전쟁 발발과 항일민족해방운동

**중일전쟁 발발 배경, 성격과 조선인민혁명군의 새로운 전략전술**

조선인민혁명군 주력부대가 간삼봉 전투에서 일본군 대부대를 물리친 직후인 1937년 7월 7일 밤 10시 40분 중국 베이징 외곽 노구교에서 몇 발의 총성이 어둠 속에서 울렸다. 이른바 중일전쟁의 도화선이 된 노구교사건이 터진 것이다. 노구교사건은 일제가 중국본토를 침략하기 위해 의도적으로 조작한 사건이다. 이 사건을 계기로 일본군의 중국본토침공이 개시되었고, 이른바 중일전쟁이 발발하였다. 조선인민혁명군 주력부대가 노구교사건에 대한 충격적인 소식을 접한 것은 1937년 7월 중순경이었다. 조선인민혁명군의 지휘관들과 대원들은 새로운 사태 발전을 놓고 많은 토론을 벌였다. 토론의 중심은 이 전쟁의 전개양상과 향후 세계정세에 미칠 영향, 그리고 우리나라 민족해방투쟁의 발전에 어떤 영향을 미칠 것인가를 놓고 치열한 토론을 벌였다. 그리고 특히 조성된 새로운 정세를 어떻게 하면 유리하게 이용할 것인가를 놓고도 많은 논의가 있었다.

중일전쟁은 9.18사변과 마찬가지로 일제가 집요하게 추구해온 대아시아정책의 필연적 귀결이었다. 일제는 만주를 삼켜버린 그때부터 중국본토침략의 기회만을 호시탐탐 노리고 있었다.

일제는 동북3성을 강점한 후 중국 본토에 침략준비에 모든 역량을 쏟아 부었다. 1933년 1월의 산해관 공격과 화북지구의 침입, 열하작전에 의한 열하성

소재지 승덕 점령, 진황도 상륙, 하북성 동부지구에로의 진격 등 이 모든 군사작전은 일본군대가 만주사변을 도발한 후 몇 해 사이에 있었던 것들로서, 이 모든 것들은 다 중국본토침략을 위한 사전 준비작업의 전주곡이었다.

장개석국민당정부는 일제의 화북침공에 항전으로 맞설 대신 민중들의 결사적인 반대에도 불구하고 당고정전협정(1933년 5월 31일 일본과 장개석 국민당 정부사이 체결된 굴욕적이고 타협적인 정전협정)을 체결했다. 이것은 사실상 만리장성 이북의 광대한 땅덩어리를 일제에 팔아넘긴 매국협상이었다. 이러한 유화정책은 결국 일제의 침략야망과 전쟁광증을 부추겨 주는 결과만을 낳았다. 일제는 화북지역의 친일세력을 앞장세워 화북 5성 자치운동이라는 것을 벌리도록 해, 친일적인 기동방공자치정부(1935년 11월 25일~1938년 2월 1일까지 현 중국 허베이성 일부와 베이징성 일부에 존속했던 일본 괴뢰 정부)를 조작해냈다. 이런 계단식 방법으로 만주전역과 화북의 명맥을 완전히 틀어쥔 일제는 1936년 초 배일운동의 엄격한 단속과 중국, 만주, 일본의 경제 합작, 공동방공 등을 골자로 하는 대중국외교방침이라는 것을 내걸고, 중국 본토에 대한 침략준비를 노골화했다. 결국 장개석 국민당정부의 굴욕적인 대일자세는 결과적으로 일제의 중국 관내침략을 묵인하는 것으로 되었으며, 노구교사건과 같은 엄청난 사건을 일으키도록 안내하고 유도하는 역할을 했다.

일제의 중국 본토 침략은 중국을 둘러싼 제국주의 열강 사이의 모순과 갈등의 산물이기도 했다. 1937년 미국발 새로운 경제공황의 파도가 전 세계로 급속히 퍼져나갔다. 제국주의 열강들은 새 시장을 개척해보려고 혈안이 되었다. 시장쟁탈을 위한 싸움은 열강들 사이의 모순을 격화시켰다. 그중의 하나가 중국을 둘러싼 이권쟁탈전이었다. 미국과 영국의 제국주의자들과 일본의 제국주의자들 사이에 중국을 둘러싼 알력과 대립이 격화되었다. 일본군국주의자들은 이 알력과 대립에서 승리할 수 있는 방도를 중국과의 전면 전쟁에서 찾았다.

화북사변이후 일제는 군비확장과 전쟁준비정책을 계속 추구히면서 동아시아 대륙에서의 우위를 확보하고, 동시에 남양(남태평양연안의 동남아시아지역)으로 진출해야 한다는 기본국책을 확정했다. 고노에 내각은 미국, 영국, 프랑스를 비롯한 제국주의 열강들의 불간섭 정책을 교묘하게 이용하면서 중국내부에서 아직 항일민족통일전선이 확고히 성립되지 못하고 있던 유리한 기회를 활용해 마침내 중국에 대한 전면전쟁을 도발했다.

중일전쟁의 발발은 우리나라 민족해방운동대오에 새로운 과제를 수많이 던져주었다. 격변하는 정세에 부응하는 새로운 전술이 필요했다. 김일성은 우선 전쟁의 성격과 전개 양상, 그리고 항일민족해방운동에 미치는 영향들을 종합적으로 분석하고, 주동적이며 적극적인 대응전략을 모색하기 위한 사색과 사색을 계속해 나갔다.

먼저 중일전쟁의 성격에 대해 대체로 다음과 같은 결론에 도달했다. 중일전쟁은 일제가 화북이나 먹고 물러앉을 국지전이 아니라 전면전쟁이라는 것, 만주사변처럼 몇 달 동안에 속전속결로 끝날 성격의 싸움이 아니라는 것, 이 전쟁은 그 자체가 장기전으로 갈 수밖에 없는 불씨를 안고 있다는 것, 지역전쟁, 나가서는 세계 대전으로 확대될 수 있는 가능성을 내포하고 있다는 것, 소련과 일본의 충돌이 불가피하다는 것이다.

김일성이 대체로 이러한 견해를 세우고 있을 때, 많은 유격대원과 지휘관들은 전쟁이 확대될수록 우리나라 민족해방혁명에 불리한 영향을 미치게 될 것이라고 걱정을 하고 있었다. 그는 중일전쟁 발발에 대처한 전략적 방침을 세우고 뚜렷한 목표를 갖고 투쟁해야겠다는 판단을 내렸다. 이러한 판단에 따라 1937년 7월 중순 백두산밀영에서 조선인민혁명군 주력부대 지휘성원회의와 1937년 8월 초 장백현 초수탄에서 조선인민혁명군 군정간부회의를 개최하고, 당면 정세와 투쟁전략에 대해 협의했다. 이 회의들에서는 급변하는 정세에 주동적으로 대처해 항일무장투쟁을 강화하고, 전반적 조선혁명을 새로운 양양으로 끌어올리기 위한 전략방침이 제시되었다.

백두산 밀영에서 1937년 7월 중순에 열린 조선인민혁명군 주력부대 지휘성원 회의에는 군대간부들만이 아니라 마동희, 이제순을 비롯해 백두산지구와 국내에서 활동하던 정치일꾼들과 지하조직책임자들도 참가했다. 이 회의에서 제시된 전략방침은 중일전쟁에 대처해 혁명의 주체 역량을 튼튼히 꾸리고, 적 배후교란작전을 강화하며, 전민항쟁 준비를 빨리 촉진시켜 나가자는 것으로 요약된다. 이러한 전략방침을 수행하기 위해 백두산 서남부지구와 국내에 더 많은 지하조직을 건설하며, 조선인민혁명군 정치일꾼 소조들이 낭림산맥 일대에 혁명근거지를 꾸리며, 국내도처에 생산유격대와 노동자 돌격대를 조직하기로 하고, 이에 대한 실전 대책을 신지하게 논의했다. 또한 신파, 장백현 하강구 일대에서의 당 조직건설과 조국광복회 하부조직 건설실태, 군중정치사업과 유격대 원호사업 실태를 파악하고 그 경험을 일반화하기 위한 대책도 토의했다.

이어서 1937년 8월 1일 장백현 초수탄에서 조선인민혁명군 군정간부회의를 열었다. 백두산회의에서는 조선혁명의 주체를 강화하기 위한 과업을 조직건설의 측면에서 많이 논의했다면, 초수탄 회의에서는 적 배후교란작전을 관철하는 데서 나서는 과업을 항일연군부대들과의 협동작전 문제를 중심으로 군사적 측면에서 많이 협의했다. 또한 압록강 두만강 연안을 비롯해 광활한 지역에서 적 배후교란작전을 강화하며 국내에 소부대들과 정치일꾼들을 더 많이 파견해 반일민족통일전선운동을 계속 확대 강화해 나갈 데 대한 문제도 역시 강조되었다.

초수탄회익에서는 적 배후교란작전을 크게 두 가지 방향으로 진행하기로 했다. 하나는 낭림산 줄기에 밀영망을 꾸리고 국내 도처에 생산유격대와 노동자 돌격대를 조직하는 방법으로 전민항쟁의 군사적 기반을 마련하며, 여러 가지 형태의 대중투쟁을 통해 일제의 뒤통수를 후려갈기는 것이고, 다른 하나는 유격전의 방법으로 일본군의 중국관내로의 기동을 가로막고 그들의 전략작전을 파탄시키는 것이었다. 이러한 방침결정에 따라 조선인민혁명군의 부대들을 부분적으로 개편하고 부대들의 활동지역을 분담했다. 국내에 파견할 무장소조와 정치일꾼 소조도 꾸려졌다.

일제는 중일전쟁을 도발한 후 김일성부대의 움직임을 예리하게 주시하고 있었다. 어떻게 알았는지 일본군경 수뇌부들은 항일유격대오가 새로운 활동방침을 세우고 부대를 개편해 활동지역을 분담했으며, 8월 29일 국치일을 계기로 만주의 주요 도시들을 공격하고 국내로 일제히 쳐들어갈 것을 협의했다면서 그 대응책을 세우느라 소동을 피웠다.

## 적 배후교란작전

초수탄회의를 마치고 조선인민혁명군 수뇌부는 동북항일연군부대들과의 연합작전과 적 배후교란작전 문제를 협의하기 위해 위증민을 만나러, 만강 상류에 있는 동만강밀영으로 갔다. 위증민은 중일전쟁 이후 중국의 내외정세와 중국공산당의 대일전쟁 방침을 전달해주었다. 이 통보내용 중에 눈에 띈 것은 새로운 국공합작과 항일민족통일전선 실현을 위한 중국공산주의자들과 진보적 애국인사들의 움직임이었다.

7.7사변이라고도 불리는 노구교사건이 있은 다음 날 중국공산당은 중화민

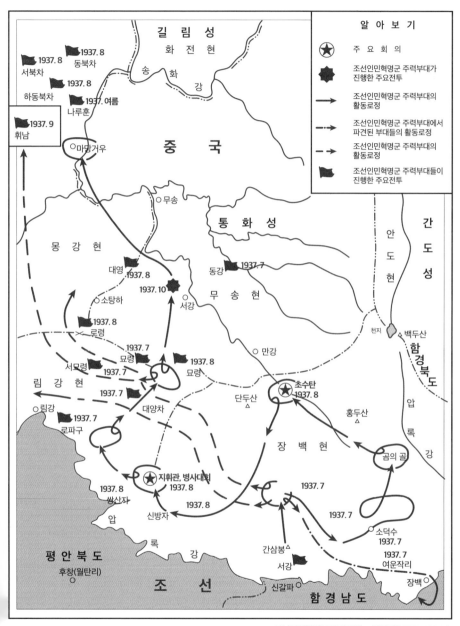

길 림 성

화 전 현

송
화
강

1937. 8
동북차

1937. 8
서북차

1937. 8
하동북차

1937. 여름
나루훈

1937. 9
휘남

ㅇ마망거우

중 국

ㅇ무송

통 화 성

몽 강 현

대영
1937. 8

1937. 10

ㅇ소탕하

서강

동강 1937. 7

무 송 현

1937. 8

ㅇ로령

ㅇ만강

1937. 7
묘령

1937. 8
묘령

서모령

1937. 7

림 강 현

1937. 7

대양차

단두산△

초수탄
1937. 8

홍두산△

안
도
현

간
도
성

함
경
북
도

압
록

천지
백두산

곰의 골

장 백 현

ㅇ림강

1937. 7
로파구

1937. 8
쌍산자

압

지휘관, 병사대회
1937. 8

신방자

1937. 8

1937. 7

1937. 7

강

소덕수
1937. 7

평 안 북 도

후창(월탄리)

록

강

간삼봉△
서강

신갈파ㅇ

조 선

함 경 남 도

1937. 7
여운작리

장백ㅇ

**알 아 보 기**

주 요 회 의

조선인민혁명군 주력부대가
진행한 주요전투

조선인민혁명군 주력부대의
활동로정

조선인민혁명군 주력부대에서
파견된 부대들의 활동로정

조선인민혁명군 주력부대의
활동로정

조선인민혁명군 주력부대들이
진행한 주요전투

조선인민혁명군의 적 배후 교란작전(1937.7~1937.11)

족이 다 떨쳐나서는 항일전쟁만이 나라를 구원하는 유일한 길이라는 것을 밝히면서 '민족통일전선의 튼튼한 장성을 쌓아 왜놈의 침략에 저항하자.'고 전국에 호소하였으며, 7월 15일에는 '국공합작을 공포하는 중국공산당의 선언'을 국민당 중앙에 보냈다.

중국에서는 만주사변이후 국공합작 노력에서 이렇다 할 성과를 보지 못한 채 1930년대 중엽에 이르렀다. 그 후 중국공산당은 대세에 맞게 항일제일주의의 새로운 전략으로 나갔다. 중국공산당은 '북상항일'의 구호 밑에 역사적인 2만5천리 장정을 단행하여 섬감영변구에 새로운 근거지를 창설하였다. 그 후 '동정항일'로 일본 제국주의침략자들과의 직접적인 대결에 나섰다. 중국공산당은 그 후 '반장항일'로부터 '연장항일'로 구호를 바꾸고 국공합작을 실현하기 위하여 인내성 있게 노력하였다. 중국공산주의자들의 이같은 노력은 서안사변(1936년 12월 12일 동북군 총사령관 장학량이 국민당 정권의 총통 장개석을 산서성의 성도 서안 화청지에서 납치하여 구금하고 공산당과의 내전을 중지하고 일본 제국주의의 침략에 맞서 함께 싸울 것을 요구한 사건)을 계기로 심화되었으며, 중일전쟁이 발발 후 여산에서 진행된 장개석과 주은래의 담판으로써 마침내 그 열매를 맺었다. 여산회의 때 주은래와 장개석은 만주와 화북, 그리고 조선에서 공산주의자들의 항일활동을 적극화할 데 대한 문제를 논의했다. 이것은 중국공산당 중앙이 조선 공산주의자들이 차지하고 있는 지위를 정당하게 평가하고, 큰 기대를 걸고 있다는 것을 방증해준다.

1937년 초 모택동은 소련의 국제정치잡지 『태평양』에 쓴 「전 중국 구국회 성원들에게 보내는 편지」에서 일제를 반대하는 적극적인 투쟁, 항일주의가 가능하다는 산 실례로 동북에서의 항일유격대활동을 들었다. 그는 동북지방의 항일유격대가 몇 해 동안의 투쟁에서 10만 이상의 적 유생역량을 소멸하고 수억 원에 달하는 손실을 줌으로써 중국본토에 대한 일제의 침공을 견제하고 지연시켰다고 썼다. 동북 항일유격대에 대한 이러한 평가에는 조선공산주의자들의 업적도 포함되어 있었다.

백두산 밀영회의, 초수탄회의, 위증민과의 협의를 통해 확정된 배후교란작전을 수행하기 위해 조선인민혁명군은 전심전력으로 노력했다. 위증민과 헤어진 후 1937년 8월 12일 장백-임강현 경계지대에 있는 밋밋한 산 능선에서 조선인민혁명군 지휘관 및 병사 결의대회를 열었다. 이 결의대회를 통해 투쟁 결의를 높이고 적 배후교란작전에 본격적으로 뛰어들었다. 조선인민혁명군 주력부대는 노구교사건 직후 장백현 19도구 마순구 부근전투, 장백현 13도구 서강성 습격전투를 비롯한 수많은 전투를 벌였다. 1937년 8월 지하조직으로부터 산림경찰대로 구성된 토벌부대가 장백현 신방자 북쪽 등판 길로 지나가게 된다는 연락을 받은 주력부대는 매복전을 벌여 순식간에 적 200명을 살상하거나 포로로 붙잡았다. 그 후 쌍산자전투를 벌여 이동하는 적 160명을 일거에 섬멸하고 일제의 군수물자수송에 커다란 타격을 주었다. 이 시기 민족혁명당 기관지 『전도』는 조선인민혁명군의 적 배후 교란작전을 두고 "이것은 확실히 조중 양국민족의 위대한 연합전선의 제일성"이라고 썼다.

이 시기 적 배후타격작전을 관철하기 위한 조선인민혁명군의 투쟁은 눈부시다. 주력부대의 투쟁은 말할 것도 없고, 다른 부대도 영웅적으로 투쟁을 벌여나갔다. 최현의 부대는 장백을 떠나 임강, 통화, 유하, 몽강으로 이동하면서 거듭 전과를 올렸다. 안길과 박장춘도 강건부대와 연합해 적들을 통쾌하게 족쳤다. 김책, 허형식 등이 진행한 해륜원정과 심양철도연선까지 진출한 남만부대들도 적 배후를 크게 타격했다. 조선인민혁명군의 무장소부대와 정치일꾼소조들은 국내 깊숙이 침투해 도처에서 일제의 손발을 묶어 놓았다. 조선과 만주에서 벌인 항일무장투쟁세력들의 정치군사 활동과 치열한 배후교란작전은 중국 사람들의 항일투쟁을 크게 고무시켰다.

이러한 조선과 중국 민중들의 투쟁으로 중국을 단숨에 먹어보겠다던 일제의 허망한 꿈은 북중국과 상해계선에서 여지없이 파탄 났다. 일제는 일격론, 단기종전론을 떠들었지만, 중일전쟁은 장기전으로 넘어가 교착국면에 빠져들었다. 중일전쟁이 장기화되면서 조선인민혁명군은 임강현 신태자밀영에서 당시까지의 배후교란작전 실태를 종합적으로 평가하고, 조선국내에서의 배후교란과 적의 군사수송체계, 특히 무기와 탄약 운반을 파탄시킬 데 대한 문제를 토의하였다.

이 시기에 있었던 대표적인 전투가 조선인민혁명군 주력부대의 무송-서강 매복전투와 휘남현성전투이다.

휘남현은 길림시 통화현에 속한 현이다. 일제는 중일전쟁을 도발한 후 후방을 공고히 하기 위해 휘남현을 토벌 거점으로 만들어 놓고 수백 명의 위만군과 경찰, 120명의 자위단을 상시 주둔시키고 있었다. 이곳은 교통이 발달한 평지 성시여서 습격하기에 매우 불리했다. 휘남현근처 여러 곳에 적의 토벌대 거점들이 꾸려져 있어 성시공격에 성공한다 해도 제때 철수하지 못하면 적 증원부대의 추격 때문에 매우 위험했다. 그런데도 휘남현성 공격을 감행한 것은 이 현성이 적 배후교란작전의 타격대상에 딱 맞았기 때문이었다. 이 전투에는 주력부대 7연대와 이동학, 최춘국 경위연대가 참가했고, 여기에 4사의 일부, 항일연군부대, 반일부대들이 참가했다.

적들은 현성을 높이 2.5m의 성벽으로 둘러쌓았고, 그 위에 두 겹으로 된 철조망을 쳐 놓았다. 성의 네 모퉁이에는 너비 약 4m, 깊이 약 3m의 물홈을 파놓고 조선인민혁명군의 군사활동을 막아보려 했다. 조선인민혁명군 사령부는 적들이 치안이 확보되었다고 장담하고 있는 곳이자, 대륙침략을 위한 제1선 후방기지인 휘남현성을 침으로서 적들에게 심대한 정치적 군사적 타격을 주고, 조선인민혁명군의 동기작전에 필요한 군수물자를 확보하기 위해 휘남 현성 전투를 벌이기로 했다.

조선인민혁명군 주력부대를 주력으로 하는 조중연합군들은 1937년 9월 26일 밤 2시경 현성 남쪽 431고지 서남쪽 능선에 도착했다. 부대들은 이곳에서 적정을 확인한 다음 조별행동을 개시했다. 성문보초병을 감쪽같이 없애고 성안에 돌입한 제1습격조는 동북쪽 포대의 적을 화력으로 봉쇄하고 경찰대병영을 장악했다. 제1습격조와 함께 성문을 통과한 제3습격조는 서북쪽 포대를 화력으로 봉쇄하고 위만군병영에 강력한 화력타격을 가해 적들을 제압했다. 한편 남쪽 성문으로 성안에 돌입한 제2습격조는 동남쪽 포대와 서남쪽 포대를 화력으로 봉쇄하면서 경찰서 감시대에 화력을 집중해 보초병을 없앤 후 제1습격조와 협동해 경찰들과 자위단을 섬멸하면서 강한 화력으로 위만군병영을 봉쇄했다. 성안을 장악한 습격조들은 수많은 군수물자를 노획하고 재빨리 철수했다. 적들은 해룡, 반석, 몽강 방면에서 많은 증원병을 파견했지만, 유인조들에 의해 녹아나고 말았다.

김일성은 이 시기를 다음과 같이 회고했다.

내 일생의 총적지향은 방어가 아니라 공격이라고 할 수 있다. 나는 혁명의 길에 나선 첫날부터 오늘에 이르기까지 맞받아나가는 공격전술로 한생을 살아왔다. 전진도상에 난관이 가로막아나설 때마다 나는 그 앞에서 주저앉거나 동요하지 않았다. 그것을 에돌거나 피하지도 않았다. 우리는 어려운 때일수록 신심을 잃지 않았고 불굴의 의지와 완강한 노력으로 그것을 극복하였다. 혁명발전의 여러 단계에서 우리가 주로 맞받아나가는 공격전술을 써온 것은 나 개인의 취미나 성격 때문이 아니라 복잡하고 시련에 찬 우리 혁명이 제기한 요구였다.

중일전쟁이 일어난 후 세계를 뒤흔드는 복잡한 정국의 소용돌이 속에서 우리가 만일 방어나 후퇴, 우회하는 방법에만 매달렸다면 우리 앞에 기로놓였던 난국을 타개할 수 없었을 것이다. 그래서 나는 지금도 우리가 그때 역경을 맞받아나가 그것을 순경으로 전환시킨 혁명적 전략이 천백번 옳았다고 생각한다.

## 9월 호소문과 전민항쟁준비

전민항쟁 구상이 처음 제기된 것은 소왕청 방위전투 때였다. 이후 조선인민혁명군 수뇌부는 힘을 길렀다가 때가 오면 조선인민혁명군의 군사작전에 전민항쟁을 배합하는 방법으로 조국해방 위업을 실현할 구상을 점차 무르익혀 왔다. 중일전쟁 발발로 조성된 새로운 정세는 전민항쟁 준비를 더욱더 빨리 추진시켜 나갈 것을 요구했다. 조선인민혁명군 수뇌부는 백두산 밀영회의와 초수탄 회의에서 제시된 전민항쟁 방침을 관철하기 위해 1937년 9월 「전체 조선동포들에게 보내는 호소문」을 발표했다. 이에 대해 김일성은 "우리가 전민항쟁방침을 독자적인 노선으로 제시하고 그것을 실현하기 위한 실무적 조치들을 취하기 시작한 것은 중일전쟁이 일어난 다음부터였다고 봅니다."라고 회고하였다.

9월에 발표했다고 해서 9월 호소문이라고 일컬어지는 이 호소문을 발표한 취지는 무엇이었을까?

그것은 두 가지로 압축된다.

첫째는 중일전쟁과 우리나라 민족해방운동과의 상호관계에 대한 올바른 인식을 주자는 데에 있었다. 당시 신문깨나 본다는 사람들 중에는 중일전쟁이 심화되고 일본군의 전과가 확대되어 가자 조선독립은 불가능하다고 보는 사람들이 늘어났으며, 일부 저명인사라고 하는 사람들까지도 내외신문들에 일제와의 타협을 설교하는 글들을 연속 발표했다. 이러한 사태를 그대로 두면 국내 민중들 속에 패배주의가 급속히 확산되면서 민족해방운동에 심대한 난관을 조성할 위험성이 높았다.

사람이 패배주의에 빠지게 되면 사태발전을 올바로 파악하기 어렵게 되고, 적의 힘을 크게 보고 자신의 힘을 경시하는 경향이 있는 법이다. 중일전쟁과 우리나라 민족해방혁명의 상호관계 문제 역시 마찬가지이다. 중일전쟁은 탐욕스런 일본 군국주의로 하여금 스스로 광대한 지역에 병력을 쭉 펼쳐 놓지 않을 수 없게 만들었다. 중일전쟁이 장기전으로 접어들게 되면서부터 일제는 병력난, 물자난, 보급난, 원료난으로 허덕이게 될 것이라는 점은 조금만 상식을 갖춘 사람들이라면 충분히 예견할 수 있다. 오로지 패배주의에 찌든 자들만이 이점을 보지 못한다. 이러한 예견이 옳았다는 것은 중일전쟁의 역사가 증명해 주었다. 따라서 중일전쟁은 우리 민족의 독립전쟁에 절망을 가져다 준 것이 아니라, 그 반대로 새로운 희망의 문을 열어주었다. 이점을 올바로 깨닫기만 하면 민중들은 신심을 갖고 민족해방투쟁의 성전에 용감하게 뛰어들게 될 것이다.

9월 호소문은 바로 이러한 관점에 입각하고 있다. 9월 호소문에서는 중일전쟁을 일으킨 일제는 날이 갈수록 광범한 반일애국역량의 반항에 부딪히게 될 것이며, 이것은 일제의 멸망을 촉진하고, 조선의 해방을 앞당기게 될 것이라는 점을 강조했다. 그리고 조성된 정세는 일제의 멸망을 촉진시키고 조국해방의 역사적 위업을 성취하기 위한 투쟁을 더욱 강력히 전개할 것을 요구하고 있으니 항일대전에 힘차게 떨쳐 일어나자고 호소하였다.

둘째는 전민항쟁 준비의 전략적 방도를 밝혀주자는 것이었다. 전민항쟁 준비의 전략적 방도는 그리 어렵지 않다. 첫째는 모든 애국적 민중들이 자기 분야에서 각종 형태의 반일투쟁을 적극적으로 벌여 나가는 것이며, 둘째는 조선인민혁명군의 직극적인 군사행동에 발맞춰 전면적인 전민항쟁을 힘치게 벌일 수 있는 준비태세를 갖추며, 셋째는 도처에 생산유격대와 노동자 돌격대를 조직하고 그를 중심으로 전민항쟁준비를 확대해 나가면 된다.

9월 호소문을 이점을 호소했다. 호소문에서는 노동자, 농민, 청년학생들, 여성들, 양심적인 자산가들을 비롯해 나라를 구원하려는 모든 동포가 자기 분야에서 각종 형태의 반일투쟁을 적극적으로 벌여 나가며, 조선인민혁명군의 적극적인 군사행동과 발맞춰 국내 모든 지역에서 전면적인 반일항전을 힘차게 벌일 수 있도록 만단의 준비태세를 갖출 것을 호소했다. 그리고 도처에 생산유격대와 노동자돌격대를 조직하고 그를 중심으로 전민항쟁준비를 확대해 나갈 것을 전략적 방침으로 제시했다.

9월 호소문은 백두산밀영회의와 초수탄회의를 통해 확정된 전민항쟁 방침 관철을 전체 조선 민중들에게 호소한 글이었다. 조선인민혁명군 수뇌부는 9월 호소문을 통해 전체 민중들에게 전민항쟁 방침관철을 호소했을 뿐 아니라, 전민항쟁 준비를 위한 실천적 대책을 세우고 이를 관철해 나갔다. 조선인민혁명군의 전민항쟁 방침에 따라 수많은 소부대와 정치일꾼들이 국내로 들어가 전략적 의의가 큰 산줄기들에 조선인민혁명군 부대의 활동기지, 작전기지, 후방기지인 동시에 전민항쟁과 반일애국투쟁에 대한 지도를 담당할 지탱점으로 될 수 있는 비밀근거지들을 꾸렸다.

그뿐만 아니라 국내에서 벌어지는 전반적 혁명운동에 대한 지도를 더욱더 강화하며 전민항쟁 준비의 돌파구를 열기 위해, 조선인민혁명군 수뇌부는 주위의 강한 만류에도 불구하고 10여명의 소부대만을 이끌고 국내로 진출했다.

국내진출의 목적지로 선택된 곳은 신흥과 풍산지구였다. 첫 목적지로 신흥지구를 선택한 것은 바로 이 지구가 함흥, 흥남 등 노동계급이 가장 많이 밀집된 큰 공업도시를 끼고 있었기 때문이었다. 이 지역에는 이미 조선인민혁명군 정치 일꾼들에 의해 부전령산줄기 남쪽기슭에 위치한 신흥지구 울창한 수림 속에 여러 개의 밀영을 꾸려놓고 소부대의 활동거점으로 이용하고 있었다. 그 밀영들 중 어느 한 곳에 흥남지구를 비롯한 동해안 각지에서 활동하는 정치일꾼들과 노조 농조 핵심성원들이 모이게 되어 있었다. 두 번째 목적지로 풍산지구를 선택한 것은 그 지구에 수전공사장 노동자들과 조국광복회 조직에 망라된 천도교인들이 많이 살고 있었기 때문이었다.

조선인민혁명군 수뇌부는 적들의 삼엄한 경계를 뚫고 첫 번째 목적지인 신흥지구 동오골밀영으로 갔다. 가는 도중 일제의 눈을 피해 산중생활을 하고 있던 20명 정도의 청년들을 만났다. 그 청년들은 이구동성으로 투쟁을 하겠다고 했다. 그들에게 9월 호소문을 주고, 부전령 비밀근거지에 있는 소부대 성원들과 연계를 맺도록 조치해 주었다. 그 후 참솔이 무성한 동오골밀영에 도착해, 그곳에 와 있던 30명 정도의 정치일꾼, 지하혁명조직책임자, 노조, 농조의 핵심들과 담화를 나누었다. 그 후 1937년 9월 하순 신흥탄광 마을이 내려보이는 삼밭산에서 조선인민혁명군 정치일꾼 및 지하혁명조직 책임자회의를 열었다. 이 회의에서는 흥남과 함흥, 원산 등 군수공장들이 집결된 동해안지구를 비롯한 국내 도처에 당 및 조국광복회조직들을 비롯해 반일대중단체들을 광범하게 꾸리고 확대할 것, 노동조합과 농민조합을 혁명적 대중조직으로 확대 강화할 것, 국내도처에서 각종 형태의 반일항전을 과감히 전개해 나갈 것 등이 특별히 강조되었다.

신흥지구 사업을 마친 후 수전공사장 노동자들과 천도교인들이 많이 살고 있는 풍산지구로 향했다. 그곳에서 황수원 언제공사장을 돌아보고, 어느 화전

마을의 외진 포수 집에서 박인진과 밤새도록 담화를 나눴다. 이 담화를 통해 조국광복회 운동을 확대발전시켜 나가는 문제를 중심으로 다양한 주제들에 대해 의미 있는 토론이 이루어졌다.

조선인민혁명군 수뇌부의 신흥 풍산지구 진출은 중일전쟁에 대처한 전략적 방침과 9월 호소문에서 밝힌 전민항쟁 방침의 전략적 의도를 국내 민중들 속에 깊이 있게 전달하고, 그 관철을 위한 투쟁을 적극적으로 벌여 나가는 데서 매우 중요한 계기로 되었다. 이후 부전, 함흥, 흥남, 원산, 단천, 풍산, 신흥을 비롯한 국내각지에서는 전민항쟁세력이 급속히 장성하였다. 황수원언제공사장과 함흥 - 신흥지구의 여러 탄광, 광산들에서 노동자돌격대가 조직되고 후치령생산유격대 등이 조직되었으며, 곳곳에서 태업과 오작시공, 폭발사고들과 집단탈출사건들이 일어났다.

함흥, 흥남지구에서 활동한 정치일꾼들은 9월호소문을 접수한 다음 노조와의 사업에서도 혁신을 가져왔다. 그들은 숨어있던 노조관계자들을 100여명이나 찾아내 조국광복회조직에 흡수하였으며 흥남지구 노조를 노동자돌격대의 원천지로 되게 하였다. 정치일꾼들과 조직성원들은 1937년 가을에 천내리세멘트공장 노동자 1,000여명을 망라한 파업투쟁을 조직하여 적들을 당황케한 것을 비롯하여 원산, 문천, 천내리 지구에서도 적극적인 활동을 벌렸으며 감방 속에서도 9월호소문을 선전하면서 투쟁을 계속하였다. 또한 일제가 특수무기를 연구하는 흥남지구의 어느 군수공장에까지 침투하여 의식적인 파괴공작으로 굉장한 폭발사고를 일으켜 커다란 타격을 주었다. 수풍발전소 노동자출신으로서 건설상을 한 최재하는 1930년대 말부터는 한반도 중부이북의 큰 공장, 건설장의 노동자들은 거의 다 백두산과 연결된 조직의 영향 밑에서 움직인 것 같다고 회고했다. 그도 역시 친구들을 따라서 파업과 태업운동에 여러 번 참가한 적 있다고도 했다.

지난시기 여러 가지 약점과 제한성을 가지고 있던 농조운동에서도 새로운 변화가 일어나 기성의 농조들이 혁명적으로 개편되어 조국광복회 하부조직으로 노동운동과 마찬가지로 항일무장투쟁과 밀착돼 혁명적인 대중운동으로 발전하게 되었다.

일제의 대륙침략전쟁에 대응해 거족적인 전민항쟁을 촉구한 9월호소문은 실로 국내의 혁명운동을 우리나라 민족해방운동의 중심적 영도거점이 위치한 백두산과 연결하는 데서 결정적 역할을 하였다. 또한 9월 호소문은 전민항쟁 호소문으로서 항일무장투쟁 대오들에 대중정치사업의 위력한 무기로 되었다. 또한 9월 호소문은 중일전쟁이 발발한 정황에 맞게 노동운동 농민운동을 다시 부활시키고 노선상 전환을 일으키는 계기로 되었다. 이리하여 조선인민혁명군의 적극적인 적 배후 교란작전과 병행해 국내에서 전민항쟁 준비가 힘차게 추진되었다.

# 2
# 난관돌파투쟁의 연대, 1938년

## 열하원정과 혜산사건

열하원정은 중일전쟁 발발을 전후한 시기에 조선인민혁명군의 군사활동과 국내민족해방운동의 발전에 엄중한 난관을 조성하고 전반적인 항일운동 선상에 커다란 손실을 가져다준 하나의 교훈적인 사변이었다. 이 원정은 1930년대 중엽 세계 각국의 혁명운동의 노선과 전략전술이 코민테른의 결정에 따라야 했던 상황에서 매개 나라의 혁명이 겪지 않으면 안 되었던 일반적인 난관이 어떤 것이었는가를 반증하는 대표적 사례로 된다. 또한 우리나라 민족해방운동의 자주노선이 얼마나 간고한 투쟁을 통해 고수되고 관철되었는가를 보여주는 특기할 역사적 사건이다.

열하원정이란 무엇인가? 그것은 한마디로 동북지방의 항일무장부대들이 요서와 열하(중국 하북성 승덕에 위치한 청 황제의 행궁 및 그 일대를 가리키는 명칭.) 방면으로 진출해 동정항일, 실지회복의 구호 밑에 열하 쪽으로 진격하는 노농홍군부대들과의 연합작전으로 중국관내에 쳐들어가는 일제침략군을 제압한다는 것이었다. 코민테른이 추구한 이 원정의 전략적 목적은 북상동정하는 노농홍군과 서정하는 항일연군 부대들이 열하계선에서 합류함으로써 중국관내와 동북지방에서의 항일투쟁의 일체화를 실현하며, 전반적 항일운동에서 새로운 고조를 일으켜 간다는 것이었다.

그 당시 남만의 1군과 길동지구의 4, 5군, 북만의 3, 6군 등 동북지방의 항일연군부대들은 장춘의 동쪽과 동남부 그리고 동북부지역에 반원호모양으로 분포되어 있었다. 코민테른의 전략적 의도는 이 반원호를 서쪽으로 압축하여 장춘을 반달형으로 포위공격하고 열하계선까지 진출하여 북상하는 노농홍군부대와 합세하여 중국관내로 쳐들어가는 일제침략군을 타격하자는 것이었다.

조선인민혁명군의 수뇌부에 열하원정 방침이 처음 전달된 것은 1936년 봄이었다. 이에 대해 김일성은 '열하원정으로 알려져 있는 요서, 열하 지구에로의 원정계획이 처음으로 우리에게 와 닿은 것은 1936년 봄이었습니다. 조선인민혁명군 지휘관들과 왕덕태를 비롯한 동북항일연군부대의 지휘성원들이 함께 있는 자리에서 위증민이 국제당의 지시라고 하면서 열하방면에로의 원정계획을 전달하였습니다.'라고 회고했다.

코민테른은 조선인민혁명군에게도 열하원정을 단행하라는 지령을 여러 차례에 걸쳐 하달했다. 1936년 봄에 처음으로 열하원정을 요구한 데 이어 중일전쟁이 발발된 1937년 여름에도 열하원정을 요구했다. 그리고 1938년 봄에 또다시 열하원정에 참가할 것을 요구했다. 코민테른이 1,2차 원정을 요구하던 1936년과 1937년이라면 조선인민혁명군이 백두산지구와 서간도일대에 진출해 당 창건 준비와 통일전선운동을 적극적으로 추동해 나가는 한편 무장투쟁을 국내 깊이로 확대하면서 기세를 올리던 때였으니, 승산 없는 열하원정 요구를 받은 조선인민혁명군 수뇌부의 심정은 어떠했겠는가? 코민테른은 원정을 강요했지만, 조선인민혁명군 수뇌부는 그것을 무모한 짓이라고 단정했다.

열하원정 계획이 매우 무모하고 비현실적인 군사작전이었다는 것은 중일전쟁 발발 후 더욱 명백히 드러났다. 그런데도 코민테른은 반달형포위라는 꿈을 버리지 않고 항일연군부대들에 승산 없는 서정을 계속 요구했다. 코민테른은 열하원정과 관련된 새로운 지령에서 조선인민혁명군 주력부대가 그전 날 1군이 차지하고 있던 해룡, 길해선 쪽으로 더 깊숙이 들어가서 장춘을 반달 형으로 포위하는 작전에 직접 참가하며 열하 쪽으로 진격하는 1군의 활동을 적극적으로 지원할 것을 요구했다. 이 요구대로 한다면 우리는 조선혁명의 책 원지인 백두산근거지를 떠나 멀리 서쪽으로 이동해야 했다.

중국본토 전체가 싸움터로 된 조건에서 8로군 열하 진격대와 합류하라는 것은 솔직히 말해서 별의의가 없었다. 열하원정 계획이 비현실적인 또 다른 이유는 그것이 유격전의 요구와 맞지 않는다는 데 있었다. 유격대가 산악지대 를 떠나 평야지대로 진출한다는 것은 고기가 물을 떠나 뭍에 오르는 것과 같 은 위험천만한 모험이었다.

조선인민혁명군 수뇌부은 열하원정계획이 중국 동북지방 혁명운동 발전 에 이롭지 못할 뿐 아니라 조선민족해방혁명의 견지에서 볼 때도 매우 일면 적이고 해독적이라고 봤다. 그러면서도 코민테른의 지령을 무조건 배척해버 릴 수 없는 조건에서 그 집행에서 매우 신중성을 견지했다. 위증민은 지령 대로 조선인민혁명군 주력부대가 1군 활동지역인 해룡 길해선(길림-해룡선) 일 대로 나가주기를 원했다. 그의 요구대로 한다면 백두산 지구에서 달성한 군 사 정치적 성과를 공고히 할 수 없었다. 그래서 절충안으로 당분간 임강, 무 송, 몽강 일대에서 유동작전을 벌이면서 조선민족해방운동을 추진시키기 위 한 정치 군사 활동을 하다가 적당한 시기에 그쪽으로 서서히 움직이겠다고 했다.

이리하여 조선인민혁명군 주력부대는 1937년 가을 장백지대를 떠나 몽강 방면으로 이동해 갔다. 주력부대는 1937년 9월 25일 휘남현성 습격전투를 승 리로 이끌었다. 그리고 10월과 11월에 걸쳐 몽강과 휘남현성 등지를 유동하면서 적의 군사적 거점을 공격하거나 토벌대를 매복 습격하는 대소 전투를 벌여 일제에 연속적 타격을 가했다. 그 후 겨울철에 접어들자 몽강현 마당거우 밀영에서 동계 군정학습을 진행했다.

코민테른의 강권에 따른 조선인민혁명군 주력부대의 몽강으로의 이동은 예상치 못한 심각한 사태를 야기했다. 일제는 항일유격대가 장백지구를 비어 놓고 멀리 떠나자 이 기회를 틈타 조국광복회 조직에 대한 전면적인 탄압소동을 불러일으켰다. 이것이 이른바 혜산사건이다. 일제는 혜산과 장백일대에서 1937년 10월~1938년 7월까지 두 번에 걸쳐 무려 739명의 인원을 체포하는 대 검거선풍을 불러일으켜, 우리나라 민족해방운동을 대대적으로 탄압했다.

1930년대 후반기 백두산지구에서 혁명역량이 급속히 성장하자 당황한 일제는 헌병, 경찰, 밀정들을 동원해 삼엄한 경계망을 펴고 혁명가들과 애국적 민중들을 찾아내기 위해 혈안이 되어 날뛰었다. 그러던 1937년 10월 상순 어느 날 일제는 갑산군 운흥면 철도공사장에서 일하던 한 조직성원을 체포하고, 5일후에는 무산군 백무선 철도공사장에서 한 조직성원과 애국적 민중을 체포했다. 이것을 계기로 일제는 혁명가들에 대한 1차 검거선풍을 불러일으켜 혜산과 장백일대의 혁명가들에 대한 대대적 체포와 탄압에 나섰다. 이 때 장백현 지하정치일꾼으로 활동하던 권영벽 이제순, 박인진, 서응진, 박록금을 비롯해 당 및 조국광복회 조직 성원들이 수많이 체포됐다. 제2차 검거는 1938년 5월~10월에 감행됐다. 이때 박달을 비롯한 혁명가들이 수없이 구속됐다. 일제는 검거 투옥된 혁명가들과 애국적 민중들을 야수적으로 고문 학살했다. 그리고 1941년 8월에는 혜산 사건이라는 이름 밑에 함흥지방법원에서만도 167명에게 유죄판결을 내리고 수많은 사람에게 사형, 무기징역을 언도했다. 이 검거사건은 일제의 탄압책동에서 가장 규모가 큰 검거사건이었다.

만일 코민테른이 열하원정을 강요하지 않았더라면 조선인민혁명군은 서
간도를 떠나지 않았을 것이다. 그리고 서간도를 떠나지 않았더라면 '혜산사
건'이 일어났을 때 그것을 제때 수습하고 손실도 최대한으로 줄였을 것이다.
조선인민혁명군 주력부대가 서간도에 그냥 있었으면 적들이 혁명조직들에
손을 대고 싶어도 감히 손을 대지 못했을 것이다. 설사 손을 댔다 하더라도 체
포를 면한 사람들이 산에 들어와 부대에 입대하면 피해를 보지 않을 수 있었
다. 사실 박달도 체포되지 않고 산으로 돌아다녔는데, 항일유격대와 만나지
못해 붙잡히고 말았다.

이 사건으로 하여 우리나라 민족해방혁명은 심대한 타격을 받았다. 국내
당 공작위원회의 적극적인 활동응로 일사천리로 내달리던 당 조직건설 사업
과 조국광복회 조직건설 사업은 심각한 손실을 보았다. 하지만 조선인민혁명
군은 제때 수습책을 세우고 그 손실을 보상하기 위한 투쟁을 힘차게 벌였다.
조선 혁명가들의 불요불굴의 투쟁에 의해 당 조직건설과 조국광복회조직을
확대하는 사업은 중단 없이 계속 줄기차게 진행되었다.

## 1938년 춘기공세와 적 배후교란작전

마당거우 밀영에서 겨울철 군정학습을 진행한 조선인민혁명군 주력부
대는 중국 장백, 임강의 압록강연안 국경일대로 진출했다. 원래 코민테른은
1938년 봄에도 열하원정에 참여할 것을 촉구하는 지령을 보냈다. 그러나 조
선인민혁명군 수뇌부는 열하원정을 처음부터 무모한 전술로 봤다. 그것은 유
격전의 요구에 비춰 봐도 그렇고 초보적인 군사상식에도 어긋나는 무모한 원
정계획이었다. 동북의 현실과 중국혁명의 요구, 그 계획의 군사적 타당성 여
부를 정확히 타산하지 못했다. 또한 중국혁명의 현 실태에 대한 정확한 통찰
이 부족할 뿐 아니라 조선혁명에 대한 고려가 전혀 없는 주관주의적으로 작성
된 좌경 모험주의적 계획이었다.

조선인민혁명군 수뇌부는 코민테른의 지시라 하더라도 자주성의 원칙에서 자기 나라 혁명의 요구와 구체적 실정에 맞게 받아들여야 한다는 입장에서 이 문제를 대했다. 조선혁명의 이익과 국제적 이익, 자주성의 원칙과 국제주의를 옳게 결합하는 원칙을 일관되게 견지해 1938년 봄 코민테른이 열하원정을 또 강요했을 때 조선인민혁명군의 진출방향을 중국 장백, 임강 압록강 연안 국경일대로 정하고 춘기공세를 벌여나갔던 것이다.

1938년 춘기공세의 목적은 무엇이었는가? 그것은 첫째 일제의 배후를 끊임없이 교란해 적들에게 커다란 군사 정치적 타격을 주는 데 있었다. 둘째는 압록강 연안 국경일대의 파괴된 혁명조직들을 복구 정비하며, 국내를 비롯한 각 지방에 파견된 소부대, 소조, 정치일꾼들과 민중들의 혁명적 기세를 더욱 높여 주는 데 있었다. 이를 통해 항일무장투쟁의 발전을 촉진하며, 나아가 중국민중들의 반일항전을 적극적으로 고무하자는 것이었다.

조선인민혁명군 주력부대는 압록강 국경지대로 진출해, 장백현 가재수전투와 12도구전투, 임강현 6도구전투와 쌍산자전투, 오가영전투, 가가영전투, 신태자전투 등을 통해 일제에 커다란 군사 정치적 타격을 가하는 한편 각지에 소부대들과 정치일꾼들을 파견해 군사성치활동을 적극 벌여 나갔다.

조선인민혁명군이 압록강연안지역에서 춘기공세를 벌이고 있을 때 동북항일연군 1군 군장 양정우는 중일전쟁 발발로 급격히 앙양되는 항일기세를 이용해 열하원정을 기어이 성공시켜 보려고 악전고투하고 있었다. 그러나 1938년 봄 1군의 부대들은 원정을 개시하자마자 포위 속에서 고전을 면치 못했다. 설상가상으로 1사 사장이었던 정빈이 부대를 데리고 적들에게 투항하는 비상사태까지 일어나 1군의 서정계획은 뒤죽박죽이 되었다. 7월 중순 양정우는 노령에서 1군 긴급간부회의를 소집하고 정식으로 서정계획을 취소하는 한편 군

내비밀 누설을 막기 위한 군의 개편조치를 취했다.

조선인민혁명군은 이런 사태에 직면해 1군을 지원하기 위한 활동을 개시했다. 1군을 도와주기 위해 무기와 군수물자들을 마련한 다음 일부 부대들로 하여금 몽강현을 에돌아 금천, 유하현을 거쳐 통화계선으로 부분적인 군사적 이동을 시작했다. 이것은 1군부대들을 포위하고 있는 적의 역량을 분산시키고 1군 전우들에게 포위를 돌파할 가능성을 열어주기 위한 것이었다. 조선인민혁명군 주력부대는 통화 - 임강 사이의 8도강부근 도로 공사장을 습격하여 삽시간에 아수라장으로 만들어놓고 경비 병력을 소멸한 것을 비롯하여 임강현 8도강(8도강전투), 외차구(외차구전투), 내차구 일대에서 적을 족친데 이어 무송현 서강전투를 벌려 적들의 이목을 집중시켰다.

조선인민혁명군 주력부대가 1938년 봄과 여름에 걸쳐 진행한 영활한 전술적 이동과 공격작전은 일제의 3개년 숙정계획을 완전히 파탄시켜냄으로서 일제에 커다란 타격을 주었다. 또한 적들에게 인민혁명군의 활동을 종잡을 수 없게 만들어 놓음으로써 우리나라 민족해방운동의 새로운 앙양을 일으켜 나가는데 유리한 국면을 마련할 수 있게 했다. 동시에 무모한 열하원정으로 난관을 겪고 있던 동북항일연군 부대들의 어려운 처지를 개선하는 데 결정적 도움을 주었다.

조선인민혁명군 수뇌부는 혜산사건으로 파괴된 국내 혁명조직들을 복구 정비하며, 전국적 판도에서 항일무장투쟁과 전민항쟁 준비사업을 급속히 확대하기 위한 사업도 완강하게 추진해 나갔다. 조선인민혁명군 당위원회는 1937년 11월 하순 비상회의를 열고 혜산사건에 대한 대응대책을 수립했다. 이후 혜산사건의 후유증을 극복하고 당 건설과 조국광복회 조직건설 사업을 완강하게 추진해 나갔다. 1938년 5월에는 적들의 삼엄한 경비진을 뚫고 백두산

밀영에 진출해 김정숙 대원을 국내 대진평 지구에 파견해 검거선풍을 피해 은신해 있는 박달을 비롯한 국내혁명가들에게 파괴된 혁명조직을 시급히 복구 정비하기 위한 구체적 방도와 활동방향을 제시해주도록 하는 조치를 취했다. 그리하여 정치일꾼들의 적극적인 활동으로 국내와 만주 여러 지역에서 야수적 탄압이 여전히 계속되는 어려운 조건에도 불구하고 당 및 조국광복회 조직들이 급속히 복구 정비되고, 확대되어 갔다.

또한 조선인민혁명군 수뇌부는 북부조국일대에서 무장투쟁을 급속히 확대 발전시키기 위해 1938년 4월 국내에 북선반일인민유격대 조직방침을 제기하고 그 대장으로 주력부대 7연대 중대장 최일현, 정치위원 박달을 임명했다. 그리고 5월 백두산 밀영 회의에서 그 조직준비사업을 적극적으로 추진시키도록 조치했다. 이러한 방침에 따라 조선인민혁명군 소부대 성원들과 조선민족해방동맹에서는 북선 반일인민유격대 조직 준비사업을 적극 밀고 나갔다. 조선인민혁명군 수뇌부는 1938년 8월 주력부대 일부성원을 친솔하고 신흥지구를 비롯한 북부조국일대와 중부조국의 양덕지구에까지 진출해 그곳에서 활동하고 있던 소부대, 소조들과 정치일꾼들의 사업을 지도하고 국내에서 혁명투쟁을 더욱 강화하기 위한 새로운 대책을 강구했다.

조선인민혁명군 수뇌부는 1938년에 간백산일대에 전민항쟁 준비를 위한 핵심육성지기를 꾸리고, 9월에는 직접 간백산 밀영에 진출해 강습소 건설과 운영에서 나서는 구체적인 문제에 대한 대책을 세우고, 이곳에서 전민 무장봉기를 일으키는데 필요한 군사정치적 지식과 능력을 갖춘 핵심들을 수많이 키워내며, 전국 각지에 파견하는 사업도 적극적으로 밀고 나갔다. 이렇듯 중일전쟁 발발 후 전민항쟁 준비 사업이 더욱 적극적으로 추진되었다. 이로써 국내 곳곳에 여러 가지 명칭의 전민항쟁 조직들이 나오게 됐으며, 노동자, 농민, 청년학생들과 지식인들 각계각층 민중 속에서 반일반전 흐름이 급속히 확대되어 나갔다.

조선인민혁명군 수뇌부는 그 어떤 정세 속에서두 조선혁명의 자주적 대를 군건히 고수하시고 전진도상에 부닥치는 모든 문제를 주체적 입장과 혁명적 원칙성으로부터 출발하여 풀어나갔다. 그렇기에 일제의 대륙침략책동과 거의 때를 같이하여 강요된 코민테른의 좌경모험주의적인 열하원정노선의 후과로 전반적인 항일혁명운동에서 혼란이 조성되고 있었던 어려운 시기에도 우리 민족해방혁명은 추호의 흔들림도 없이 자주의 기치를 높이 들고 계속 앙양을 일으켜나갈 수 있었다.

### 김일성부대를 찾아온 양세봉의 조선혁명군 부대

1932년 4월 25일 안도 토기점골 등판에서 반일인민유격대를 창건한 후 김일성의 첫 번째 활동은 남만원정이었다. 그 당시 남만원정의 주된 목적은 양세봉 부대와의 합작 실현이었다. 그때 양세봉부대와의 합작은 일제의 간교한 방해 때문에 성사되지는 못했지만, 김일성부대는 양세봉독립군 부대원들에게 깊은 인상을 남겼다. 그 당시 미완으로 남겨졌던 독립군과의 합작제휴노선은 몇 년이 흐른 1930년대 후반기에 이르러서 결실을 맺게 된다.

조선인민혁명군은 조국광복회를 창건한 후 독립군과의 합작 제휴노선을 완강하게 추진해 나갔다. 우선 통신원을 파견해 조국광복회 창립선언과 10대 강령을 보냈다. 그리고 남만에 있는 항일연군 부대에서 활동하는 조선인 유격대원들이 합작을 실현하기 위한 노력을 기울였다. 남만에서 활동하는 이동광이 조국광복회 남만대표 자격으로 그들과의 사업을 맡아 했다. 그런데 독립군 측은 요지부동이었다. 양세봉 희생이후 조선혁명군 사령(독립군대장)은 김활석이었는데, 그는 완고한 반공주의자였다. 당시 독립군 내부에는 새 사조를 동경하고 연공을 지향하는 사람들도 적지 않았지만, 국민부 시절부터 고이허나 현

묵관 같은 지독한 반공광신자들을 추종해 오던 우익계층이 만만치 않은 세력을 이루고 있어, 그들과의 합작노력이 잘 진척되지 않았다.

조선혁명군(독립군부대)을 연공의 길로 돌려세우는 것은 독립군 병사 수백 명의 운명과 관련된 문제로서 한시도 지체할 수 없는 중대사였다. 그 당시 조선인민혁명군 수뇌부가 독립군과의 합작에 그처럼 큰 의의를 부여한 것은 그들의 덕이나 보자고 그런 것은 아니었다. 1936년이면 조선인민혁명군이 역량상으로나 군사기술적으로나 대단히 강성해졌을 때였다. 독립군의 도움을 받지 않고서도 독자적으로 잘 싸울 수 있었다. 반면에 독립군은 내리막길을 걷고 있어 처지가 매우 어려웠다. 대오는 줄고, 무기는 모자랐다. 먹을 것도 입을 것도 나올 데가 없었다. 그래서 토비로 전락할 정도로 부패변질되었다. 독립군 내부는 점차 군기가 문란해지고 도주자가 연달아 생겨났다. 독립군의 처지는 말 그대로 사면초가였다.

당시 독립군지휘관들은 일만군경의 토벌과 내부의 사상적 혼란으로 인한 군의 붕괴를 막아보려고 애태웠다. 독립군 내부문제에서 제일 문제가 되는 것은 패배주의였다. 패배주의는 적들에게 투항하는 것으로도 표출되고, 대오에서 도망가는 것으로도 표현됐으며, 토비로 전락한 것으로도 표현되었다. 그런데 김활석을 비롯한 일부 군 상층인물들은 장개석군대의 원조에 기대를 걸었다. 국민당에 대한 환상을 갖고 그들의 지원을 받아 군을 유지해 보려 했다. 이러한 사대주의로는 문제를 올바로 해결할 수 없다.

사대주의란 별것 아니다. 힘이 약할 때 남을 쳐다보거나 남의 덕으로 살아갈 궁량을 하게 되면 스스로 사대주의가 생겨나는 법이다. 자기 힘을 믿지 않거나 그것을 과소평가하게 되면 아무리 애국심이 강했던 사람도 사대주의자로 전락될 수 있다. 당시 독립군(민족주의 군대)이 갖고 있던 가장 치명적인 사상적 한계가 바로 자기 자신과 자기나라 민중의 힘을 믿지 않은 데 있었다. 그런 사람들이 가닿는 종착점은 사대주의밖에 없으며, 사대주의가 안내하는 길은 매국과 반역이다. 사대주의자들치고 조국과 민족을 깔보지 않는 자가 없으며, 자기 조국과 민족을 깔보는 사람치고 매국과 반역으로 가지 않는 자가 없다는 것은 지나간 역사가 증언해 준다.

조선혁명군의 대장 김활석을 비롯한 많은 상층 지휘관들이 국민당에 기대를 걸고 있었지만, 적지 않은 지휘관들은 장개석을 믿지 않고, 조선인민혁명군과의 연합에 훨씬 더 관심을 갖고 있었다. 이러한 독립군 병사, 지휘관들은 소문에 의한 것만이 아니라 실지 경험을 통해 조선인민혁명군이 어떤 군대라는 것을 알았다. 이런 사람들의 대표격인 사람은 최윤구였다. 최윤구는 김활석 다음의 부사령격에 해당하는 인물이었다. 그는 일찍이 조국광복회 창립선언문과 10대 강령을 전달받고 매우 만족해했다.

이러한 독립군 내부의 실태를 파악한 조선인민혁명군 수뇌부는 남만으로 떠나는 최춘국에게 독립군과의 합작 사업을 추진하도록 임무를 주었다. 최춘국은 최윤구에게 사령관의 편지를 전달한 다음 두 군대의 합동문제를 놓고 비밀담판을 벌였다. 최춘국이 공동항일에 대한 조선인민혁명군 측의 입장을 설명하자 최윤구는 두 부대를 합치는 데 대뜸 찬성하며 아래와 같이 말했다.

"우리 부대는 허울만 있지 속을 들여다보면 사실 다 파먹은 김치독이오. 내 개인의 심정을 말한다면 부대를 데리고 당장 김성주대장한테로 찾아가고 싶소. 사령령감이 정 고집을 부리면 나 혼자서라도 혁명군을 찾아갈 작정이요."

그 때 최춘국은 다음과 같이 설득했다.

"우리는 독립군의 분열을 바라지 않습니다, 부사령 선생이 자기 지지자들을 데리고 백두산으로 오는 것도 좋지만 어떻게 하나 사령영감을 잘 이해시켜 조선인민혁명군과 연합을 실현시켜 주십시오"

최윤구는 사령을 설득할 자신이 없다고 하면서도 공동항일을 성사시키기 위해 노력하겠다고 약속했다. 공동전선을 해야 살길이 열린다는 것은 그가 독립군의 부패변질 과정을 직접 경험하면서 얻는 피의 교훈이었다. 그는 독립군이 몰락해 가는 근본적 원인을 민중적 기초에서 찾았다. 독립군이 광범한 민중의 적극적인 지지성원을 받지 못하고 고군분투하는 것도 민중적 기초가 약한데 있고, 부패변질을 멈춰 세우지 못하는 것도 민중적 기초가 견실하지 못한 데 있다고 봤다. 민중을 떠나 민중 위에 군림하고 있는 독립군의 전망은 암담하지만, 민중 속에서 태어나 민중과 운명을 함께 하는 인민혁명군의 앞날은 무한히 창창하다고 봤다. 최윤구는 독립군이 쇠퇴, 고립, 붕괴되어 가는 근본원인을 바로 여기에서 찾고, 인민혁명군과의 연합을 실현한 다음 그들이 구축해놓은 민중적 지반위에서 활동할 때만이 민족 앞에 지닌 본연의 사명을 충실히 수행할 수 있다는 결론에 도달했다.

최윤구의 설득에도 불구하고 김활석은 인민혁명군과의 연합은 그들만이 이득을 얻고 독립군은 자기 존재를 끝마치게 된다고 하면서 합작제의를 일축했다. 사령(김활석)과 부사령(최윤구) 사이에 담판이 공회전을 거듭하고 있는 사이에 부대의 형세는 더욱 악화됐다. 식량과 피복이 떨어진 데다가 적의 포위 속에 빠져들어 꼼짝달싹 못 하게 됐다. 설상가상으로 도주자, 귀순자, 아사자들이 속출해 병사들의 사기는 땅에 떨어졌다.

최윤구는 더 이상 지체할 수 없다고 판단하고 최종담판을 했다. 사령이 결단을 내리지 못한다면 나는 연합을 지지하는 사람들만이라도 데리고 김일성

사령에게 갈 수밖에 없다고 을러댔다. 막다른 골목에 빠진 김활석은 최윤구의 제의에 동의하고, 전체 병사들을 소집했다. 사령은 부대가 겪고 있는 어려운 처지에 대하여 비장히게 설명하고 나서 "당신들 중에서 김일성부대를 찾아갈 의향이 있는 사람들은 앞으로 나서라."고 말했다. 사령의 속셈을 간파할 수 없었던 대원들은 처음에는 아무런 대꾸도 없었다. 혹시 연공분자를 색출할까봐 두려워서였다. 그런데 그때 김명준이 앞으로 나섰다. 그러자 그의 뒤를 이어 수많은 대원들이 앞으로 나섰다. 이렇게 부대는 둘로 쪼개졌다. 그때 양쪽 대원들 모두 울었다. 독립군은 두 패로 나뉘어 조선이 독립되는 날 다시 만날 것을 기약하고 각기 다른 방향으로 떠났다. 한 부대는 최윤구의 인솔 하에 조선인민혁명군을 찾아 떠났고, 몇십명만 남은 다른 부대는 김활석의 지휘아래 봉황성 부근으로 이동했다. 남만 지방에 유일하게 남아서 일제에 저항했던 국민부군대(조선혁명군)는 이렇게 해체됐다.

최윤구 부대는 우여곡절 끝에 김일성부대를 찾아 합류했다. 최윤구는 남패자에서 김일성을 만났다. 그는 그때 "나는 먼 길을 에돌아서 이렇게 성주대장의 곁으로 찾아왔소. 곧바로 올수도 있는 길이였는데… 우리가 너무도 우유부단했거든."라고 김일성장군에게 이야기했다. 최윤구의 거사는 우리나라 민족해방운동과 민족통일전선의 역사에서 대서특필할만한 의의를 갖는 경이적인 사변이었다. 항일무장투쟁 초기부터 시종일관하게 견지해왔던 통일전선 정책의 승리였으며, 조국광복회 10대 강령을 관철하기 위한 투쟁에서 이룩한 또 하나의 승리의 탑이었다. 최윤구의 거사는 이념이 다르고 신앙과 정견이 서도 다른 사람일지라도 나라와 민족을 진실로 사랑하는 마음을 지니고 있으면 얼마든지 단결하고 화합할 수 있다는 것을 증명해준다.

### 남패자 회의
1938년 가을에 이르러 항일무장투쟁의 앞길에는 엄혹한 난국이 조성되었다.

몽강현 남패자회의 유적지

　일제는 관동군 주력사단들의 대부분과 위만군, 지방무장경찰대까지 총동원하여 압록강, 두만강연안의 군사전략상 중요 지대들에 배치하고 항일무장부대들에 대한 소위 토벌을 더욱 악랄하게 감행하였다. 특히 조선인민혁명군을 토벌의 기본대상으로 삼고 군사적 공세와 함께 집단부락의 건설, 교통통신시설의 신설 완비 등으로 혁명군의 생존조건을 봉쇄하는 치본공작, 공산주의사상 및 반만항일사상을 말살하는 사상공작과 귀순공작 등을 골자로 하는 문화토벌을 집요하게 벌였다. 동시에 도처에서 혁명조직과 애국적 민중들에 대한 대대적인 탄압책동을 감행하였다.

　이러할 때 코민테른이 강요한 좌경모험주의 노선에 따라 본래의 유격구역를 떠나 열하원정에 뛰어들었던 남만의 중국인 항일연군부대(양정우 부대)들이 적의 포위에 들어 거의 괴멸적인 손실을 보게 되었다. 그로 인해 조선인민혁명군은 백두산서남부일대에 증강된 적의 대병력과 거의 단독으로 맞서 싸우지 않으면 안 되었다.

조선인민혁명군은 열하원정의 후유증을 극복하고, 일제의 발악적 공세에 대처하기 위해 몽강현 남패자에서 조선인민혁명군 군정간부회의를 개최했는데, 이 회의가 유명한 남패자회의이다. 이 회의에는 열하원정에 나섰다가 키다란 피해를 입은 양정우부대도 참가했다. 항일연군 1로군 군장 양정우는 김일성을 만난 자리에서 그동안 거듭되는 열하원정으로 모두가 큰 피해를 보았는데 조선인민혁명군이 역량을 이렇게 고스란히 보존한 것은 김사령이 주견을 가지고 부대를 잘 이끌어온 덕이라고 하였다. 그는 자기네 부대에 조선사람들이 없었더라면 적의 포위를 뚫지 못하고 전멸당했을 것이라고 하면서 김사령이 조선인 일꾼들을 많이 키워 파견해 준 데에 대해 진정으로 고맙다고 치하했다.

양정우 장군이 지휘하는 제1군은 정빈의 배신으로 야기된 새로운 상황에 대한 긴급대책을 세우기 위해 1938년 7월에 2차 노령회의를 개최했다. 이후 양정우가 지휘하는 1로군 주력 일부는 노령산 근거지를 떠나 몽강과 화전방면으로 이동했는데, 이 과정에서 일만 군경의 엄중한 포위와 추격을 받게 되었다. 이 때 포위를 타개할 수 있었던 유명한 전투가 1938년 10월 임강현 이차구에서 전개된 반포위 돌격전이었다. 이 전투는 피아간에 많은 사상자를 냈는데, 이 전투에서 조선항일유격대 소속으로 제1군 지원을 위해 파견된 경위려 3단의 박선봉부대와 박성철부대의 희생적인 투쟁으로 양정우부대가 포위를 돌파할 수 있었다. 그 후 양정우 장군은 희생된 박선봉대원을 추모하면서 '박선봉동지가 지휘한 경위려 3단의 헌신적이며 대담한 돌격전이 아니었다면 우리 부대 500명은 큰 손실을 면치 못했을 것이다'고 회고했다.

남패자회의는 1938년 11월 25일부터 10여 일 동안 진행됐으며, 열하원정의 좌경 모험주의적 본질과 그 엄중한 후과가 신랄하게 분석 비판되었고, 그 후과를 가시기 위한 대책이 진지하게 논의되었다. 김일성은 이 회의에서 '조성된 난국을 타개하고 혁명을 계속 전진시키자'라는 연설을 통해 열하원정에 대한 평가, 자주적 입장 견지와 올바른 정세판단의 중요성, 당면 활동방침을 제시했다.

이 회의에서는 먼저 열하원정에 대한 평가토론이 있었다. 이 회의에서 열하원정 계획은 조성된 군사 정치정세로 보나, 유격전쟁의 원칙으로 보나, 지역적 대상으로 보나 매우 무모한 계획이었다고 비판되었다. 그리고 혁명의 전도에 난국이 조성된 것은 좌경적인 열하원정 계획을 작성해 내리 먹인 코민테른에 있는 일부 사람들의 모험주의적 책동에도 커다란 책임이 있다고 비판했다. 그러면서 조선민족해방혁명에서 철저하게 주체를 확립하고 자주적 입장을 견지해야 하며, 정확한 정세판단에 기초해서 올바른 전략전술을 수립해야 한다는 점이 특별히 강조되었다.

남패자회의에서는 이러한 평가와 당면 정세에 대한 과학적 분석에 기초해 두 가지 당면 행동방침을 결정했다. 첫째는 조선인민혁명군 부대들이 시급히 백두산을 중심으로 한 국경일대로 진출하는 것이며, 둘째는 광활한 지역에서 군사 정치활동을 더 활발히 조직 전개하는 것이다.

당시의 상황에서 백두산을 중심으로 한 국경지대로 진출하는 문제는 매우 절박했다. 이 시기 일제는 조선인민혁명군이 일시적으로 백두산 근거지를 떠난 기회를 이용해 마치 인민혁명군을 진압 소멸해버린 듯이 조선민중을 기만하는 악선전을 계속해대고 있었다. 이러한 조건에서 조선인민혁명군이 백두산을 중심으로 한 압록강, 두만강 연안에 진출해 적극적인 군사 정치활동을 벌여야 일제식민통치에 강력한 타격을 줄 수 있으며, 조선민중들에게 조국광복의 희망과 신심을 안겨주고 그들을 항일민족해방투쟁에 힘 있게 조직 동원할 수 있었다. 또한 파괴된 혁명조직들을 시급히 복구 정비하기 위해서라도 하루속히 국경일대로 진출해야 했다. 김일성은 연설에서 조선인민혁명군부대들이 다시 백두산일대로 진출하는 것은 쉬운 일이 아니지만 조선혁명을 계속 줄기차게 발전시키기 위하여 어떠한 난관과 위험이 앞을 가로막아도 그것을 용감히 뚫고 나가자고 호소했다.

이와 함께 광활한 지역에서 군사 정치활동을 더 활발히 벌여나가는 문제가 토의되었다. 당시 정세에 비춰 볼 때 조성된 난국을 타개하고 우리나라 민족해방투쟁을 계속 앙양시켜 나가려면 활발한 군사정치활동을 벌여 나가야 했다. 이날 회의에서는 군사활동에서 유격전의 기본 요구를 옳게 구현하는 문제가 집중적으로 논의되었다. 유격전의 기본 요구에 맞게 집중과 분산, 영활한 기동전을 벌여 적에 대한 전술적 우세를 확고히 보장하는 방향과 방도가 제기되고 깊이 있게 토론되었다. 전술적 우세만이 군사 활동의 성과를 최대한 높이고 일제의 발악적 책동을 분쇄할 수 있는 유일한 방안이라는 점이 특별히 강조되었다. 김일성은 이상과 같은 방법으로 일제의 동기토벌 책동을 완전히 파탄시켜 내고, 모든 기회와 가능성을 다 이용해 대중정치 사업을 활발히 벌여 나가자고 호소했다.

남패자 회의에서는 인민혁명군 부대들의 개편문제도 토의 결정되었다. 회의에서는 인민혁명군부대들을 여러 방면군으로 편성하고, 각 방면군의 활동지역도 분담했다. 제1방면군은 남만의 통화, 관구, 집안, 차인, 해남, 휘룡, 금진 등의 지구를, 제2방면군은 조선, 장백, 임강, 안도, 화룡, 연길 등의 지구를 , 제3방면군은 돈화, 액목, 영안, 동녕, 왕청, 훈춘 등의 지구를 활동지구로 정했다. 조선인민혁명군 주력부대는 제2방면군으로 편성되어 국내와 압록강, 두만강 연안에서 활동하기로 했으며, 김일성이 제2방면군을 직접 지휘하기로 했다. 김일성은 양정우, 위증민에게 많은 조선인민명군 대원들을 보내 주었고, 심지어 전령병까지 그들에게 넘겨주었다(양정우는 1940년 2월 몽강현의 한 수림 속에서 적 토벌대와 맞서 싸우다가 영웅적으로 최후를 마쳤다. 양정우가 마지막결전을 벌리던 그 시각에 그의 곁에는 경위대원들밖에 없었다. 양정우를 마지막까지 호위한 사람은 김일성이 남패자에서 넘겨준 전령병 이동화였다.). 이렇게 함으로서 그들의 전투력과 사기를 높여 주고, 조중 두 나라 혁명군 사이의 친선과 우애를 두텁게 했다.

남패자회의는 우리나라 민족해방혁명의 주체성을 확립해 나가는 길에서 큰 족적을 남긴 회의였다. 또한 조성된 난국을 주동적으로 타개하고 무장투쟁을 중심으로 하는 전반적인 민족해방운동을 계속 앙양시켜 나가는 데서 새로운 이정표로 되었다. 이에 대해 김일성은 다음과 같이 회고했다.

《남패자 회의는 남호두 회의와 함께 조선혁명과 동북혁명의 주체성을 강화하는데서 큰 몫을 담당했다고 말할 수 있습니다.》

남패자회의에서는 주체적인 노선과 전략전술에 따라 독자적 판단과 결심으로 자기나라의 특성과 실정에 맞게 혁명을 자주적으로 해나가려는 조선혁명가들의 의지가 재천명 되었다. 이것이 남패자회의 정신이었다. 이 정신은 조선인민혁명군 전체대원들에게 커다란 긍지와 자부심을 안겨주고 힘과 용기를 북돋워 주었다. 이러한 남패자회의 정신이 있었기 때문에, 조선인민혁명군 대원들은 적들이 겹겹으로 포위하고 있던 그 준엄한 환경 속에서 장백의 설령과 설원을 헤치고 조국 땅에 나가 승리의 총성을 울릴 수 있었다.

남패자회의는 또한 코민테른이 지시한 좌경모험주의적인 열하원정노선에 맹목적으로 순응하여 심대한 손실을 당한 동북항일연군부대들로 하여금 심각한 교훈을 찾고 중국 동북지방에서의 혁명운동을 힘 있게 전진시켜나가도록 하는 데서도 중요한 계기로 되었다.

# 3
# 고난의 행군을 승리의 행군으로

**험로역경의 고난의 행군**

　1938년 12월 초 조선인민혁명군 주력부대는 남패자회의 방침에 따라 남패 자로부터 장백에 이르는 110여일간의 행군을 단행해 또다시 북부 국경일대 로 진출했다. 이 행군은 '적과 부단한 조우전을 진행하면서, 굶주림을 참고 눈 길을 헤치며 진행한 인간의 상상을 초월하는 간고하고 어려운 고난의 행군' 이었다.

　당시의 정세로 볼 때 조선인민혁명군이 국내로 나갈 형편이 못되었다. '치 안숙정 3개년 계획'에도 불구하고 항일유격대 소탕에 실패한 일제는 1938년 겨울철에 접어들면서 대대적인 토벌작전을 수행하기 위해 동변도 일대에 10 만 명 이상의 대 병력을 투입했다. 10만의 대병력으로 몽강일대를 포위해 오 던 일제는 조선인민혁명군 주력부대가 이동을 개시하자 지상부대와 항공대 의 협동작전을 펼쳐 집요한 추격전을 전개했다. 이처럼 불리한 정황이었음에 도 불구하고, 조선인민혁명군 주력부대는 압록강 연안으로 진출하는 일대 모 험을 단행했다. 왜 그러했는가? 이에 대해서는 김일성의 다음과 같은 회고를 통해 유추해 볼 수 있다.

《 우리가 고난의 행군을 한 1938년 말 - 1939년 초는 항일무장투쟁 역사에서 가장 어려운 시련의 시기였습니다. 그 당시의 정세를 보면 우 리가 대부대를 데리고 조국으로 나갈 형편이 못되었습니다. 엄광호와 같은 사람이 혁명의 저조기가 왔다고 공공연하게 떠들 정도로 정국은 우리한테 매우 불리했습니다. 그런 때에 대부대가 국내진출을 단행한다는 것은 사실상 하나의 큰 모험이었습니다.

그럼에도 불구하고 우리는 대담하게 국내진출을 위해 압록강연안에로의 행군을 단행했습니다. 왜 그렇게 했는가? 우리 혁명 앞에 닥쳐온 역경을 순경으로 전환시키기 위해서였습니다. 앉아서 걱정만 해가지고서는 문제를 풀 수 없었습니다. 물론 밀영 같은데 들어가서 배겨있으면 한해 겨울을 무사히 보낼 수도 있고 역량은 보존할 수 있었습니다. 그러나 그런 방법으로 현상유지나 해가지고서야 어떻게 혁명 앞에 조성된 난국을 타개할 수 있겠습니까. 그래서 우리는 힘이 들더라도 고난의 행군을 해서 조국에 나가기로 했습니다.

혁명을 계속 앙양시키자면 그 방법밖에 없었습니다.

1938년은 서간도지구와 국내인민들의 사기가 떨어졌던 때입니다. 혜산사건으로 해서 수많은 지하조직원들이 잡혀가게 되자 국내혁명운동은 시련을 겪기 시작하였습니다. 그런데다가 적들은 인민혁명군이 다 망했다고 들입다 선전해대고 있었습니다. 망하지 않은 것을 망했다고 했지만 그런 선전이 적지 않은 사람들에게 먹혀들어갔습니다. 적들의 선전이 가짜라는 것을 잘 아는 사람들조차도 혹시나 하는 생각을 가지지 않을 수 없을 정도로 인민들한테 굴러들어가는 것은 모두가 흉흉한 소식들뿐이었습니다. 한다하는 혁명가들조차도 신심을 잃고 백두산쪽만 바라보았습니다.

선전활동을 하는데서는 적들이 우리보다 훨씬 더 유리한 조건을 가지고 있었습니다. 그들은 막강한 선전수단을 가지고 합법적으로 선전활동을 할 수 있었습니다. 어느 날 어디에서 혁명군이 전멸되었다는 충격적인 기사를 신문에 그럴듯하게 실어 수만 부 내보내면 그 기사를 수천 수만 명이 보았습니다. 방송도 그 선전에 합세하였습니다.

우리에게 있는 선전수단이란 대내에서 발간하는 몇 종의 신문, 잡지들과 선동삐라, 격문 같은 것들이 고작이었습니다. 거기에 각 지방의 지하조직들에서 찍어내는 얼마간의 인쇄물이 있었을 뿐입니다. 그러나 그것마저도 비합법적인 방법으로 힘들게 배포하지 않으면 안 되었습니다. 한 장의 삐라를 뿌린 것 때문에 목숨을 내놓은 애국자들도 있었습니다. 한 배낭쯤 되는 삐라를 지고 국내에 들어가자고 해도 지하공작원들은 죽음을 각오해야만 했습니다.

혁명군이 녹아났다고 적들이 선전할 때 그것을 허위라고 까밝히며 혁명군이 살아있다고 선전하는 제일 좋은 방법은 국내에 들어가서 총소리를 내는 것이었습니다. 총소리만 내면 지하조직도 많이 내올 수 있었습니다.

서간도에서 온 연락원의 말에 의하면 장백지구의 지하조직들은 대부분 파괴되었다고 하였습니다. 국내에서도 숱한 사람들이 검거되었는데 살아남은 조직원들은 어디에 가 숨었는지 연계를 지을 수 없다고 했습니다.

우리는 그런 보고들을 받고나서 아무리 다 마사졌다고 해도 그루터기야 좀 남아있을 수 있지 않겠는가, 그루터기만 남아있으면 조직들을 다시 부활시킬 수 있을 것이다, 어쨌든 장백에 나가서 조직을 수습해놓고 그런 다음 조국에도 나가기로 하였습니다.

그때 어떤 사람들은 마당거우에서처럼 한해 겨울동안 밀영에 들어앉아 군정학습을 하다가 날씨가 따뜻해진 다음에 새로운 작전을 펼쳐도 되지 않는가, 엄동설한에 고생을 사서 할 필요가 있겠는가고 하였습니다.

우리는 그런 말을 따를 수 없었습니다. 국내의 반일투쟁이 준엄한 시련을 겪고 있는 때에 어떻게 앉아서 보고만 있을 수 있겠습니까. 고생이란거야 혁명초기부터 밥 먹듯 해온 것이니 새삼스러울 것도 없었습니다. 우리가 뭐 역사에 없는 고생을 한두번만 해왔습니까. 국내의 반일투쟁이 시련을 겪고 있고 국내인민들이 백두산 쪽만 쳐다보는데 조국해방의 사명을 스스로 걸머지고 나선 혁명군이 팔짱을 끼고 그것을 강 건너 불 보듯 할 수야 없지 않습니까.

나무껍질을 우려먹으면서라도 조국으로 가자, 희생도 있을 수 있고 우여곡절도 있을 수 있다, 총검의 숲을 헤치고 가야 할 노정인데 어찌 간난신고가 없겠는가, 그렇더라도 발자국을 크게 찍어보자, 와지끈 통탕하고 부딪쳐보자 하는 것이 그 당시의 내 심정이었습니다.

이상에서 말한 것이 우리가 고난의 행군을 하게 된 동기라고 할까, 통속적으로 표현하면 고난의 행군의 목적은 국내를 한번 들었다 놓자는 것이라고 말할 수 있을 것입니다.

항일무장투쟁을 하는 기간에 어려운 행군이 여러 차례 있었습니다. 1932년 가을에 우리가 부대를 이끌고 안도에서 왕청으로 갈 때의 행군도 어려운 행군이었고 1차 북만원정을 갔다가 간도로 돌아올 때의 행군도 어려운 행군이었으며 1937년 초봄의 무송원정도 어려운 원정이었습니다.

그런데 몽강현 남패자로부터 장백현 북대정자에 이르는 행군은 행군기간으로 보나 그 간고성으로 보나 종래의 행군들과는 대비도 할수 없는 간고한 행군이었습니다. 행군기간이 100여일이나 되기 때문에 이 행군은 '100일행군'이라고도 불리고 있습니다. 기간을 보면 사실 110여일이나 되는 행군이었습니다. 고생이 너무도 막심했기 때문에 그 행군을 가리켜 '고난의 행군'이라고 명명했습니다.》

이렇게 1938년 12월 초부터 1939년 3월 말까지 110여 일 동안 계속된 고난의 행군이 시작됐다. 이 행군이 유례없이 어려운 행군으로 된 까닭은 적들의 끊임없는 추격과 포위 속에서 진행되었기 때문이다. 일제는 열하원정에서 '동북항일연군 1군은 다 녹고 얼마 없다. 남은 것은 김일성부대뿐이다.'라고 떠들면서 이해 겨울에 조선인민혁명군 사령부와 기어이 결판을 낼 작정으로 대규모 '동변도 토벌작전'을 벌렸다. 통화에 토벌사령부를 설치하고 관동군 주력부대 대부분과 위만군 정예부대, 무장경찰대, 자위단 병력을 비롯한 수십만의 병력을 동원해, 길목마다 집중적으로 배치했다. 그리고 지상부대와 항공대의 협동작전으로 사면팔방으로 협격할 태세를 갖추고, 통신수단으로 비둘기까지 날리면서 악착스럽게 덤벼들었다. 백두산 지구와 국경일대는 적들의 총검으로 숲을 이루고 조밀한 토벌망으로 뒤덮였다.

그 당시 조선인민혁명군 주력부대가 다른 때 원정행군처럼 슬그머니 남패자를 출발했다면 그런 심한 고생을 하지는 않았을 것이다. 그렇지만 조선인민혁명군 주력부대는 적들 몰래 조용히 행군을 시작할 수 없었다. 행군벽두부터 총소리를 내지 않을 수 없었다. 행군에 필요한 식량을 마련하려 해도 싸움을

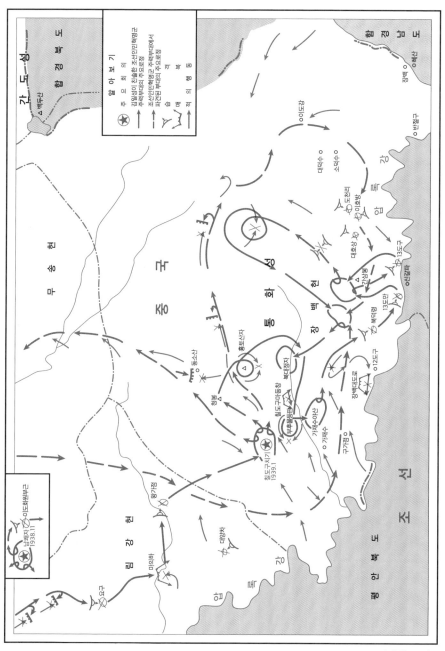

고난의 행군 노정도

해야 했다. 그래서 밀영을 뜨자마자 집단부락을 하나 쳤다. 적들은 그 총소리를 들은 다음부터 주력부대의 꼬리를 물고 놓아주지 않았다.

게다가 적들의 토벌전술도 달라졌다. 전에는 혁명군의 행동방향을 탐지한 다음에야 이곳저곳에서 병력을 끌어왔고 그러다 반격을 받으면 물러가기도 했다. 그런데 이번에는 혁명군을 쉬지도 못하게 하고 먹지도 못하게 하고 자지도 못하게 하는 '맹공장추전술'을 썼다. 맹공장추란 사납게 공격하고 끈질기게 추격한다는 뜻이다. 이를테면 맹렬한 공격에 짓궂은 추격을 배합한 전술이었다. '맹공장추전술'에서 기본은 진드기처럼 끈질기게 달라붙어 상대를 못 살게 구는 '다니(진드기의 일본말)전술'이었다. '다니전술'이란 토벌대를 요소마다에 미리 배치해 놓고 있다가 유격대가 나타나면 치고 또 일단 발견한 유격대는 꼬리를 물고 끝까지 따라가며 섬멸한다는 전술입니다. 그 전술은 유격대가 쉬지도 자지도 먹지도 못하고 줄곧 쫓겨 다니며 얻어맞다가 기진맥진해서 녹아나도록 하려고 고안해낸 것이었다. 적들은 서로 교대하면서 얼마든지 쉴 수 있었지만 유격대는 쉴 짬도 먹을 짬도 없이 계속 싸워야 했기 때문에 그 고난과 시련이란 이루 헤아릴 수 없었다. 이런 전술을 갖고 수백 명씩 막 들이밀었는데 하루에 20번 이상 전투를 한 날도 있었을 정도였다.

행군의 고난과 시련은 이것만이 아니었다. 1938년에는 추석 전에 첫서리가 내리고 추석이 지나서는 벌써 첫눈이 크게 내려온 산판을 덮은 데다 초겨울부터 강추위로 박달나무 가지가 얼어터질 정도로 추웠다. 조선인민혁명군 대원들은 전례 없는 대강설로 눈이 키를 넘고 영하 40도를 오르내리는 혹한 속에서 생눈길을 헤치고 추격하는 적과 힘겨운 전투를 계속 벌이면서 행군해야 했다.

그러나 이것보다 더 큰 시련은 식량문제였다. 조선인민혁명군 주력부대는 1937년 가을에 겨울 동안 먹을 수 있는 충분한 식량을 확보해 놓았었는데, 남패자회의를 하는 동안 많은 식량을 소비한 데다 나머지 식량은 먼저 떠나는 부대들에 나눠줘 버렸다. 추운 겨울이라서 산나물이나 풀잎 따위의 신세마저도 질 수 없었다. 그래서 행군 초기 유격대원들은 하루 두 끼씩 죽을 쑤어 먹다가 얼마 못 가 하루 한 끼로 줄여야 했으며, 나중에는 그것마저도 먹지 못하고 생눈을 삼키며 행군해야 했다. 적을 치고 빼앗은 말고기도 불을 피울 수 없어 날 것으로 먹어야 했다. 그러다 보니 식량난에 졸라병(영양실조와 추위로부터 오는 병으로 사지가 굳어져서 몸을 움직일 수 없는 병)까지 겹쳐 그 고생이란 이루 말할 나위 없었다.

게다가 적들은 귀순공작반과 같은 간첩집단을 밀림 속에 계속 들여보내고 비행기로 삐라를 뿌리면서 인민혁명군을 내부로부터 와해해 보려 몸부림쳤다. 심지어는 소금이 떨어져 고통을 겪고 있다는 정보를 탐지하고 간교한 방법으로 소금에 독약을 쳐서 들여보내는 악랄한 모략까지 꾸몄다.

## 신출귀몰의 전법으로 승리한 고난의 행군

조선인민혁명군 수뇌부는 승리에 대한 확고한 신념, 담대한 배짱, 철의 의지를 갖고 언제나 주도권을 튼튼히 틀어쥐고 고난의 행군을 돌파해 나갔다. 역량의 집중과 분산, 이동을 배합하는 영활한 유격전법을 적용해 어느 병서에도 없는 독창적 전법들을 창안해 달려드는 적들을 수세에 몰아넣고 고난의 행군을 승리의 행군으로 바꾸어 냈다.

조선인민혁명군이 맨 처음 창안해 낸 독창적인 전법이 갈지자 전법이다.

옛 병서에 우세한 적의 교대식 장거리추격전에 걸려들면 반드시 패하는 법이니, 그런 궁지에 빠져들지 않게 하는 장수가 싸움 잘하는 장수라고 나와 있다. 그런데 조선인민혁명군이 그런 함정에 빠져들었다. 적들이 사방에서 진드기처럼 달라붙어 떨어질 줄 몰라 정말 야단이었다. 묘술이 아니고서는 도저히 빠져나올 수 없는 상황이었다. 그때 궁리해낸 것이 길지자 전법이었나. 조선인민혁명군 사령관은 연대장들을 불러다 놓고 이제부터 행군로를 갈지자 모양으로 잡아 나가도록 지시했다. 그리고 굽어 도는 곳마다 되돌아 앉아 지키고 있다, 나타나면 기관총으로 적들을 쳐 갈기도록 했다.

갈지자전법은 눈이 몇 길씩 쌓인 만주산지에서 뒤따라오는 적들을 타격하는데 가장 적합한 전법이었다. 그해 겨울은 눈이 많이 내려서 앞사람이 눈을 다지며 길을 내야만 행군할 수 있었다. 그렇기 때문에 적들은 어차피 혁명군이 낸 외통길을 졸졸 따라오는 수밖에 없었다. 그래서 행군로를 갈지자모양으로 잡아나가다가 길이 꺾이는 대목마다 기관총을 휴대한 2~3명의 전투소조를 매복시켰다가 적들이 매복조의 사격권 안에 들어오면 횡대로 늘어서게 될 때 사격을 퍼붓곤 하였다. 그리고는 적들이 죽은 자의 시체를 처리하는 사이에 매복 타격조들을 이동시켰다가 적들이 다가오면 다시금 같은 방법으로 전멸시켰다.

적들은 혁명군이 낸 외통길을 따라왔기 때문에 매번 얻어맞는 신세를 면할 수 없었다. 그리고 줄곧 피동에 빠져 떼죽음을 당하지 않을 수 없었다. 그 대신 혁명군은 주도권을 쥐고 적들에게 연속 강타를 먹일 수 있었다. 이러한 방식으로 몽강현의 오도차, 사도차의 적을 소탕하고, 임강현 요구집단부락습격전투와 마의하부근전투, 왕가점습격전투들을 승리로 이끌면서 한발 한발 전진해 나갔다. 집요하게 달려드는 적들을 물리치면서 한 달 가까이 행군한 조선인민혁명군 주력부대는 1939년 1월 초 장백현 7도구치기에 이르렀다.

이때 새로운 정황에 대처하기 위해 집단행동으로부터 분산행동으로 넘어가는 전술을 펼쳤다.

조선인민혁명군이 장백현 7도구치기에 도착했을 때 새로운 위험한 정황이 조성되었다. 적들은 비행기와 다른 지방에서 대기하고 있던 토벌대 역량까지 끌어들여 포위진을 치고 조선인민혁명군 주력부대와의 최후대결전을 벌이려고 준비하고 있었다. 앞에도 적이고 옆에도 적이고 하늘에도 적이었다. 조선인민혁명군 수뇌부는 조성된 긴박한 정황에 대처하기 위해 조선인민혁명군 제2방면군 일꾼회의를 소집하고 집단행동으로부터 분산행동으로 가는 새로운 전술방침을 내놓았다.

이에 따라 경위중대와 기관총소대로 구성된 사령부 직속부대는 장백현 가재수 방향으로, 7연대는 사령부로 가장하고 장백현 상강구 방향으로, 8연대와 독립 대대는 무송현 동강방향으로 진출했다. 이때부터 고난의 행군 제2단계에 들어섰다. 분산행동 방침은 적의 병력을 분산시키고 포위기도를 파탄시켰다. 특히 오중흡의 7연대는 사령부를 목숨으로 지키려는 불타는 충실성을 갖고 자기 부대를 사령부로 위장했다. 그 결과 7연대는 7도구치기를 떠나는 첫 순간부터 적들을 자기 쪽으로 유인하면서 매우 힘든 싸움을 벌여야 했다. 적들은 7연대를 사령부로 알고 쫓아다닌 결과 김일성부대의 행방을 놓치고 말았다.

그런데 적들은 가재수에서 지하공작을 하던 지하조직성원을 붙잡아 심문하는 과정에서 오중흡 7연대가 사령부가 아니라는 사실을 알게 되었다. 그 뒤부터 비행기까지 띄워 사령부의 행처를 쫓으니, 사령부가 빠져나갈 길이 막혀버렸다. 지휘관들과 대원들은 어찌할 바를 모르고 사령관의 얼굴만을 쳐다보았다. 그때 사령관은 난관 앞에 주저앉지 말고 혁명승리에 대한 확고한 신념을 안고 대담하게 난관을 뚫고 나가자는 연설로 대원들에게 용기를 북돋아 주었다.

그때 시령관은 위기를 돌파하기 위해 천변만화의 다양한 진법과 전술을 썼다. 행군도중에 흔적을 감추기 위해 발자국 자리를 메우거나 지워버리면서 슬쩍 사라지는 방법, 넘어진 강대나무(선 채로 껍질이 벗겨져 말라 죽은 나무)나 진대나무(쓰러져서 다른 나무에 기대인 나무)를 타고 옆으로 빠지는 방법 등 다양한 전법으로 적들을 골탕 먹이고 위기를 돌파해 나갔다. 그중에서도 가장 통쾌한 방법은 망원전술(앞뒤에서 나타난 적들로 하여금 자기편끼리 맞붙어 싸우도록 싸움을 붙여놓고 슬쩍 빠지는 방법)이었다. 장백현 홍토산자와 부후물 등판에서 바로 그런 전술을 써서 적들을 골탕 먹였다. 홍토산자는 12도구에서 북쪽으로 약 24km 떨어져 있는 해발 1158.4m의 산이다. 적들은 사령부의 종적을 잃지 않으려고 뒤를 바싹 조이면서 사방의 병력을 이쪽으로 집중하고 있었다. 정황을 예리하게 포착한 사령관은 추격해 오는 적들을 뒤에 달고 그 산을 두 바퀴 돌다가 앞에서도 적이 나타나자 대원들에게 진대나무를 타고 슬쩍 옆으로 빠지도록 명령했다. 혁명군을 앞뒤에서 추격하다 외통길에서 마주치게 된 적의 두 부대는 서로 상대방을 혁명군으로 알고 맹렬한 총격전을 벌였다. 서로 같은 편이라는 것을 모르고 맞불질을 놓고 있었으니 그야말로 양쪽 다 사생결단이었다. 적들은 거의 한 시간 동안 기관총을 쏘며 개 싸움질을 하다가 떼죽음을 낸 뒤에야 자기편끼리 싸웠다는 것을 알고 아연실색하지 않을 수 없었다. 부후물 등판에서도 똑같은 방법으로 총 한방 쏘지 않고 수많은 적을 소멸시켰다. 무후물 등판에서 제 편끼리 싸워 손실을 입은 적들은 혁명군이 너무도 신출귀몰하고 승천입지하는 묘술을 쓰기 때문에 도저히 잡아낼 수 없다고 비명을 질렀다.

조선인민혁명군 사령관은 또 석들이 밀림지대에 역량을 집중하면 부대를 야산지대로 옮기고, 적이 야산지대에 붙으면 다시 밀림지대로 들어가게 하는 등 정황에 따라 부대를 민첩하게 이동시키면서 적들을 연속해서 혼란에 빠뜨렸다. 조선인민혁명군 사령관은 부후물 등판에서 싸움을 치른 후 적들이 밀림지대에 병력을 집중하고 있는 사이에 부대를 이끌고 밤새 강행군을 펼쳐 야산지대인 가재수 쪽으로 쭉 빠져나갔다. 등잔 밑이 어둡다는 말 그대로 적들은 바로 저들의 코밑에서 조선인민혁명군이 여유 있게 숙영하리라고는 감히 생각조차 못했다. 조선인민혁명군 사령부는 가재수 부락이 한눈에 바라보이는 자그마한 야산에서 숙영지를 정하고, 오랜만에 휴식을 취하면서 사령부 성원들과 향후 활동방향과 전술대책들을 토의했다.

그런데 이때 신입대원이 식량공작을 내려간 기회를 틈타 도주하는 사태가 발생했다. 이 사태로 인해 적들이 사령부의 행처를 알고 달려들 수 있는 위험한 정황이 조성되었다. 이때 사령관은 아득한 허허벌판을 대낮에 대담하게 돌파해 수림지대로 들어가도록 명령을 내렸다. 뛰어난 담력과 배짱이 없고서는 감히 내릴 수 없는 결단이었다. 가재수 부락에 상주하고 있던 적들은 포대에서 빤히 내려다보면서도 그 기세에 눌려 감히 총질을 하지 못했다. 무사히 벌판을 건너 수림지대로 들어온 유격대원들조차 어리둥절했다.

사령부 부대가 수림지대를 벗어나 다시 행군하고 있을 때 앞과 뒤에서 적들이 나타났다. 아마 도망친 유격대원들로부터 김일성부대가 인원이 별로 많지 않다는 정보를 주어들은 것 같았다. 이번에는 적들을 따돌리는 전술로부터 먼저 적을 공격하는 적극적 공격전술로 대응했다. 이때부터 이런 전술을 광범히 활용해 어려운 고비를 수없이 넘기고 피동에서 벗어나 주동에 서서 주도권을 틀어쥐었다.

조선인민혁명군 사령부는 1939년 2월 18일 장백현 13도만 전투를 벌여 위만군 1개 중대를 전멸시켰다. 그 후 적들이 사령부에 이전보다 많은 토벌역량을 집중해 어려움과 곤란은 더욱 커졌지만 피동에 빠지지 않고 3월 초 장백현 13도구 집단부락을 또 하나 들이쳐 분산 활동을 하고 있는 부대들에 사령부의 위치를 알렸다. 7연대는 사령부가 13도구를 습격했다는 것을 알고 사령부에 언대의 행동빙향을 알리려고 13도구 윗마을과 아랫마을 적들을 동시에 타격했다. 이 전투이후 7연대는 사령부가 보낸 통신원을 따라 사령부를 찾아왔다. 8연대와 독립 대대, 청봉밀영에 있던 후방 성원들도 연락을 받고 사령부를 찾아왔다. 사령부는 다시 집결한 주력부대를 이끌고 장백현 간삼봉 부근과 오반도 일대를 중심으로 맹렬한 군사 정치활동을 벌인 다음 1939년 3월 4일 북대정자에 도착했다. 북대정자에 도착해 대열을 점검해보니 전해에 몽강현 남패자를 떠날 때의 인원수와 큰 차이가 없었다. 남패자를 떠났던 대원들의 거의 전부가 그대로 살아있었다. 북대정자에 모인 유격대원들은 모두 감격에 넘쳐 있었다. 북대정자는 온통 축제마당처럼 흥청거렸다. 100여일동안 사지에서 고생하다 다시 만난 대원들은 서로 부둥켜안고 웃기도 하고 뒹굴기도 하면서 회포를 나눴다. 고생 끝에 이루어진 상봉일수록 그 열도는 큰 법이다. 동지가 얼마나 귀중한가를 알려면 헤어져 있어도 봐야 한다. 피를 나눈 동지들이 서로 이별도 하고 상봉도 하는 과정에 동지애는 더욱 공고해지고 열렬해지는 법이다.

이렇게 조선인민혁명군의 110일간의 역사적인 고난의 행군은 승리로 끝마쳤다. 도보로 가면 5~6일이면 갈 수 있는 거리를 무려 110여일에 걸쳐 진행한 이 행군과정에서 조선인민혁명군 대원들은 인간의 상상을 초월한 고난을 겪었지만, 이 고난의 행군을 통해 더욱 더 불굴의 혁명가로 성장했고, 우리나라 민족해방운동은 다시 상승일로로 전진할 수 있었다. 고난의 행군은 항일무장투쟁의 축도였다. 이 행군과정에 유격대원들은 군인으로서 겪을 수 있는 고통도 다 겪었고 인간으로서 체험하게 되는 온갖 시련도 다 맛보았다.

고난의 행군을 통하여 항일무장투쟁에 참가한 항일유격대원이야말로 진정한 조국의 아들, 민중의 아들들이며 자기 민족과 민족해방위업에 가장 충실한 혁명투사들임을 또다시 온 세상에 보여주었다. 항일유격대원들은 고난의 행군을 하면서 자신들의 인격을 높은 경지에서 연마했다. 그 어떤 역경 속에서도 신념을 버리지 않고 자기 지도자를 중심으로 똘똘 뭉쳐 적들을 치고 승리한 혁명가의 전형을 창조한 것, 이것이 고난의 행군이 거둔 중요한 성과이며, 항일무장투쟁이 거둔 업적중의 하나이다.

고난의 행군 때 모든 대원들이 만난을 이겨내고 불사신으로 살아남아 승리자로 될 수 있었던 요인은 무엇일까?

첫째는 백절불굴의 혁명정신, 자력갱생 간고분투의 혁명정신, 혁명적 낙관주의 정신이다. 이것이 바로 고난의 행군이 낳은 위대한 혁명정신이며, 고난의 행군 승리는 이 혁명정신의 승리였다. 둘째는 혁명적 동지애이다. 혁명적동지애는 항일혁명 전 노정을 관통해온 승리의 중요한 요인이다. 그런데 고난의 행군과정에는 유격대원들의 도덕의리가 그 어느 때보다도 더 집중적으로 발양되었다. '한 홉의 미숫가루'와 같은 일화는 그 시기에 창조된 무수한 미담들 중의 하나일 뿐이다. 동지애로 뭉친 집단, 동지애에 기초하여 하나로 굳게 단결된 대오는 필승불패한다는 것을 보여주었다. 셋째는 항일유격대에 대한 민중들의 사랑과 지원이다. 고난의 행군과정에서 가재수의 물방아간 주인과 같은 고마운 사람들의 도움을 많이 받았다. 고난의 행군은 군대만 참여한 것이 아니라 민중들도 참여했다. 쌀이나 소금이나 신발이나 천과 같은 후방물자를 지고 사선을 헤치며 혁명군을 찾아온 사람들은 고난의 행군에 참가한 사람들이라고 평가할 수 있다. 넷째는 고난의 행군이 승리의 행군으로 될 수 있었던 것은 부딪히는 정황에 맞는 영활한 유격전법들을 능동적으로 활용한 데 있었다. 이것은 사령관의 강의한 신념과 배짱, 의지의 산물이며 또한 주체적인 유격전법과 탁월한 영군술의 결과였다.

# 4
# 또 다시 조국으로 진군

## 조국의 진달래

고난의 행군을 승리로 끝내고 또다시 압록강 연안 북부국경일대로 진출한 조선인민혁명군은 1939년 4월 초 중국 장백현 북대정자에서 조선인민혁명군 지휘성원회의를 열어 고난의 행군을 총괄 평가하고, 새로운 전술방침을 논의했다. 조선인민혁명군 수뇌부는 회의에서 고난의 행군의 빛나는 승리에 대해 긍지 높이 평가한 다음 조선인민혁명군 주력부대의 무산지구 진공작전 방침을 제시했다. 이 회의에서 조선인민혁명군 수뇌부는 "우리는 적들에게 숨 돌릴 틈을 주지 말고, 적극적인 반격전으로 넘어가 일제침략자들에게 연속 타격을 가하고 조국으로 또다시 진군해야 합니다."라고 천명했다.

조국으로의 진출은 항일혁명투쟁 전 기간에 걸쳐 일관되게 견지한 총적인 지향점이었다. 이에 대해 김일성은 다음과 같이 회고했다.

《조국으로 왜 진출했는가 하는데 대해서는 내가 여러 번 말했다고 생각합니다.

이전에도 말했지만 조선인민혁명군의 정치군사작전에서 가장 중요한 지향점은 조국진군이었습니다. 우리는 북만에서 활동하건 동만에서 활동하건 크고 작은 군사작전을 무수히 벌리면서도 그 총적인 지향점은 항상 조국진출과 조국해방이라는 목표에 두고 거기에 모든 역량을 집중하였습니다.

조국진출에서는 시기를 잘 선택하는 것이 중요했습니다. 1937년 6월이 조국진군의 적기였다면 1939년 5월도 역시 적기였습니다. 왜 그렇다고 말할 수 있는가? 당시의 정세로 보든지, 우리자신의 지향이나 국내인민들의 염원으로 보든지 조선인민혁명군이 조국으로 진군하는 것은 한시도 미룰 수 없는 절박한 문제로 나섰기 때문입니다.》

조선인민혁명군의 조국진출의 목적은 혁명군을 완전 전멸시켰다고 하는 적들의 기만선전을 까밝히고, 인민혁명군의 위력을 남김없이 시위하며, 동시에 혜산사건으로 파괴된 혁명조직을 복구 확대하고, 당 조직건설과 통일전선운동을 더욱 힘 있게 벌려, 국내민중들을 전민항쟁에로 불러일으키는데 있었다.

당시 일제는 동변도 토벌작전이란 명목 밑에 지난 겨울 동안 감행한 조선인민혁명군에 대한 대소탕전에서 만회할 수 없는 참패를 당하고 사방에 분산된 채 제 소굴에 처박혀있었다. 그러나 그들은 저들의 패배에서 교훈을 찾을 대신 조선인민혁명군이 산속에서 다 얼어 죽었다는 요언을 퍼뜨리면서, 조선민중들의 조국해방에 대한 희망마저 없애버리려고 꾀했다. 이런 조건에서 적들의 선전이 허위이고 혁명군이 살아있으며 항일혁명은 계속 줄기차게 전진하고 있다는 것을 보여주자면 조선인민혁명군의 대부대가 국내에 들어가서 총성을 울리며 적들을 쳐부수는 것이 제일 좋은 방도였다.

조선인민혁명군 수뇌부는 국내진출 대상지로 무산지구를 제시했다. 그런데 무산지구는 보천보전투가 있고 난 후 적들이 가장 악질적인 수비대무력을 몇 배로 증강해 대부대가 뚫고 들어가기가 매우 어렵고 위험한 곳이었다. 그러나 이런 지구에 진출하여 적들을 요절내게 되면 북부조국의 어느 지구로 진출하는 것보다 효과를 몇 배로 낼 수 있었다. 더욱이 당시 무산지구에는 철광노동자들과 수전공사노동자들, 벌목노동자들을 비롯하여 노동계급의 대부대

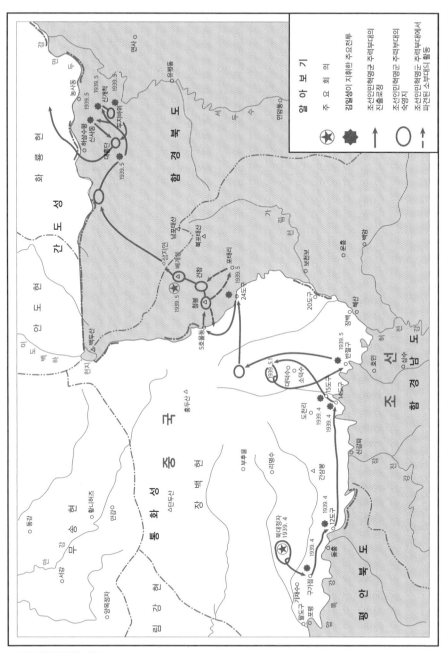

1939년 무산지구 진출노정도

가 집결되어 있었던 것만큼 몇 방의 총소리로 그곳 노동계급을 각성시키면 함경북도안의 노동자, 농민들은 물론 온 나라 인민들을 항일혁명에로 더욱 힘 있게 불러일으킬 수 있었다. 국내진출의 주요대상지를 무산지구로 택한 의도가 바로 여기에 있었다.

북대정자회의를 끝마친 직후 조선인민혁명군 지휘관 및 병사대회를 열어 조국진군방침을 성과적으로 수행하기 위한 새로운 투쟁결의를 다졌다. 이후 즉각적으로 압록강 연안 국경일대 적 요충지들을 타격하는 춘기반격전을 전개했다. 어려운 고난의 행군을 방금 끝낸 조선인민혁명군이 연이어 적에 대한 즉각적인 반격전으로 넘어간다는 것은 보통상식으로는 상상하기 어려운 일이었다.

조선인민혁명군 수뇌부의 명령에 따라 주력부대는 1939년 4월 11일 밤부터 12일 새벽에 걸쳐 장백현 구가점을 불의에 공격해 적들에게 떼죽음을 안겨주었다(구가점전투). 4월 16일에는 호동구 부락을 치고(호동구 전투), 18일에는 우구자 및 노인구 부락을 연속 들이쳤다. 그리고 4월 말에는 15도구전투, 5월 초에는 반절구전투 등 국경요충지들을 차례로 공격해 적들을 전율케 했다. 춘기반격전을 통하여 조선인민혁명군 주력부대는 적들의 국경경비진을 일대 혼란에 빠뜨리고 조국진군에 필요한 군수물자를 해결하였으며 국경일대의 민중들에게 혁명승리에 대한 굳은 신념을 안겨주었다.

조선인민혁명군 수뇌부는 주력부대들의 춘기반격전을 조직 지휘하는 한편, 대부대 국내진공작전계획을 완성하기 위해 1939년 5월 초 백두산 비밀근거지로 갔다. 사자봉 밀영을 거쳐 간백산 밀영에 도착한 후 정찰조가 가져온 적정자료에 기초해 국내진공작전의 시기와 노정을 확정했다.

이때 조선인민혁명군 수뇌부는 조국진출 준비를 빈틈없이 갖춘 데 이어 조국진출 일정을 5월로 잡았다. 1936년 6월이 보천보 진출의 적기였다면, 1939년 5월도 조국진군의 적기였다. 조선인민혁명군 수뇌부는 국내진공작전계획을 완성하고, 5월 초 간백산밀영 사령부 귀틀집에서 조선인민혁명군 주력부대 지휘성원회의를 소집하고 무산지구 진출 방침을 최종 확정했다. 이때 수뇌부는 전반적 조선혁명을 앙양으로 이끌어 올리기 위해 대부대에 의한 무산지구진공작전을 벌여, 이 지구에 승리의 횃불을 높이 올리며, 인민혁명군 주력부대의 활동무대를 백두산 동북부로 확대해야 한다고 밝혔다. 간백산밀영에서의 지휘부 회의를 마친 후 곰의골밀영에서 주력부대의 7연대, 8연대, 독립대대, 경위중대 700여명으로 구성된 조국진출대오를 편성했다. 조국진출 대오는 5월 15일 장백현 곰의골 밀영을 출발해 조국으로 향했다.

조국진출대오는 무산지구 진공작전 첫 순간부터 신출귀몰한 유격전술과 영활한 영군술로 적들의 총검의 숲을 대담하게 헤쳐나갔다. 5월 16일 압록강을 지척에서 바라볼 수 있는 24도구 부근에 도착한 조국진출대오는 그곳에 있는 목재소 습격전투와 횡산방향으로 들어가는 위만군 수송대 습격전투를 벌였다. 이것은 유격대의 움직임을 일부러 노출해 적들의 이목으로 그쪽으로 쏠리게 하려는 속임 전술이었다. 이 전술구상은 적중했다. 조국진출대오의 허위 기동에 속아 넘어간 적들은 급기야 24도구 방향으로 몰려들기 시작했다.

이렇게 적들의 국경경비진을 뒤흔들어 놓은 다음 5월 18일 자욱한 안개 속에 잠긴 5호 물동으로 압록강을 건넜다. 또다시 조국 땅을 밟게 된 조국진출대원들은 끝없는 감격과 흥분에 휩싸여 조국의 진달래를 끌어안고 볼을 비비었다. 김일성은 김정숙 대원이 꺾어 드린 진달래를 들고 "조선의 진달래는 볼수록 아름답소!"라고 하면서 대원들의 가슴마다 조국과 민중을 끝없이 사랑하며 조국해방의 봄을 앞당기고 해방된 조국강산에 민중의 행복한 낙원을 세워나가려는 뜨거운 염원을 심어 주었다.

## 갑무경비도로 대낮 일행천리

'미증유의 괴사'라는 말은 1939년 5월 조선인민혁명군 주력부대가 무산지구로 진출해 신출귀몰한 전술로 달려드는 적들을 빼돌리고 일행천리 전술로 갑무경비도로(갑산-무산 사이의 경비도로)로 대낮에 버젓이 행군한 것을 보고 아연실색한 일제가 지른 비명소리였다.

조국진출대오는 5월 18일 자욱한 안개 속에 잠긴 5호 물동으로 압록강을 건너 조국에서의 첫날을 청봉에서 숙영했다. 이날 대원들은 숙영준비를 끝낸 다음 나무껍질을 벗기고 먹으로 혁명적 구호를 새겼다. 《조선청년들, 속히 달려 나와서 항일전에 힘 있게 참가하자》, 《일어나라, 단결하라, 전 세계 노력대중들아 자유와 해방을 위하여 싸우자》, 《항일대전 승리 만세》, 《일제의 파쇼적 군벌들을 때려부수자》 등 많은 구호를 새겨놓았다.

다음날 유격대의 행방을 찾아 헤매는 적들이 갈피를 잡을 수 없도록 부대가 멀리 가는 척하다가 청봉에서 10리 정도밖에 안 되는 건창에서 숙영하도록 했다. 이곳에서 낚시꾼으로 가장하고 숙영지로 기여든 밀정을 붙잡았는데, 그자가 실토하기를 적들이 벌써 조선인민혁명군이 국내에 들어왔다는 것을 알고 수비대병력과 경찰대들을 투입하여 밀림 속을 샅샅이 뒤지고 있다는 것이었다. 적의 포위 속에 빠질 위험이 조성되자, 수뇌부는 2개의 소부대를 편성해 한 소부대는 포태리 방향에 나가서 적들을 타격하게 하고 다른 소부대는 압록강을 건너 장백 쪽으로 빠진 것처럼 발자국을 내고 자취를 감추게 했다. 신출귀몰한 기만전술에 말려든 적들은 유격대의 행방을 찾을 수 없어 포태산 기슭에서 맥이 빠져 돌아가고 말았다.

이렇듯 적들이 혼란에 빠져 우물거리고 있을 때 조국진출대오는 5월 20일 새벽 건창을 떠나 베개봉쪽으로 향했다. 이날 짙은 안개로 척후부대가 방향을 잡지 못해 애를 먹고 있었다. 그때 사령관이 척후부대까지 직접 나가서 몸소 군용지도와 나침판을 갖고 행군방향을 정해주었다. 조국진출대오는 베개봉에 도착해 숙영하기로 하고, 이곳에서 조선인민혁명군 지휘관회의를 열었다. 회의에서 사령관은 일행천리전술로 대낮에 갑무경비도로를 행군해 노은산 방향으로 진출하는 작전방침을 제기했다. 그리고 그 일대의 적들을 소탕하고 군중정치 사업을 벌이자고 했다. 이 전술적 방안들은 적들의 움직임과 전술적 약점을 체 때에 포착하고 취한 현명한 조치였다.

이때 적들은 조국진출대오가 주로 산줄기를 따라 행군하리라고 타산하고 포태산일대 산악지대, 특히 백두산 동남부에 주의를 집중하면서 큰길에는 주의를 거의 돌리지 않았다. 그리고 유격대가 전투행동에서 은밀성과 불의성을 보장하기 위해 밤에 행동하리라고 보고 야간경계에 전력을 집중했다. 조선인민혁명군 사령관은 이러한 약점과 빈틈을 꿰뚫어 보고 영활한 일행천리전술(한달음에 천 리를 가는 전술이라는 뜻으로, 부대를 신속하게 멀리 이동시켜 적이 공격할 틈을 주지 아니하는 민첩한 전술. 일제 강점기에 만든 유격 전술의 하나.)을 적용하기로 한 것이었다.

적들은 조선인민혁명군 대부대가 자기들이 닦아 놓은 경비도로로 백주대낮에 행군해 가리라고는 감히 꿈도 꾸지 못했다. 갑산- 무산사이의 무인지경을 연결하는 이 비상도로는 조선인민혁명군이 국내로 진출할 경우 토벌역량을 신속히 파견할 목적으로 특별히 건설해 놓은 것이다. 그리고 공사를 막 끝내고 청소까지 말끔히 해놓고 준공검사를 기다리던 중이었다.

수뇌부의 대담무쌍한 일행천리전술에 따라 조국진출대오는 신바람 나게 5월 21일 베개봉을 떠나 행군길에 올랐다. 부대는 행군도중 삼지연 못가에 이르러 잠시 휴식하면서 점심식사를 했다. 대원들은 앞 다퉈 삼지연의 맑은 물을 마시면서 아름다운 삼지연 풍경에 황홀함을 금치 못했다. 이윽고 사령관의 명령에 따라 조선인민혁명군 주력부대는 갑무경비도로로 보무당당히 행군해 그날로 두만강 기슭의 무포에 도착했다. 적들은 조선인민혁명군의 대부대가 저들이 특설해놓은 경비도로를 따라 대낮에 행군해갔다는 것을 알게 되자 '미증유의 괴사'라고 비명을 질렀다. 무포 숙영지에 도착한 부대는 지휘관회의를 열고 행군과정을 총괄 평가하고 대홍단지구로 진격하기로 하고 우선 신사동과 신개척 일대에서 군사정치활동을 벌이기로 결정했다.

## 무산지구전투의 꽃 - 대홍단전투

1939년 5월 21일 갑무경비도로로 대낮에 행군한 조국진출대오는 다음날 아침 무포숙영지를 출발하였다. 조선인민혁명군 사령관은 부대가 대홍단벌에 도착하자 국사당근처에서 잠시 휴식하도록 한 다음 계획대로 부대를 신사동과 신개척 두 방향으로 진출시켰다. 그리고 자신은 8연대를 인솔하고 소로은산 기슭에 있는 신사동 방향으로 진출해 민중들 속에 들어가 정치 사업을 벌였다. 신사동은 목재채벌청부업자 모리와 일제의 주구 김가가 틀고 앉아 노동자들의 고혈을 짜내던 임산마을이었다. 사령부직속 소부대는 해질녘에 신사동에 도착해 제일 큰 목재소 노동자합숙을 찾아 밤이 깊도록 그들과 대화를 나누었다.

사령관은 합숙에 몰려든 신사동 주민들 앞에서 연설도 하고 조직정치 사업을 펼쳤다. 연설에서는 조선인민혁명군을 물심양면으로 지원해주는 애국민중들에게 뜨거운 감시를 표한 다음 일제의 죄상을 폭로 규탄하면서 일제에게 군사 정치적 타격을 주고 민중들에게 해방의 서광을 비춰주기 위해 조선인민혁명군이 직접 조국으로 진출했다고 밝혔다. 이후 조국광복회 10대 강령을 해설하고 "조국광복의 위업은 몇몇 사람의 힘만으로는 성취할 수 없습니다. 노동자, 농민을 비롯한 전 민족이 하나와 같이 반일전선에 굳게 결속되어야 합니다. 전 민족이 반일전선에 하나로 뭉치자면 노동계급이 선봉이 되여 투쟁하여야 합니다. 노동계급은 조선민족의 가장 선진적인 부대입니다. 무산

대중의 자유와 해방을 위한 반일전선의 선두에는 바로 당신들, 노동계급이 서야 합니다."라는 선동 연설을 했다.

연설을 마친 후 사령부 대원들은 조국광복회 창립선언과 10대 강령을 등사한 선전물들을 노동자들에게 나누어 주었다. 또 이날 조선인민혁명군 대원들과 마을 인민들이 한자리에 어울려 유쾌한 오락회를 가지고 휴식의 한때를 보내기도 했다. 신사동은 그날 밤 환희와 혁명적 열정, 군민의 뜨거운 마음으로 들끓었다. 군민의 정이 얼마나 뜨거웠던지 조선인민혁명군이 마을을 떠날 때 신사동 주민들은 모두 울었다.

조선인민혁명군의 종적을 찾아 헤매던 적들이 신사동방향에 나타났다. 이미 신개척에서 얻어맞은 적들이 반드시 추격해 오라는 것을 예견하고 있던 조선인민혁명군 사령관은 지형상 유리한 대홍단벌에서 적을 섬멸하기로 결심하고 8연대와 경위중대로 하여금 신사동을 떠나 재빨리 그곳에 가서 땅이 솟아올라 언덕처럼 생긴 곳에 매복진을 치도록 했다. 그 무렵 신개척의 적들을 격멸한 7연대는 승리의 기쁨에 휩싸여 자기네 대열 뒤쪽에 적들이 은밀히 따라오는 것도 모르고 사령부와 만나게 되어있는 대홍단쪽으로 오고 있었다. 그들은 신개척이 유격대에 녹아났다는 급보를 받고 출동한 국경수비대와 창평경찰대였다.

1939년 5월 23일 아침 동틀 무렵 매복하고 있던 유격대원들의 눈에는 7연대 사람들이 보였다. 그런데 그 뒤에 또 다른 한 무리의 사람들이 7연대 뒤를 바싹 따라오고 있었다. 유격대원들은 이들을 처음에는 아군으로 착각했다. 당시 안개가 끼어 있기도 했지만, 적들이 안개를 이용해 7연대의 꼬리에 너무 바싹 붙어있었기 때문에 적아를 미처 식별할 수 없었다. 그때 사령관은 7연대의 뒤를 따르는 철갑모부대가 아군이 아니라 적이라는 것을 곧

바로 눈치 챘다. 전체적 정황은 미리 예견했던 대로 진행되고 있었으나, 7연대와 적들 사이가 너무 가까웠다. 자칫 7연대가 적들의 총구에 노출될 위험이 있었다.

정황을 판단하고 난 사령관은 앞에 있는 7연대 대원들을 그냥 매복진 앞으로 지나가게 한 다음 대열 후위에 있는 후방조 성원들과 짐을 지고 따라나선 목재소 노동자들에게 '엎드리라!'는 신호를 하고 나서, 사격명령을 내렸다. 순간 수백 정의 총들이 요란한 소리를 울리며 일시에 불을 뿜었다. 7연대의 뒤를 쫓아오는 데만 정신을 팔고 있던 적들은 코앞에서 날아드는 명중탄에 떼거지로 쓰러졌다. 그러나 살아남은 적들은 악을 쓰며 저항하였다. 조선인민혁명군과 적들 사이에 끼어있는 7연대 후방조 성원들과 노동자들은 우박처럼 쏟아지는 총탄에 머리조차 들 수 없는 형편이었다. 노동자들은 어찌할 바를 몰라 갈팡질팡하였는데 그들 속에는 일본사람들도 끼어있었다. 그때 전장에서는 아주 묘한 광경이 벌어졌다. 노동자들이 두 패로 갈라졌는데 조선 사람들은 짐을 진채 인민혁명군의 진지로 뛰어오고 일본사람들은 짐들을 버리고 일본군경들 속으로 벌렁벌렁 기어가는 것이었다. 조선인노동자들 가운데서 일본군경들 쪽으로 간 사람은 단 한명도 없었다. 참으로 민족의 피란 이런 것이었다.

대홍단에서 매복전술에 걸려든 적들은 거의 전멸됐다. 이때 신사동과 신개척 방향에서 적의 증원부대가 나타났다. 그러자 대홍단 건너편 언덕으로 쫓겨간 적들은 그들과 합세해 새로운 공격을 시도했다. 적아 간에 치열한 사격전이 벌어졌다. 이때 사령부는 적들의 움직임을 한눈에 살필 수 있는 언덕에 지휘처를 정하고 전투를 지휘했다. 역량이 증강된 적들의 일부가 북쪽으로 우회해 아군의 옆쪽과 후방을 타격하려고 시도하자 사령관은 적들보다 앞질러 한 개 구분대를 파견해 적을 역포위하고 등 뒤에서 호되게 족치도록 했다. 이렇게 적들의 기도는 파탄 나고, 도리어 배후와 정면으로부터 강력한 타격을 받게 되었다. 이렇게 되자 적들은 대홍단벌의 진펄에 숱한 시체를 내버린 채 황황히 꽁무니를 뺐다. 거우 목숨만을 긴저 유곡방향으로 노망치던 패잔병들은 극도로 당황한 나머지 그쪽으로 달려오고 있던 자기네 중원군들을 조선인민혁명군으로 착각하고 서로 맞불질을 하는 추태까지 부렸다.

조선인민혁명군 사령관의 백전백승의 탁월한 전법과 영활한 지휘로 대홍단전투는 빛나는 승리로 끝났다. 일제는 조선인민혁명군이 무산지구에 나타나 대홍단벌에서 자기네 군경들을 대량섬멸하고 유유히 두만강을 건너갔다는 소식을 듣고 대경실색하였다. 백두산 서남부의 서간도일대에서 맹활약하는 조선인민혁명군의 월경침입을 막기 위해 혈안이 되어 날뛰면서 그의 움직임에 대해 점까지 치고 있던 적들로서는 그들이 전혀 예상조차 하지 못했던 백두산기슭, 그것도 국경수비무력이 어마어마하게 진을 치고 있는 무산지구에 나타나 토벌에 내몰린 군경의 무리를 일격에 쓸어버리고 회오리바람처럼 사라졌으니 아연실색하지 않을 수 없었다.

무산지구전투는 보천보전투와 함께 조선인민혁명군이 국내에서 진행한 군사작전들 가운데서 가장 규모가 크고 의의가 큰 전투였다. 그것은 적들이 전멸시켰다고 선전하던 조선인민혁명군이 건재해있을 뿐 아니라 오히려 더욱더 강대한 역량으로 자라나 일본제국주의자들에게 계속 철추를 내리고 있다는 것을 실지로 보여준 의의 있는 전투였다.

무산지구에서 울린 조선인민혁명군의 총소리는 국내인민들에게 조선혁명이 계속 상승일로를 걷고 있다는 신심을 주고 혜산사건의 여파로 하여 일시적으로나마 위축되었던 국내혁명에 새로운 활력을 불어넣어 주었다.

# 4

백두산 동북부에서의
군사정치활동

또 하나의 강력한 혁명 보루 축성
무산 연사지구에 새겨진 불멸의 자욱
대부대 선회작전
적극적인 분산 활동으로

# 1
# 또 하나의 강력한 혁명 보루 축성

## 폐문촌마을들이 생긴 유래

1939년 5월 무산지구 진공작전을 승리한 조선인민혁명군 주력부대는 북 대정자회의 방침에 따라 백두산 동북부지구로 들어갔다. 그것은 백두산 동북 부일대를 혁명의 전략기지로 만들고 그에 따라 우리나라 민족해방운동을 계 속 앙양시키기 위해서였다. 1939년 5월 24일 무산군 삼수평 건너편인 안도현 큰골에서 조선인민혁명군 군정간부회의를 열고 백두산 동북부에서 군사 정 치활동을 강화해 이 일대에서 또 하나의 강력한 혁명의 보루를 축성하기로 결 정했다. 김일성은 이때 한 연설 '백두산동북부에 의거하여 군사정치활동을 힘 있게 전개할 데 대하여'에서 그 의의를 다음과 같이 설명하고 있다.

《우리가 백두산동북부에 의거하여 군사정치활동을 전개하는 것은 백두산서남부일대에서 이룩한 성과와 경험에 토대로 백두산동북부일 대에 또 하나의 강력한 혁명의 보루를 구축함으로써 두만강연안 북부 조선일대는 물론, 전국적 범위에서 조국광복전선에 더 많은 군중을 결 속하여 혁명투쟁의 불길이 더욱 세차게 타오르게 하자는데 그 중요한 목적이 있습니다.》

백두산동북부는 자연지리적으로 보나 주민구성으로 보나 우리나라 민족 해방운동을 계속 발양시켜 나가기에 매우 유리한 조건을 가지고 있었다. 더욱 이 일제가 정예사단들과 위만군부대들, 민간무력까지 백두산 서남부일대에

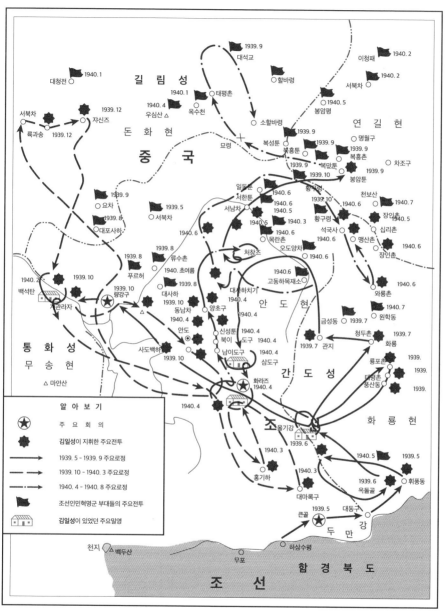

백두산동북부에서의 활동(1939.5~1940.8)

투입하고 있던 조건에서, 주동적으로 백두산 동북부일대로 투쟁무대를 확대해야 적들을 혼란에 빠뜨리고 심대한 타격을 가할 수 있다. 또한 조선인민혁명군의 진투력을 보존 확대하면서 혁명조직들의 피해를 방지하고 전반적 혁명역량을 각방으로 확대 강화할 수 있었다.

이 지역에서 주력부대의 군사 정치활동의 내용과 방식에서는 일정한 변화가 있었다. 이 지역에서도 근거지, 거점들이 필요하다. 그런데 새로 꾸리는 근거지는 고정된 밀영형태가 아니라 정황의 변화에 따라 기동적으로 이동할 수 있는 임시밀영 형태로 꾸리되, 국내에 넘나들기 유리한 곳에 그리고 백두산지구에 있는 근거지와 연결되게끔 꾸리도록 했다. 그리고 조선인민혁명군 부대들은 백두산 동북부의 근거지에 의거하여 연대급 규모로 나눠서 해당 지역에서 집중과 분산, 이동전술을 능숙하게 적용하면서 도처에서 적을 제압 섬멸하도록 했다. 다음으로 백두산 동북부와 두만강 연안의 북부조국일대에 조국광복회 조직을 비롯한 혁명조직들을 확대하고, 광범한 군중을 결속하기 위한 조직정치 사업을 강력히 추진해 그들을 반일투쟁에 적극 참여시켜 나가도록 했다.

이러한 방침을 확정하고 조선인민혁명군 사령관은 주력부대를 이끌고 두만강기슭을 따라 재빠르게 기동하면서 새로운 방침을 관철하기 위한 투쟁을 지체 없이 벌여나갔다. 먼저 이 일대에 근거지를 꾸리기 위한 적극적인 군사활동을 벌여나갔다. 근거지를 확보하자면 적극적인 군사작전으로 적을 제압하고, 민중들 속에서 정치사업과 조직건설 활동을 자유롭게 벌일 수 있는 유리한 공간을 만들어야 했다.

그런데 낭시 무산시구에서 호되게 당한 일제는 주력부대를 찾아 백두신 동북부 지역으로 몰려들기 시작했다. 조선쪽에서는 시라미즈토벌대, 후지이토벌대, 네기시토벌대 등 여러 토벌대와 함경북도경찰대가 두만강을 건너 밀려들었다. 화룡현 백일평 일대에서는 도시우미부대와 조요부대 등 일만혼성토벌대들이 조선인민혁명군에 대한 토벌작전을 벌였다. 조성된 정황에 대처하여 조선인민혁명군사령부는 주력부대를 두 개 방향으로 나누어 7연대는 안도현 올기강서쪽지대에서 활동하게 하고 사령관 자신은 경위중대와 8연대, 독립대대를 이끌고 두만강기슭을 따라 동쪽으로 이동하면서 화룡현 휘풍동방향으로 향했다. 사령부는 휘풍동계선에 이르자 휘풍동과 그 이웃 집단부락에 대한 습격전투(휘풍동전투)를 벌이고, 대중정치 사업을 펼쳤다. 7연대 역시 동경평, 상대동, 대동곡, 원풍동 등 여러 집단부락을 습격하고 사령부로 돌아왔다. 조선인민혁명군 주력부대가 백두산동북부로 이동하여 두만강연안에 있는 10여개의 집단부락을 연이어 습격하여 수백 명의 적을 섬멸하자 일제는 혁명군의 활동을 저지시켜보려고 필사적으로 발악하였다.

조선인민혁명군 사령관은 올기강 기슭 구석의 함지박골 수림 속에 주력부대의 지휘관들을 불러 적을 제압하기 위한 구체적인 투쟁과업을 제기했다. 회의 후 투쟁 대상과 지역을 설정하기 위해 이 지방 지리에 밝은 대원들로 여러 곳에 정찰을 보냈다. 정찰자료에 따르면 백일평(백리평)에 악질적인 300여 명의 정안군이 주둔해 있었다. 이 토벌대의 대장은 중국 화북전선에서 특출한 군공을 세워 천황의 표창까지 받은 일본군 장교였다. 그는 표창휴가를 가던 중 빨치산부대 하나 당해내지 못해 계속 패전한다는 것은 황군의 수치이자 일본국민의 수치라고 하면서 자진해서 토벌을 자청했다고 한다. 그자는 토벌을 자청하면서 김일성부대를 반드시 섬멸하겠다고 호언장담했다고 한다. 이자는 가슴팍에 아수라(불교에서 싸움귀신이라는 뜻으로 통함)라는 문신까지 해가지고 다니면서 무적용장의 행세를 하는 악질적인 자였다. 일제는 이자에게 큰 기대를 걸고 있었다.

정찰자료들을 종합 분석한 후 사령관은 백일평의 정안군을 올기강 쪽으로 유인해 일격에 섬멸할 전술을 짰다. 일제가 큰 기대를 걸고 있는 가장 악질적인 정안군을 먼저 요절냄으로써 다른 토벌대들을 제압하려는 것이었다. 사령관은 주력부대를 이끌고 1939년 6월 9일 밤 함지박골을 떠나 큰 능선을 타고 올기강(홍기하) 동쪽 비탈에 이르렀다. 이곳에서 근처 지형정찰을 한 후 백일평(백리평)에서 그리 멀지 않은 갈밭을 전투장소로 선택하고 매복진을 치도록 했다. 갈밭 가운데로 올기강이 흐르고 강 한쪽기슭을 따라 자동차길이 나 있었는데, 강과 길 좌우 쪽은 모두 수림지대여서 매복에 매우 유리했다.

적들이 올기강가 기슭에 나타난 것은 1939년 6월 10일 안개가 걷히기 시작하는 늦은 아침이었다. 중무장한 수백 명의 적이 여러 정의 기관총을 앞세우고 기세 좋게 행군해 오고 있었다. 적의 전 대오가 매복권에 들어섰을 때 긴 칼을 찬 일본장교가 물도랑 옆에 와서 걸음을 멈추더니 수상한 흔적이 있다고 소리를 질렀다. 그러자 적의 종대들은 일제히 행군을 멈추었다. 그자가 물도랑에서 일어서는 순간 사격명령이 떨어졌다. 한적한 올기강 기슭에 멸적의 총소리가 울려 퍼지고 적들의 비명이 골 안을 메웠다. 첫 타격에 적의 태반이 섬멸됐으며 남은 자들은 손을 들고 투항하였다. 전투는 10분도 안 걸려 조선인민혁명군의 승리로 마무리되었다. 전투에서 조선인민혁명군 주력부대는 200여명의 적을 살상포로하고 기관총 4정을 비롯하여 수많은 무기와 군수물자를 노획하였다. 처음 소리를 질렀던 칼 찬 일본군 장교는 군도를 절반도 뽑지 못한 채 물도랑 옆에 쓰러져 있었는데, 자세히 살펴보니 그 자가 '아수라'였다. 이 전투가 백일평전투라고도 불리는 유명한 올기강전투이다.

두만강연안유격구가 해산된 후 일제가 '이제는 치안이 확보되었다'고 장담하던 화룡현 일대가 조선인민혁명군의 활동무대로 변하고 기승을 부리던 백일평의 정안군이 순식간에 섬멸되자 겁을 먹은 적들은 그 후부터 감히 그 골 안에 얼씬거리지 못하였다. 그때부터 이 고장 사람들은 적들이 들어오지 못하게 문이 닫힌 촌이라는 뜻에서 올기강유역의 마을들을 폐문촌이라고 불렀다. 올기강전투의 승리는 무산지구에서의 참패를 만회해보려던 일제침략군의 토벌기도를 그 첫걸음부터 꺾어버리고 인민들의 기세를 북돋아 주었다.

## 옥돌골에서의 단오명절

올기강전투 승리 후 올기강유역에 폐문촌들이 많이 생겨 조선인민혁명군이 마음 놓고 백두산동북부일대에 혁명 기지를 꾸리기 위한 정치 사업을 할 수 있는 유리한 조건이 마련됐다. 조선인민혁명군 사령부는 6월 중순 화룡현 옥돌골로 진출해 이 일대를 중심으로 정치활동을 벌여나갔다. 옥돌골 주민들의 구성상태가 좋으며 또 지리적으로 중요한 위치에 놓여있는 점을 고려해 이 마을을 먼저 혁명화하는 사업을 추진해나갔다.

옥돌골은 상촌, 중촌, 하촌 등 3개의 큰 부락으로 이루어졌으며, 그 주변일대에는 조선 사람이 많이 사는 10여개의 산간마을이 있었다. 1930년대 전반기 반유격구였던 이곳 인민들 속에는 일제의 탄압책동으로 조직선을 잃고 지하에 있는 사람들, 혁명의 동정자들이 많았다. 옥돌골은 또한 삼장과 농사동을 거쳐 국내와 연계를 갖기에도 유리했다. 조선인민혁명군 사령부가 옥돌골 어귀에 나타나자 온 마을 사람들이 나와서 열렬하게 환영했다.

부대지휘관들과 대원들은 마을사람들에게 두만강연안 유격구가 해산된 이후 조선인민혁명군이 광활한 지역에 진출하여 일제침략군을 통쾌하게 족친 자랑스러운 전투소식도 들려주고 조국광복회10대강령의 내용도 알기 쉽게 해설하면서 그들의 가슴마다 혁명위업의 정당성과 필승의 신념을 깊이 심어주었다. 지휘관들과 노대원들은 주로 나이 많은 사람들을 대상으로 해설담화를 하였고 젊은 대원들과 여대원들은 각기 마을청년들과 여성들을 대상으로 혁명가요도 가르쳐주고 선전교육활동도 진행했다.

마을사람들을 만나 혁명화 사업을 하던 중 이 마을 사람들이 모두 모여 단오명절놀이를 하자는 제안이 나왔다. 사령관은 이를 적극적으로 환영하고 추진해나가도록 조처했다. 단오명절놀이에는 옥돌골 30리 골안에 사는 사람들을 모두 모이게 하고, 휘풍동을 비롯한 이웃 마을 사람 중에서도 올만 한 사람들은 모두 모이도록 했다. 단오명절놀이에는 그네경기와 씨름경기, 군민합동오락회와 예술 공연과 함께 축구경기도 했다. 두만강 연안의 마을들은 해방의 날이라도 맞은 듯이 흥성거렸다. 청장년들은 이번에는 마음 놓고 놀아보자고 하면서 그네를 매고 씨름 터를 만들었다. 옥돌골의 넓은 등판에서 온 동네 사람들이 다 모인 가운데 진행된 혁명군과 마을청년들사이의 축구경기는 정말 볼만 하였다. 축구경기는 승부 없이 끝났으나 그 경기의 정치적 영향은 대단히 컸다. 그네경기와 씨름경기도 대성황이었고, 군민합동오락회와 연예공연도 재청, 삼청으로 계속 이어져 예정시간을 훨씬 초과하였다.

조선인민혁명군 대원들은 여러 가지 행사가 진행되는 동안에도 모인 사람들에게 혁명적 출판물들을 나누어주기도 하고 구두선전도 하면서 인민들을 교양하고 각성시켰다. 또한 마을에 혁명조직을 건설하기 위한 사업도 적극 벌였다. 대중정치사업 과정에서 포섭된 청장년들을 따로 불러 비밀리에 모임을 갖고 혁명조직을 건설해 주었으며, 그들에게 새로운 투쟁과업도 주었다. 그날 옥돌골에서는 수십 명의 청년이 입대를 탄원해 나섰다.

옥돌골에서의 행사와 그를 통한 조선인민혁명군의 정치사업은 이곳 마을 사람들을 크게 고무해주었을 뿐 아니라, 그 주변 마을사람들을 혁명화하는 데서도 큰 역할을 했다. 적들이 화룡일대에 숱한 토벌역량을 집중시키고 있던 때에 그 한복판에서 조선인민혁명군이 여유작작하게 여러 가지 놀이를 하면서 축구경기까지 벌인 것은 몇 번의 전투나 몇백 마디의 연설로써도 얻을 수 없는 커다란 효과를 가져왔다. 옥돌골에서의 행사는 또한 조선인민혁명군 부대들이 올기강전투를 비롯하여 두만강연안의 여러 전투들에서 거둔 빛나는 승리를 경축하는 일종의 축하행사이기도 하였다.

조선인민혁명군 사령관은 이처럼 군중정치사업의 새로운 모범을 보인 다음 올기강 상류의 수림 속에 사령부를 정하고 각 연대와 정치공작소조들의 활동을 통일적으로 지휘하였다. 조선인민혁명군 부대들은 1939년 여름과 가을에 걸쳐 올기강을 중심으로 한 백두산 동북부 일대에서 맹렬한 군사활동을 벌여 이 일대의 적을 완전히 제압하는 한편 안도, 화룡, 연길을 비롯한 광활한 지역에 새로운 밀영들을 건설하고 그 주변 민중들을 의식화, 조직화 해 당 및 조국광복회 조직을 급속히 복구 확대해 나갔다.

그리하여 옥돌골, 유동, 휘풍동, 3도구를 비롯한 두만강연안의 넓은 지역에는 눈에 보이지 않는 강력한 지하전선이 펼쳐졌으며 일제가 치안확보구역으로 자랑하던 백두산동북부일대는 조선민족해방혁명의 또 하나의 믿음직한 혁명기지로 전변되게 되었다.

# 2
# 무산 연사지구에 새겨진
# 불멸의 발자취

## 무산, 연사지구에서의 6월과 8월

조선인민혁명군 주력부대는 백두산동북부일대에서의 군사정치활동을 활발히 벌이면서 북부조국의 넓은 지역으로 혁명의 전략적 기지를 확대해 나갔다. 이를 위해 조선인민혁명군 소부대들과 정치일꾼소조들이 수시로 국내로 떠나갔으며, 사령관 자신도 직접 국내로 진출해 혁명 활동을 펼쳤다. 사령관이 두만강을 건너 무산군 삼장면 삼하동 국사봉에 나온 것을 1939년 6월 중순이었다. 이곳에서 지하혁명조직 책임자 및 정치일꾼 회의를 열고 국내혁명조직 앞에 나서는 과업을 제기했다. 이 회의에서 사령관은 변화된 새로운 정세의 요구에 맞게 민족해방운동을 계속 발양시켜 나가야 한다고 역설하면서, 이를 위해서는 무산, 연사 지구를 비롯한 두만강 연안일대를 혁명투쟁의 강력한 보루와 믿음직한 기지로 꾸려내야 한다고 호소했다. 그리고 이를 위한 과업들을 제시했다.

당시 조선인민혁명군은 백두산서남부일대와 압록강연안일대를 장악한데 기초하여 두만강연안 백두산동북부으로 투쟁무대를 확대해나가고 있었다. 이러한 추세에 호응해 우리나라 북부일대를 강력한 혁명기지로 꾸리는 일은 민족해방혁명운동을 더욱 발양시켜 나가는 데에 매우 절박한 과업으로 제기되고 있었다. 특히 무산, 연사지구는 백두산지구 그리고 함경산줄기, 부전령산줄기와 험준한 산맥으로 서로 잇닿아있고 청진, 함흥을 비롯한 산업지대와 연결된다. 그러므로 이 지구의 천험의 요새라고 볼 수 있는 깊은 수림지대에 비밀거점을 꾸리게 되면 조선인민혁명군의 군사정치활동을 국내깊이 확대 발전시키기에 매우 유리해진다.

조선인민혁명군 사령관은 국사봉회의에서 무산연사지구를 비롯한 우리나라 북부일대를 혁명의 믿음직한 기지로 꾸리기 위한 방안을 일목요연하게 밝혔다. 첫째는 이 지구에 조국광복회를 비롯한 혁명조직들을 확대강화하고, 그에 대한 정연한 조직지도체계를 세우는 것이다. 그러자면 보다 적극적이고 주도면밀한 정치활동으로 무산, 연사지구 혁명조직을 확대 강화해야 하며, 정치활동에 능숙한 조직성원들을 국내각지에 파견해 파괴된 조직을 복구하고 새로운 조직을 만들며, 그것을 국내깊이 확대해 나가야 한다. 둘째는 항일무장투쟁에 호응해 민중들을 각종 반일투쟁에 참여시키며, 생산유격대를 더욱 강화하고, 조선인민혁명군을 지원하기 위한 사업을 각방으로 전개해 나가는 것이었다.

조선인민혁명군 사령관은 국사봉회의 직후인 6월 하순 주력부대의 일부 성원들과 함께 또다시 무산군 삼장지구에 진출했다. 이곳에서 국사봉 회의 방침 관철을 위한 대책을 세우면서 김정숙대원에게 적들의 주요군사거점인 삼장일대의 적정과 혁명조직들의 활동정형을 파악 장악하고 이어 연사지구의 혁명조직들에 대한 정연한 조직지도체계를 세우는 임무를 주었다. 사령관으로부터 임무를 하달받은 김정숙 대원은 즉시 삼장지구 실태를 파악 장악해 보고하고, 이어 연사지구에 조직선을 이어주고 당 및 조국광복회 조직을 확대해 나가는 사업을 힘차게 벌여 나갔다. 이러한 활동으로 연사지구 당 조직과 조국광복회 연사지구위원회가 결성되었다. 이로써 당 및 조국광복회 조직 건설 사업에서 큰 진전이 이루어졌고, 그 조직들은 두만강 연안과 우리나라 북부일대를 혁명의 보루로 튼튼히 꾸리고 전민항쟁을 준비하는 데서 큰 밑천으로 되었다.

　사령관이 제시한 지침에 따라 정치일꾼들과 조선인민혁명군 소부대, 소조들은 당 및 조국광복회 조직들을 국내 깊이 확대하기 위한 군중정치 사업을 힘차게 벌이면서 우리나라 북부일대에 비밀근거지를 창설하기 위한 활동을 힘차게 밀고 나갔다. 그 결과 무산군 국사봉일대와 민봉일대를 비롯한 무산, 연사지구의 유리한 산림지대와 경원, 어랑지구를 포함한 북부조국의 여러 곳에 조선인민혁명군 부대들이 의거하여 활동할 수 있는 강력한 비밀근거지들이 꾸려지게 되었다.

　조선인민혁명군 사령관은 1939년 8월 주력부대를 이끌고 무산, 연사지구에 또다시 진출했다. 두만강을 건너 조국에 진출한 조선인민혁명군 사령관은 무산군 새골리에서 경원군 용계, 무산군 민봉, 어랑군 엄광 등지에서 활동하던 소부대 책임자들의 사업을 지도한 다음 무산군 철봉에서 조선인민혁명군 군정일꾼회의를 열고, 소부대, 소조들이 우리나라 북부일대에서 군사정치활동을 더욱 세차게 벌이기 위한 제반 대책을 논의했다.

　조선인민혁명군 사령관은 철봉회의를 마친 후 다음 목적지인 민봉비밀근거지 연두골에 들러 조국광복회 조직책임자 및 정치일꾼회의를 소집했다. 이 회의에서는 조국광복회 조직을 전국적 판도에서 더 많이 건설하고, 광범한 민중들을 반일반전투쟁에 힘차게 조직 동원하기 위한 대책들이 제기되고 토의 결정되었다. 연두골회의에 이어 사자봉에서 국내당공작위원회 회의를 소집했다. 이 회의에는 국내당공작위원회 위원들과 국내에서 당 조직건설 사업을 진행하던 소부대, 소조성원들, 연사지구 당 조직핵심성원들과 조선인민혁명군 주력부대의 지휘관들이 참가했다. 이 회의에서는 혜산사건이후 당 조직건설 실태와 양상이 총괄 평가되었고, 국내당공작위원회의 기능과 역할을 더욱 높여 전국적 범위에서 당 조직건설 사업을 힘차게 벌려나가기 위한 구체적인 과업들이 제기되고 토의 결정되었다.

여러 차례에 걸쳐 무산, 연사지구에 진출하여 새긴 불멸의 발자취는 우리 나라 북부일대를 강력한 혁명기지로 꾸림으로써 항일무장투쟁의 불길을 국 내깊이에로 더욱 확대 발전시키고 전국적 판도에서 당 및 조국광복회운동과 전민항쟁준비사업을 급속히 발전시켜나가게 한 역사적인 노정이었다.

## 올기강에 낚시 줄을 드리우고

조선인민혁명군 사령관은 1939년 여름 올기강 기슭의 수림 속에 자리 잡 은 사령부 밀영에서 조선인민혁명군의 전반적인 군사정치활동을 조직 지휘 하였다. 적들의 준동이 극심한 조건에서 적들의 감시로부터 철저히 은폐되고 유사시에 대원들이 빨리 대처할 수 있는 올기강 골 안에 밀영을 정했다. 올기 강밀영에는 백두산동북부와 국내에서 활동하는 각 부대의 지휘관들과 정치 일꾼들이 그칠 새 없이 드나들었다.

조선인민혁명군 부대들은 이해 여름 백두산동북부 이르는 곳마다 군사정 치활동을 맹렬히 벌렸다. 그리하여 적들에게 커다란 타격을 주고 일제의 여름 철 토벌 작전을 완전히 파탄시켜 내고 광범한 민중들을 혁명화해 백두산동북 부를 강력한 혁명기지로 꾸렸다. 일제의 관동군헌병대가 줄여서 발표한 자료 에 의하더라도, 조선인민혁명군 부대들이 1939년 6월부터 9월까지의 4개월 동안에 벌인 전투는 무려 138회나 된다.

어느덧 여름도 다 가고 올기강기슭에 가을이 왔다. 9월 하순, 김일성은 새 로운 작전준비를 위하여 여름내 백두산동북부 각지에서 활동하던 주력부대 의 각 연대들을 사령부가 있는 올기강밀영으로 불렀다. 그때가 마침 추석명절

때였다. 김일성은 커다란 성과를 달성하고 돌아온 부대들의 사기를 더욱 높여주며 특히 여름에 각 연대에서 신대원들을 많이 받아들인 것을 고려해 추석을 특별히 잘 쇠도록 조처해주었다. 밀영은 오래간만에 김일성과 함께 추석명절을 쇠는 대원들의 기쁨으로 흥성거렸다.

그러나 명절을 즐기는 대원들의 마음 한구석에는 여름내 밀영에 와 있다가 얼마 전에 집으로 돌아간 중국인지주 류통사의 동생과 조카의 일로 하여 불안과 긴장감이 없지 않았다. 류통사란 중국 화룡현 우심산 기슭의 용담촌에 사는 대부호였다. 그는 우리말을 잘해 중국 사람들과 조선사람들 사이에 무슨 일이 생기면 스스로 통역을 맡아서군 했다. 그는 원래 공산주의에 대한 그릇된 편견으로 공산주의자를 싫어했었다. 그런데 조선인민혁명군이 백두산 동북부지역에서 활동할 때, 김일성이 그를 징벌이나 재산몰수가 아니라 교양과 설득, 높은 덕망으로 그릇된 반공의식을 바로 잡아주고, 반일애국정신을 북돋아 우리나라 민족해방혁명의 적극적인 지지자, 후원자로 바꿔놓았다. 그리고 아편에 빠져 호의호식해온 그의 동생도 잘 대해주면서 꾸준히 교양 개조해 나갔다. 이러한 노력에 감격한 류통사는 동생과 조카를 밀영에 남아 있게 하고 그것을 구실로 많은 식량과 천, 신발 등 각종 원군물자를 아낌없이 보내주었다. 그 물자들은 그 해 겨울나기 준비에 커다란 도움이 됐다.

그런데 추석명절을 앞두고 류통사의 동생과 조카를 집으로 돌려보냈다. 그랬으니 그들을 통해 사령부의 위치를 알아낸 적들이 언제 밀영으로 달려들지 알 수 없었다. 김일성은 경제적 지원 목적도 달성되고 또 부대이동도 예견되어 있어서 류통사의 동생을 집으로 돌려보내, 조선인민혁명군 사령부의 위치를 일부러 노출했던 것이다. 그것은 직들로 하여금 올기강 골안으로 밀려들게 함으로써 부대의 새 작전 준비에 유리한 조건을 마련하기 위함이었다.

성급한 대원들은 빨리 출발명령이 내려지기만을 초조하게 기다리고 있었다. 그러나 사령관은 밀영에 떠도는 긴장된 분위기를 모른 척 전령병과 함께 낚시를 나갔다.  그리고 올기강에 낚싯대를 드리우고 새로운 작전을 구상하였다. 적들이 어느 시각에 달려들지 모르는 긴박한 정황에서도 조금도 서두르는 빛이 없이 낚싯대를 메고 강가로 향하는 사령관의 태연자약한 모습은 대원들의 긴장된 마음을 진정시키고 밀영의 팽팽한 분위기를 가라앉혀주었다.

처음에는 낚시에 고기가 물리지 않아 안달복달하던 전령병이 사령관이 가르쳐 준 대로 낚시를 하자 산천어가 제법 물렸다. 재미를 느낀 전령병이 사령관에게 "이런 재미로 낚시질을 하시는군요."라고 말하자, 사령관은 전령병에게 다음과 같이 대답했다.

《동무도 이제야 낚시질 맛을 안 것 같군, … 그러나 낚시질을 좋아하는 것은 고기를 잡는 재미 때문만은 아니요, 고기 잡는 재미도 있지만 그만 못지않은 다른 재미도 있소, 예하면 시인이 낚시질하면서 글귀를 생각하며, 발명가가 낚시를 드리우고 풀리지 않는 문제를 푸는 재미란 고기 잡는 재미보다 결코 못지않다고들 하오. 이런 사람들은 고기 잡는 재미보다 더 깊은 맛을 아는 사람들이요. 동무도 낚시를 드리우고 풀리지 않는 문제를 한번 생각해보면 문제가 곧 잘 풀려나온다는 것을 알 것이오 》

전령병은 그제야 사령관의 깊은 의도를 다소나마 짐작할 수 있었다. 사실 올기강 기슭에 낚시를 드리우고 있던 그 시각 김일성은 휴식한 것이 아니었다. 방금 돌려보낸 유통사 동생의 고발을 접한 적들이 어떤 병력규모로, 어느 방향으로, 언제쯤 달려들 것인가를 타산하고 있었다. 그리고 적들을 어떻게 족칠 것인가 하는 구체적인 작전을 짜기 위한 긴장된 사색을 하고 있었던 것이다.

　김일성은 낚시터에서 돌아오시자 주력부대에 출발명령을 내리고 올기강 밀영을 떠나 유유히 안도방향으로 향했다. 한편 류퉁사 동생의 고발을 받은 적들은 수많은 병력을 동원하여 올기강 골짜기 안으로 몰려들었으나 그때는 이미 조선인민혁명군 사령부가 이동한 뒤여서 헛물만 켜고 돌아갔다.

# 3
# 대부대 선회작전

## 옳은 선택, 대부대선회작전안

일제는 1939년 가을부터 1941년 봄까지 동남부 3개 성에 대한 '치안숙정 특별공작'의 명목 밑에 조선인민혁명군에 대한 미증유의 대토벌을 감행했다. 여기에서 동남부 3개 성이란 길림성, 통화성, 간도성을 말한다. 동남부 치안 숙정 특별공작은 관동군사령관 우메즈와 만주국 치안부대신의 직접적인 지휘감독 하에 무려 '20여만'에 달하는 일만 군경과 각종 반군사 인원이 동원된 하나의 큰 전쟁이었다.

반일인민유격대를 창건해 항일대전을 선포한 이후 일제의 토벌작전을 그 규모가 해마다 커졌다. 1934년 위공작전 때도 그 규모가 어마어마했다. 또한 1936년 가을부터 북부 동변도에서 감행된 토벌도 규모가 대단히 컸다. 하지만 이전의 모든 토벌은 동남부치안숙정특별공작의 미명하에 준비된 새로운 토벌작전에 비하면 조족지혈이었다. 1936년의 북부동변도 치안공작 때 사사끼를 우두머리로 한 통화토벌사령부의 작전무대가 1개성의 범위를 벗어나지 못한 것이었다면, 1939년 노조에 토벌사령부의 작전무대는 길림, 통화, 간도의 3개성과 목단강성의 영안현까지 포함하면 무려 4개 성에 달했다.

노조에 토벌사령부의 새 작전은 그전의 통화토벌사령부 작전보다 지역상으로는 3~4배, 역량상으로는 12.5배, 비용상으로는 13배가 훨씬 넘는다. 이 숫자들을 통해서 보더라도 일본군부가 이 토벌에 얼마나 큰 기대를 걸고 있었는가를 잘 가늠할 수 있다. 일만 군경수뇌들은 이 토벌작전을 단순한 군사적 토벌에만 국한하지 않고 귀순공작과 사상공작, 치본공작 등을 결합시켜나감으로써 그 폭과 심도라든가 방법과 수단의 치밀성으로 볼 때 종전의 토벌들을 훨씬 능가하는 전례 없는 작전이었다.

일제는 토벌작전을 시작하면서 그것을 성전 또는 성벌이라고 묘사했다. 일제가 해외침략전쟁을 여러 번 했지만 선전포고를 한 적도 별반 없고 또 처음부터 그것을 전쟁이라고 표현하지 않았다. 모든 전쟁을 사변이나 사건으로 묘사해 자신들의 전쟁행위를 합리화, 합법화했다. 이런 일제가 동남부치안숙정 특별공작을 벌이면서 이 작전을 성벌이나 성전으로 명명한 것은 참으로 의미심장하다. 이것은 일본군부가 조선인민혁명군과의 대결을 일방적인 토벌이나 숙정으로 보던 종래의 관점에서 벗어나 교전관계, 전쟁관계로 보기 시작했다는 것을 의미한다.

일제는 왜 이 시기에 와서 어마어마한 총력전 체제로 작전을 벌이지 않으면 안 되었는가? 그들이 작전을 통해 달성하려고 한 목표는 무엇이었는가? 이에 대해 김일성은 다음과 같이 회고했다.

《중일전쟁과 할힌골싸움(1939년 5월~8월 까지 일본과 소련 몽골사이에 국경분쟁으로 인해 벌어진 전투로 일본이 패배했음)에서의 연속적인 실패로 하여 일본군내부는 몹시 소란했습니다.
석 달이면 결속될 수 있고 길어서 반년이면 막을 내리게 되리라고 장담하던 중일전쟁은 2년이 지나도록 승산이 보이지 않았습니다. 일본군의 주력은 전쟁의 진흙탕 속에 깊숙이 빠져 들어갔습니다.

일본군부의 일부 계층 속에는 중국대륙과 할힌골에서의 패전원인을 군부 안에서의 파쟁이나 군사기술기재의 낙후성에서 찾는 사람들도 있었지만 적지 않은 군부관료들과 군사전문가들 가운데는 인민혁명군부대들의 배후교란작전과 그로 인한 후방의 불안정, 보급로의 차단, 전쟁심리의 혼란 등에서 주되는 원인을 찾는 사람들이 많았습니다. 말이 났으니 말이지 인민혁명군부대들의 배후교란작전 때문에 적들이 큰 손실을 당한 것만은 사실입니다.

여기로부터 일본사람들이 정신을 단단히 차린 것 같습니다. 그들은 후방에 인민혁명군부대들을 그냥 두고서는 중일전쟁도 대소작전도 다 성과적으로 수행할 수 없다는 것을 깨달았습니다. 이것은 적들이 항일유격대에 대한 관점을 달리하지 않으면 안되게 되었다는 것을 의미합니다.

보는바와 같이 일본제국주의자들이 동남부치안숙정특별공작이라는 새로운 작전을 꾸미고 총력전체제로 그것을 실행하지 않으면 안되게 된 것은 인민혁명군과의 교전과정에 대한 총화로부터 온 필연적인 결과입니다. 이 숙정공작에서 적들이 달성하려고 한 목적은 인민혁명군부대들을 최종적으로 소멸하고 그 존재자체를 없애버리려는 것이었습니다.

노조에의 훈시를 보면 내용전반이 우리 부대를 완전 소멸해치우겠다는 호통으로 일관되어있었습니다.

그는 그 훈시라는 데서 이때까지 여러 해 동안 길림, 간도, 통화의 3개성에서 거듭되는 토벌을 했음에도 불구하고 유격대들이 쇠퇴되지 않고 있기 때문에 이번에 자기가 중임을 받고 정마를 백두산에 내몰아 한칼에 짓부수어 비적의 화를 근절시키겠다고 호언장담하면서 부하들에

게 인민혁명군부대성원들을 한사람도 놓침이 없이 전멸시키라고 호통
질하였습니다.

    정마를 백두산으로 몰아 한칼에 짓부수어버리겠다는 것은 바로 우리
를 어쩌보겠다는 말이었는데 이 훈시를 통해 명백히 판단할 수 있는 것
은 적의 주공목표가 조선인민혁명군이라는 것입니다.》

조선인민혁명군 사령부는 이 토벌계획을 우연한 기회를 통해 알게 됐다.
이 정보를 제공해 준 사람은 1939년 6월 올기강전투(백일평전투)에서 포로로 붙
잡혔다 되돌아간 위만군 봉천부대의 중대장이었다. 그는 간도지구토벌대라
는 것이 새로 조직됐는데, 자기 중대도 거기에 망라되어 있다는 것, 대토벌은
10월 초부터 개시되는데 이번 작전은 전례 없는 큰 규모로 진행되게 된다는
것, 혁명군이 즉각적인 대응조치를 취하지 않으면 대손실이 우려된다는 것을
알려왔다. 그 정보 덕에 조선인민혁명군은 대토벌작전에 대한 대비를 여유 있
게 할 수 있었다.

노조에 토벌사령부는 새로운 전술로 나왔다. 일본군부가 항일유격대의 유
격전술을 오랫동안 연구한 끝에 내놓은 새로운 전술은 유격대를 유격전으로
소멸하겠다는 전술이었다. 조선인민혁명군은 적들의 전략전술을 파악한 끝
에 이러한 전술로 나오고 있다는 것을 간파했다. 이것은 토비공작 참고자료
라는 것을 입수한 후 더욱 똑똑히 알게 됐다. 일본 군부는 유격전을 깨기 위한
토벌대의 복장도 유격대와 같은 것으로 하고 훈련도 행동도 빨치산 식으로 했
다. 이러한 모든 것은 일본 군부가 조선인민혁명군을 섬멸하기 위해 얼마나
깊이 있는 조사와 새로운 진술을 모색해 왔는가를 잘 말해주고 있다.

김일성은 노조에 토벌사령부와의 대결이 아주 준엄한 싸움을 되리라는 것

과 이 싸움에서 승리하자면 반드시 종전에는 쓰지 않았던 전혀 새로운 전술을 탐구하고 적용해야 할 것이라고 판단했다. 수십만 대군의 공세를 파탄시키고 혁명의 지속적 고조를 이룩하려면 그 어느 때보다도 치밀하고 적극적인 작전을 뒷받침할 수 있는 묘술을 찾아내야 했다. 김일성은 그 해답을 대부대 선회작전에서 찾았다.

대부대 선회작전이란 한마디로 대부대로 비밀통로를 따라 광활한 지역을 빙빙 돌아가는 장기적인 유동작전을 말한다. 그저 돌아가는 것이 아니라, 다양한 전법으로 적을 타격하면서 돌아가는 작전이었다. 대부대 선회작전의 첫 선회의 지향점을 돈화와 액목의 서쪽 방향으로, 다음 지향점을 몽강, 무송, 장백 방향으로, 그리고 다시 간도성 남단으로 해서 제 자리로 돌아오는 것으로 노정을 구상하고 선회기간을 대략 1년으로 잡아놓았다. 대부대 선회작전에서는 선회통로의 비밀보장과 식량해결이 관건이었다. 통로의 비밀이 새면 적들의 진드기 전술에 걸려들 수 있었고, 포위망 속에 빠질 수도 있었다. 식량문제도 인민혁명군이 고정된 지역에서 활동할 때에는 미리 장만해서 밀영에 저축해 두고 있으면 되지만 온 겨울 대부대로 유동하면서 활동하는 경우에는 사정이 달랐다.

조선인민혁명군 사령관은 새로운 작전 구상을 비밀에 부치고, 7연대와 8연대, 경위중대를 동원하여 미리 정해놓은 이동노정의 중요지점들에 식량을 비축해놓도록 조처했다. 이와 함께 재봉대원들에게 600여벌의 겨울철군복을 제작토록 조치했다. 이러한 사전 준비 작업이 어느 정도 해결되어 가고 있던 1939년 10월 6일, 7일에 중국 안도현 양강구에서 군정간부회의를 열어 백두산동북부 넓은 지역에서의 대부대선회작전 개시를 정식 선포했다.

조선인민혁명군의 대부대선회작전 방침은 혁명군이 주도권을 계속 틀어쥐고 수적으로나 기술적으로 비할 바 없이 우세한 적을 이리저리 끌고 다니면서 타격 섬멸할 수 있게 하는 대담무쌍하고 획기적이며 신묘한 방침이었다. 이것은 또한 혁명군 역량을 최대한 보존하면서 적들의 대토벌작전을 격파하고 무장투쟁을 끊임없이 확대 발전시켜 나갈 수 있게 히는 적극적이며 주동적인 방침이었다.

조선인민혁명군 사령부는 계관라자부근에서 노조에 토벌대와의 첫 전투를 벌였다.

1939년 10월 어느 날 안도현 한양구, 양강구 일대에서 활동하던 사령부는 계관라자부근에서 적들과 갑작스럽게 만났다. 계관라자란 산봉우리가 마치 닭의 벼슬처럼 생겼다고 해서 붙여진 이름이었다. 지형으로 봐 적들이 매복전을 펼치기에 매우 유리했고, 행군 중에 있는 혁명군이 적의 기습을 막기에 대단히 불리한 곳이었다. 적들은 이런 유리한 조건을 이용해 고지를 선점하고 있다가 지나가고 있던 혁명군 대오를 보고 집중사격을 했다. 사령부는 처음에는 고전을 면치 못했다. 그러다 사령관의 임기응변의 전술로 역경을 순경으로 바꾸어냈다. 한참 전투를 지휘하던 사령관은 벌판 쪽으로 100m쯤 되는 곳에 홈타기(옴폭하게 팬 자리나 갈라진 곳)가 있는 곳을 발견하고 그쪽으로 대오를 이끌었다. 그러나 그곳도 안전한 곳은 되지 못했다. 사령관은 그때 적들이 차지한 고지 밑 벼랑 쪽을 향해 달려나갔다. 대원들도 사령관을 따라 고지 쪽으로 향해 달렸다. 적들은 혁명군이 벌판 쪽으로 빠진 줄만 알고 그쪽으로 눈먼 총질을 해댔다. 대원들은 그때 비로소 사령관의 의도를 알아차렸다. 적들은 한참 후 고지에서 내려와 벌판을 포위하고 함성을 지르며 달려갔다. 벌판을 3면으로 포위한 적들은 한참 동안 자기들끼리 총질을 해댔다. 그때 혁명군은 이미 옆 고지에 다 올라와 있었다.

계관라사 전투는 노조에 토벌대와의 첫 전투로 이해 겨울 조선인민혁명군이 부딪히게 될 군사적 정황의 축소판이었다. 김일성은 이 전투를 통해 적들이 새 작전을 앞두고 인민혁명군의 유격전술을 많이 연구하였다는 것을 더욱 명백히 알게 되었고 대부대선회작전안이 전술적으로 옳은 선택이었다는 것을 다시 확신했다.

### 돈화원정(대부대선회작전 1단계)

대부대선회작전의 첫 단계는 돈화원정이었다. 돈화원정은 화라즈에서 돈화로 죽 빠졌다가 그다음에 몽강, 무송쪽으로 가는 것으로 이해하면 된다. 화라즈를 떠난 다음 백두산 쪽으로 가다가 북쪽으로 방향을 돌려 돈화오지를 왔다 갔다 하며 큰 싸움을 몇 번 하고는 몽강현 동패자나 무송현 백석탄의 대 수림 속에 들어가 노독도 풀고 군정학습도 하면서 대소한추위를 밀영에서 넘기자는 것이다. 사령부는 1단계 작전준비를 하면서 경위중대의 1개 소대와 독립대대를 동패자로, 한 개 소부대를 백석탄으로 보내 밀영을 준비하고 대부대가 쓸 양식과 피복을 마련하도록 조치했다.

이런 사전 준비를 끝낸 다음 1939년 11월 하순 돈화원정을 떠났다. 사령관은 원정부대의 이동노정을 숨기려고 원정을 시작하면서 삼장 쪽으로 가는 것처럼 부대를 이도강 상류 쪽으로 진출시켰다. 적들이 사면으로 포위하고 있는 화라즈 밀영을 떠나 20~30리가량 빠지니 날이 밝기 시작했다. 이때 강에서 벗어나 발자국을 없애고 가까운 숲속에 들어가 휴식을 취했다. 아침밥을 먹고 난후 외발자국 행군법(10사람, 100사람, 1,000사람이 행군해도 한사람이 지나간 것처럼 선두사람이 낸 발자국 위에 발자국을 덧놓으며 나가는 행군법)을 쓰면서 백두산 쪽으로 행군해 갔다. 그러다 내도산 근처에서 행군방향을 180도로 바꿔 삼도백하의 얼음을 타고 북으로 향했다. 적들에게 또다시 혼란을 주기 위한 것이었다. 행군방향을 그렇게 역전시키면 전투를 몇 번 치른 것과 같은 효과를 볼 수 있다. 적들은 혼란에 빠져 이곳저곳 헤매다가 백색지대에 들어가서 얼어 죽을 수도 있었고, 맥이 빠져 전투력을 잃어버릴 수도 있었다. 이처럼 거짓소문도 퍼뜨리면서 흔적을 남긴 것은 적들을 될수록 이러저리 끌고 다니면서 최대한 맥을 빠지게 하고 춥고 지쳐서 옴짝달싹할 수 없게 만들려는 것이었다. 이처럼 부대의 이동 방향을 급격히 변동시키는 전술로 적들을 화룡, 안도일대에 산골짝에 몰아넣고, 수백 리 길을 강행군해 목단령을 넘어 돈화오지에 이르렀다.

돈화원정 첫 도착지는 사도황구였다. 그곳은 김일성이 길림감옥에서 나왔을 때 한 달 동안 머물렀던 고장이었다. 사도황구 숙영지에서 반일청년동맹회의를 소집했다. 이 회의는 박득범사건 때문에 열렸다. 박득범사건이란 박득범이란 유격대 간부가 위장귀순을 통해 후방물자를 획득했던 사건을 말한다. 이 사건을 두고 그 지역 청년동맹원들 사이에서 의견이 분분하다는 이야기를 전해 듣고 긴급하게 청년동맹회의를 조직한 것이었다. 이 회의를 통해 반일청년동맹들 속에서 나타나고 있는 흐리멍덩한 사상적 경향이 비판되었다. 또한 청년들 속에서 곤란 극복 정신이 부족한 현상, 위생 문화에 무관심한 현상, 문화오락사업에 잘 참가하지 않는 현상들이 비판되고, 그것을 시정하기 위한 대책들이 논의되었다. 또한 박득범사건의 엄중성이 논의되었다. 이날 회의에서 김일성은 박득범사건과 같이 인민혁명군의 권위와 명예를 훼손시키는 현상들에 항상 경각성을 높이고 그런 현상을 반대해 원칙적으로 투쟁해야 한다는 점을 일깨워주었다.

또한 이때 동패자밀영에 파견된 임수산(추후 변절함)이 겨울철 식량준비를 잘하지 못했다는 사실이 파악됐다. 그 결과 겨울철에 동패자밀영에서 지낼 수 없게 되어 버렸다. 그 대신 예비통로로 설정되어 있던 백석탄밀영으로 가야했다. 그런데 백석탄밀영에 가려면 식량공작을 통해 식량을 확보해야 했다. 사령부는 계획을 변경시켜 육과송과 쟈신즈 목재소를 치고 식량을 비롯한 여러 가지 물자를 노획한 다음 행군로를 180도로 바꿔 남쪽으로 잡고 예비통로인 백석탄밀영 쪽으로 가기로 했다.

그리하여 돈화원정의 첫 전투가 육과송목재소에서 벌어지게 되었다. 육과송목재소에 대한 정황을 구체적으로 파악한 조선인민혁명군 사령부는 12월 17일 밤 7연대와 8연대, 경위중대에 육과송목재소를 습격할 것을 명령했다. 대원들은 인공차단물을 비호같이 뛰어넘어 중앙포대부터 점령한 후 적의 내무반을 습격 장악하였다. 적들은 지하도에 들어가 숨어버렸다. 이때 지하도 수색작전을 지휘하던 오중흡 연대장이 지하도에서 쏘는 적의 흉탄에 치명상을 입고 그 자리에 쓰러졌다. 분노한 대원들은 강력한 화력으로 지하도에서 발악하는 적들을 모조리 쓸어 눕혔다. 육과송전투를 계기로 적들의 제2기 토벌작전을 혼란에 빠지고 조선인민혁명군은 대부대선회작전 제1단계에서 승리를 이룩할 수 있는 전기를 마련했다. 육과송전투에 이어 쟈신즈전투가 벌어졌다. 육과송에서 산림경찰대가 몰살당했다는 소식을 듣고 공포에 떨고 있던 적들은 총 한방 쏘지 못하고 제압당하고 말았다. 이 전투로 대부대 선회작전의 첫 단계가 빛나는 승리로 장식됐다.

육과송과 쟈신즈 전투소식은 돈화일대 민중들의 혁명적 기세를 북돋아 주었다. 반면에 노조에 토벌사령부는 대경실색했다. 산과 골짜기마다 토벌대들의 그물로 뒤덮인 화룡- 안도 일대에서 쉽사리 빠져나온 것만 해도 놀라운데 전격적으로 돈화의 주요 주둔지들을 연속 들이치자, 적들은 조선인민혁명군의 신출귀몰한 작전에 경악하였고, 그 수수께끼를 풀지 못해 전전긍긍했다. 적들이 육과송, 쟈신즈가 습격당하고 자기들 부대가 녹아났다는 급보를 받고 허둥지둥 돈화방향으로 병력을 집중하기 시작했을 때는 벌써 조선인민혁명군이 은밀히 남으로 빠져 송화강 유역에 이른 뒤였다.

대부대선회작전 첫 단계의 가장 큰 성과는 육과송과 쟈신즈의 목재소 노동자들 속에서 200여명이 조선인민혁명군에 자원입대한 것이었다. 노동계급출신 청년들이 이처럼 단번에 혁명군에 입대한 것은 조선인민혁명군의 건군역사에서 처음으로 되는 경이적인 사변이었다.

적들이 돈화벽지에서 조선인민혁명군을 찾아 헤매고 있을 때 조선인민혁명군 주력부대는 송화강 유역의 깊은 수림 속에 숙영지를 정하고, 3일 동안 숙영했다. 그리고 여기에서 1940년 새해를 맞았다. 조선인민혁명군은 이곳에서 신년 축하모임을 갖고 성대한 연예공연과 신입대원 환영행사를 다채롭게 진행했다.

연예공연을 한다는 소식이 알려지자 숙영지는 더욱 흥성거리고 활기와 낭만으로 차 넘쳤다. 대원들은 한겨울의 맵고 짠 추위를 무릅쓰고 가설무대를 만들었으며 다채로운 종목의 연예공연을 준비하였다. 사령관이 신입대원들이 앉은 관람석에 나오자 막이 열리고 혁명군대원들의 씩씩한 노랫소리가 울려 퍼졌다. 유격대행진곡 합창으로 시작된 공연무대에는 독창, 하모니카독주, 여대원들의 무용, 막간 희극 등 여러 가지 종목들이 연속 펼쳐졌다. 난생처음 이처럼 삶의 기쁨과 기백이 약동하는 연예공연을 보게 된 신입대원들과 목재소 노동자들의 감격은 실로 컸다. 연예공연에 이어 군중문화오락회가 밤 깊도록 계속되었다. 송화강 유역의 깊은 수림 속에서 진행된 신년축하모임과 행사들은 대부대선회작전의 제1단계를 총정리하는 승리의 경축모임이기도 하였다.

### 대부대선회작전의 2단계

조선인민혁명군 주력부대는 돈화방면으로 기동해 육과송, 쟈신스 목재소 습격전투를 벌인 후 1940년 1월 초 무송현 백석탄 수림지대로 감쪽같이 사라져 겨울철 군정학습을 진행했다. 백석탄밀영은 백석탄부락에서 곧은길로 15

리, 한양구에서 20리 떨어진 송화강의 지류가 흐르는 우묵한 골짜기에 자리 잡고 있었다. 군정학습의 성과적 보장을 위해 조선인민혁명군 주력부대의 한 부대는 적들을 이리저리 끌고 다니면서 실컷 골탕을 먹이다가 백석탄으로부터 400~500리 되는 곳에 따돌렸다. 그리고 소부대를 보내 예비로 저장해두었던 식량, 군복을 비롯한 후방물자들과 무기를 가져왔다. 그리고 송화강에서 갈라져 들어오는 길목과 산릉선들에 빈틈없는 경계망을 펴놓았다.

백석탄 군정학습은 육과송과 쟈신즈에서 입대한 200여명의 목재소 노동자들을 학습시켜 그들의 수준을 높이기 위해서였다. 군정학습을 두 단계로 나누어 진행되었다. 첫 단계는 한 달 기간으로 기본학습 과목을 속성으로 교육했고, 두 번째 단계는 심화학습 단계로 기본 학습 내용을 반복하여 학습하면서 공고화시키는 방향에서 진행되었다.

정치학습은 중대별로 진행되었으며 중대정치지도원들이 강의하고 토론을 지도하였다. 기본학습교재는 「조국광복회10대강령」, 「조선공산주의자들의 임무」 등을 사용했다. 군정학습에서는 군사훈련도 포함되었다. 군사훈련에서는 유격전의 기본원칙들, 매복전, 습격전, 성시공격전투를 비롯한 다양한 전투 형식과 방법들이 다루어졌고, 새벽공격전술, 돌격전술과 같은 적의 전술 역시 다뤄졌다. 군사훈련에서는 전술, 사격훈련과 함께 대열훈련, 독도법(지도 보는 방법)과 거리판정법, 자기위치 판정법 등 지형학훈련도 진행하였다. 이와 같은 군사훈련에서는 이론보다도 실지동작훈련을 많이 하였다.

조선인민혁명군 주력부대가 돈화일대로 대기동하여 큰 전투들을 벌인 다음 백석탄의 수림지대에 감쪽같이 들어가 군정학습을 진행하던 시기, 적들 속에서는 커다란 혼란과 소동이 일어나고 있었다. 1939년 연말까지 조선인민혁명군의 활동을 완전히 좌절시키고 후방의 안전을 보장한다고 호언장담하면서 20여만의 대병력을 동원해 동남부치안숙정특별공작을 벌려 놓았던 일제는 토벌작전에서 거듭되는 참패를 당했을 뿐 아니라 조선인민혁명군 사령부와 주력부대의 행방마저 찾지 못해 안달이 났다. 그러다가 2월 하순에 와서야 겨우 조선인민혁명군의 행처를 찾을 수 있었다. 적들은 이것을 절호의 기회로 여기면서 항공대와 협동해 새로운 토벌계획을 세우고 송화강유역으로 대규모 무력을 들이밀었다.

백석탄 군정학습 2단계를 10여일 진행하던 주력부대는 적들이 밀영 쪽으로 다가오고 있다는 것을 알고, 학습을 중단하고 이미 짜놓은 방안에 따라 대부대 선회작전 2단계로 넘어갔다. 2단계의 비밀루트는 백석탄에서부터 백두산 동북부 이도백하, 삼도백하, 사도백하 지대를 지나 국내에 진출했다가 화룡현을 거쳐 안도현으로 다시 돌아가는 것이었다.

주력부대는 먼저 밀영으로 기습해 쳐들어온 적들을 물리치는 게 급선무였다. 밀영을 발견한 적들이 조선인민혁명군 주력부대에 대한 전면적 포위공격을 준비하고 있다는 정보를 입수하고, 그에 대처한 작전을 짰다. 우선 주력부대 한 지휘관으로 하여금 1개 중대를 인솔하고 적구에 가서 양강구를 친 다음 하왜자 쪽으로 빠지도록 했다. 그리고 경위중대 1개 소대로 하여금 백석탄 뒤에 있는 고지들의 여러 초소에서 대기하고 있다가 밀영으로 밀려들어오는 적들을 격멸하고 노수하 쪽으로 철수하도록 했다. 사령부는 주력을 이끌고 적들의 공격 개시 30분 전에야 밀영을 떠나 노수하 쪽으로 이동했다. 적을 함정으로 끌어들이려면 혁명군 부대가 밀영에 계속 남아 있는 것처럼 눈속임 해야 했고, 그러려면 주력부대가 최대한 늦게 빠져나와야 했다.

혁명군이 철수하자마자 적들이 밀영에 달려들었다. 아무 저항도 없는 고요한 밀영을 보고 적들은 다 먹어놓은 떡이라고 판단했다. 그래서 일제히 돌격을 들이댔다. 그래도 혁명군 경위중대의 명사수들은 총을 쏘지 않고 적들이 노는 꼴을 보기만 했다. 날이 밝자 적의 비행대가 밀영 상공에 날아와 밑에서 좋아라고 손을 흔드는 제 편을 향해 폭탄을 마구 던졌다. 폭탄이 터지는 소리를 듣고 병영에 들어갔던 적들이 모두 밖으로 뛰어나왔다. 그와 때를 같이하여 혁명군 기관총들이 불을 뿜었다. 적들이 계획했던 육공협공은 결국 혁명군과 일본군비행대가 협동하여 일본군 보병들을 소탕한 셈이 되었다.

적들이 백석탄에서 소동을 벌리는 사이 인민혁명군은 유유히 백두산 쪽으로 내려오면서 뒤따르는 적을 노수하에서 치고 이도백하를 건너 내도산 동쪽의 수림 속으로 숨어 들어갔다. 그다음 양강구로 갔었던 중대와 백석탄에 남아있던 경위중대 대원들이 다 모였다. 여기에서 무산 삼수평으로 정찰조를 파견했다. 그런데 정찰조는 국경경비가 너무 심해 두만강을 건너자마자 정찰도 제대로 못하고 추격만 받다가 구사일생으로 살아 돌아왔다. 이러한 상황에서 국내 진출을 모험이라고 판단하고, 국내진출 계획을 당분간 뒤로 미뤘다. 그 대신 식량도 해결하고 국내에 있는 적들의 반응을 보기도 할 겸 큰 목재소를 치기로 했다. 이러한 목적으로 두만강 가까이에 있는 대마록구 목재소를 치기로 했다.

1940년 3월 11일 정찰조를 대마록구 목재소로 보냈다. 두만강 상류 대안에서 손꼽히는 목재산지인 대마록구는 적 토벌대의 본거지였다. 여기에는 일본군 야까호리 부대와 산림경찰대 500여명이 상시 주둔해 있던 곳이었다. 그런데 정찰조의 정찰결과에 따르면, 거의 모든 병력을 청산리 방향으로 출동시키고 부락에는 소수의 경비병만 남아 있었다. 적의 주력이 토벌로 내몰려 마을이 비어있는 틈을 타서 급습했다. 두 개의 습격조로 편성된 혁명군은 10분 정도 사이에 서산포대, 동북쪽 포대, 경찰대 본부, 적 내무반을 차지했다. 습격조의 행동이 어찌나 민첩하고 과감했던지 포대의 적들은 총 한 방 쏘지 못한 채 제압당하고 말았다. 이 전투에서 조선인민혁명군 주력부대는 기관총 1정과 보총 수십 정, 탄약 10상자, 군복 100여벌, 밀가루 700여 포대 그 밖에 많은 군수물자를 노획했다.

대마록구전투 승리이후 조선인민혁명군 주력부대는 화룡 안도현계에 있는 화라즈 쪽으로 이동했다. 대마록구가 습격당했다는 급보를 받은 적들은 혁명군 부대가 철수한 외통길을 따라 깊은 수림 속으로 밀려들었다. 적들은 눈위에 크게 난 발자국을 따라 쫓아갔다. 대마록구에서 서북쪽으로 약 20리 지나 깊은 수림으로 들어가는 입구에서 지워버린 발자국 흔적을 발견한 적들은 쾌재를 부르며 밤새 정신없이 그 길을 따라 쫓아갔다. 그런데 날이 밝자 아연실색하지 않을 수 없었다. 그 발자국을 따라 쫓아간 곳이 다름 아닌 추격을 시작했던 장소였다. 떠났던 곳으로 다시 되돌아온 것이다. 적들은 '또 김일성의 마술에 걸렸구나!'하고 분통을 터뜨리면서 다시 대마록구 일대의 산간오지를 샅샅이 훑었으나 헛물만 켜고 말았다.

산지사방에서 적들이 대소동을 벌이고 있을 때 혁명군은 안도현 화라즈 밀영에서 여러날 동안 숙영하면서 군정학습도 하고 휴식도 하면서 피로를 풀었다.

### 마에다 토벌대의 최후
화라즈 일대에 흩어져서 조선인민혁명군 주력부대를 찾느라고 돌아치던 적들이 마침내 혁명군의 행방을 탐지해내고 1,000명가량 뒤를 따르기 시작했다. 그 맨 앞장에는 토벌에서 악명 높은 마에다 토벌대가 있었다. 마에다는 화룡현 경찰토벌대 중대장이었는데, 간도에서 벌인 치안숙정공작에서 세운 공로로 치안부대신상까지 받은 자였다. 그자는 대마록구가 기습당했다는 소식을 듣고 독이 올라 자기가 유격대를 선멸시키겠다고 호언장담하면서 혈서를 쓴 다음 토벌 출정식까지 하고 출동했다.

적들은 맹렬한 속도로 뒤쫓아 왔다. 혁명군은 생눈길을 내며 행군하고 있었고, 적은 혁명군이 낸 눈길을 따라 행군했기 때문에 적들의 행군 속도가 훨씬 빨랐다. 뿐만 아니라 혁명군 내에서는 쫄라병(영양실조와 추위로 인해 몸이 굳어지는 병)이 돌아 행군속도가 더 느려졌다. 그 때문에 적아의 거리가 급속도로 줄어들어 10리~15리 정도로 좁혀졌다. 혁명군이 홍기하 상류 대마록구하의 한골에 이르니 날이 어두워지기 시작했다. 마침 그곳에 목재소 노동자들이 사용하다 버리고 간 집이 있어서 그곳에서 숙영했다. 처음에는 적들이 바짝 쫓아온다는 것을 잘 알고 있던 대원들은 그곳에서 숙영하는 것에 불안해했다. 하지만 사령관이 먼저 자리에 눕자 그제야 안심하고 잤다.

사령관은 마에다 토벌대를 홍기하 골짜기에서 족치기로 결심했다. 홍기하 골짜기를 매복 장소로 택한 것은 화라즈까지 들어온 적들이 자기들의 기지로 돌아가자면 반드시 이 골짜기를 지나게 될 것이라고 타산했기 때문이었다. 게다가 그곳은 적을 매복소멸하기에는 최적의 지형이었다. 그 골짜기에서 매복에 걸리기만 하면 정말 전술을 쓸래야 쓸 수가 없는 그런 지형이었다.

1940년 3월 25일 새벽 조선인민혁명군 주력부대는 소마록구 쪽으로 능선을 타고 행군하다가 골짜기로 내려갔다. 그리고 그곳에서 지휘관 회의를 갖고 각 부대의 매복 장소와 전투행동 지침을 확정했다. 골짜기 오른쪽에 있는 3개의 봉우리에는 기관총 소대와 경위중대가, 왼쪽 봉우리의 변두리에는 7연대와 8연대가 매복하되 각 부대는 일부러 아래쪽으로 내려갔다가 고지로 올라오는 발자국만을 메우면서 지정된 장소에 은폐하도록 했다. 그리고 유인부대는 발자국을 크게 내면서 계속 골짜기로 빠져나가다 골짜기 끝에 가서 방차대(적의 행동이 예견되는 곳에 주둔하고 있다가 적의 군사 행동을 막아 내는 부대) 임무를 수행하도록 했다. 그리고 한 개 소조는 골짜기의 첫 고지 북쪽을 차지하고 적의 퇴로를 차단하도록 했다.

매복진을 친 대원들은 추위를 무릅쓰고 끈질기게 기다렸다. 정오도 지나고 해도 기울어질 무렵인 오후 6시경에 적들이 홍기하 골짜기에 나타났다. 자세히 살펴보니 그 적들은 첨병이었다. 보통 첨병은 한두 명을 내보는 게 상례인데, 10명 가까이나 되는 것을 보니 수많은 적이 골짜기 안으로 오고 있는 것 같았다. 척후병 뒤로는 첨병이 섰다. 첨병이 매복해 있는 마지막 고지 앞을 막 지날 때 군도를 찬 장교(전투 이후 확인한 바에 따르면 그자가 마에다였다)가 매복권 안으로 깊숙이 들어왔다. 그자는 그곳에서 갑자기 멈추어 서서 눈 위에 난 발자국과 골짜기의 묘한 지형을 유심히 살폈다. 김일성은 그자가 매복의 위험성을 간파하고 척후대를 보내거나 부대를 뒤로 뺄 것이라고 예측했었다고 한다. 하지만 지칠 대로 지친 그 자는 그만 경계심을 놓쳐 천금 같은 기회를 잃어버리고, 우물쭈물하고 그냥 서 있었다. 그자가 우물쭈물하고 서 있는 것을 보고 지나가던 부하 장교들이 그 옆으로 모여들었다. 그자는 군도를 짚고 서서 부하들에게 무슨 지시를 주고 있는 것 같았다. 그 와중에 일본군 본대가 매복권으로 완전히 들어왔다. 이 절호의 기회를 놓치지 않고 사격신호가 떨어졌다.

적들은 첫 타격에 벌써 반수 이상이 쓰러졌다. 골짜기 좌우에서 불의에 협격을 받은 마에다는 즉시 전 대오를 산개시켰다. 그리고 주력으로 북쪽고지를 점령하려고 했으나, 서쪽 수풀 속에 매복해있던 혁명군 대원들의 맹렬한 측면사격 때문에 실패했다. 마에다는 정황이 불리해지자 최후결전을 결심했던지 돌격명령을 내렸다. 그리고 군도를 뽑아 들고 앞장서서 달려 나왔다. 그는 중상을 당한 후에도 쓰러지는 마지막 순간까지 전투를 지휘했다. 나머지 저들도 결사적으로 저항했다. 마에다의 부하들은 떼죽음을 당하면서도 총을 놓지 않았다. 무기를 바치고 투항한 30명쯤 되는 적을 내놓고는 모두가 섬멸되었다. 살상자 수가 140여명에 이르렀다. 전투는 조선인민혁명군의 빛나는 승리로 끝났다. 이 전투에서 혁명군은 토벌의 왕자라고 하던 마에다를 비롯하여 적 140여명을 살상하고 30여명을 포로로 붙잡았으며 기관총 6정, 보총 100여정, 권총 30여정, 무전기 1대, 탄약 수만 발을 노획했다.

1940년 3월 25일의 홍기하전투는 대부대선회작전의 마지막 시기를 빛나게 장식한 전투였다. 동남부치안숙정특별공작이라는 것으로 혁명군을 괴멸시킨다고 떠들던 적들은 이 전투로 해서 심대한 타격을 받았다. 토벌중대가 전멸되는 비참한 종말을 당한 것으로 하여 적들은 어찌할 바를 몰라 갈팡질팡했다.

홍기하전투가 있었던 그 당시는 어떠한 시기였던가? 중일전쟁이 장기적인 대치상태에 빠져들고, 하싼호사건(장고봉사건)과 할인골사건으로 소일관계가 극도로 팽팽하던 때였다. 그리고 2차 세계대전의 불길이 점점 더 크게 번져가던 때였다. 이런 때에 관동군 수뇌들은 동북지역에서 벌어지고 있는 항일운동을 최종적으로 박멸한다 어쩐다 하면서 동남부치안숙정특별공작이라는 것을 벌여 놓았다. 그런데 그들은 혁명군의 행방을 찾느라고 겨우내 돈화와 무송오지를 헤매고 돌아다녔으나 허탕만 치고 있었다. 그런 때에 다 얼어 죽었다던 혁명군이 안도- 화룡현경에 나타나 홍기하에서 마에다 토벌대를 전멸시켰으니 혼비백산하지 않을 수 없었다.

홍기하전투는 조선인민혁명군의 대부대선회작전의 대미를 승리로 장식한 전투이자, 일제의 동남부치안숙정특별공작을 완전히 무너뜨린 전투였다. 이 전투를 통해 국내민중들은 조선인민혁명군의 불패의 위력을 실감하고 절대적으로 믿고 신뢰하며, 자신들의 미래를 전적으로 의탁하게 되었다. 그리하여 조국해방의 대 사변을 앞두고 조선의 모든 반일애국역량이 승리의 신심을 갖고 전민항쟁을 적극적으로 추진할 수 있게 되었다.

반면에 김일성부대만 소멸하면 동북에서의 항일유격전쟁은 조만간에 종말을 고한다고 선전하던 일만군경들은 홍기하전투를 통해 쓴맛을 단단히 보았다. 그들은 조선인민혁명군을 소멸하려고 아무리 쫓아다녀 보아야 차례질 것이란 아무것도 없고, 오히려 마에다 토벌대의 종말과 같은 쓰디쓴 비참한 결과만 맛보게 된다는 것을 자인하지 않을 수 없었다.

마에다의 직속상관이였던 화룡현 경무과장 우나미는 패전 후 일본에 돌아가 다음과 같은 글을 남겼다.

《간도성의 만주국경찰로 있은 내가 김일성장군이 이끄는 항일부대의 토벌에 참가한 것은 1938년부터 1941년에 걸쳐서였다.
...
정보수집이 곤란한 가운데서도 비교적 확실한 정보로서 '김일성장군은 길림시의 학교를 졸업하였다. 매우 우수하여 정치적 판단력, 조직지도력이 뛰어나고 신망이 두터웠다.'는 것이었다.
...
김일성장군의 탁월한 지도력은 항일유격투쟁 속에서도 유감없이 발휘된 것 같았다. 특히 교묘한 유도작전이라든가 매복전에 의하여 혼이 난 일이 많았다.
...
1940년 3월 11일 홍기하 계곡에 있는 대마록구가 김일성부대의 습격을 받았다. 대마록구는 산림경찰중대본부가 있는 토벌대의 거점이었다. 본부가 얻어맞고 자동차수리소가 불타고 무기, 탄약, 식량, 피복을 빼앗겼다.

누노가미지구 토벌대장은 경찰토벌대대에 일본군의 오오바, 아까호리부대와 협동작전으로 김일성부대를 추적 섬멸하라고 명령하였다.

나는 마에다 다께이찌 중대에 그 임무를 주었다. 3월 25일 마에다 중대는 대마록구로부터 조금 떨어진 곳에서 김일성부대와 맞다들어 대격전을 벌렸으나 마에다 중대장이하 전멸하는 결과로 끝났다. 매복작전에 걸렸던 것이다. 이 마에다 중대의 전멸은 토벌대에 큰 충격을 주었다. 김일성부대는 지리에 밝고 교묘한 전술을 쓰고 있기 때문에 밀림에서의 토벌작전은 거의 성공하지 못했다.
…
당시 김일성빨찌산부대는 ‘우리는 김일성장군이 이끄는 조선인민혁명군이다. 조국광복을 위한 싸움에서는 타협이 없다.’, ‘토벌대는 우리에게 무기, 식량, 의복을 가져다주는 가장 환영할만한 손님이다.’고 하면서 의기양양해 하고 있었다.

지금 조선민주주의인민공화국은 김일성수상의 영도밑에 훌륭한 발전을 이룩하고 있다.
탁월한 지도자의 영도 밑에 전진하고 있는 조선인민은 기필코 조국의 통일을 실현할 것이라고 나는 자신의 체험을 가지고 확신하고 있다.》

마에다 토벌대의 괴멸, 이것은 일만군경 우두머리들에게 있어서 청천벽력과 같은 불상사였고 비참한 패전이었으며 그들이 그토록 큰 힘을 넣었던 동남부치안숙정특별공작의 파탄을 의미하는 것이었다. 홍기하전투는 대부대선회작전 제2단계를 통쾌하게 장식한 전투였다.

# 4
# 적극적인 분산활동으로


조선인민혁명군의 대부대선회작전으로 동기토벌에서 수치스러운 참패를 당한 일제는 동남부치안숙정특별공작 기간을 연장하고 인민혁명군에 대한 전례 없는 대규모적인 토벌공세로 나왔다. 적들은 조선인민혁명군 주력부대가 활동하고 있는 백두산동북부일대에 수많은 일제침략군 정예부대와 위만군, 경찰대들을 증강 배치하고 비행기까지 동원하여 이 일대의 산간오지들에 대한 대대적인 수색전을 벌려놓았다.

이러한 상황에서 조선인민혁명군은 1940년 4월 3일 안도현 화라즈에서 조선인민혁명군 군정간부회의를 열고 향후 전술방침을 협의했다. 여기에서 조선인민혁명군 사령관은 적극적인 분산활동으로 이행하는 새로운 전술방침을 제시했다. 당시 적들이 산간지대에 모든 역량을 집중하고 있던 조건에서 혁명군이 주도권을 잡자면 분산활동으로 넘어가 야산 쪽으로 빠져나가는 길밖에 없었다. 적들이 성시나 집단부락들은 경찰과 자위단에 맡기고 기본역량은 산간지대에 집중하고 있던 조건에서 배후를 교란시켜 토벌역량을 분산시키는 것만이 승산이 확고한 전술이었다. 이것은 주도권을 틀어쥐고 일제의 무력을 분산 약화시키면서, 혁명역량을 보존 확대하며, 백두산을 중심으로 하는 북부 국경일대를 장악하고 무장투쟁을 국내로 확대 발전시키는 전략방침을 철저히 관철할 수 있게 하는 적극적인 방침이었다.

회의 후 며칠간의 군정학습을 한 다음 조선인민혁명군은 적들의 동남부치안숙정특별공작을 최종적으로 격파하기 위한 적극적인 분산 활동으로 넘어갔다. 사령부는 4월 중순 적들이 포위하고 있는 화라즈밀영을 은밀히 빠져나와 소사하유역의 동남차와 양초구 집단부락의 적을 동시 타격전으로 습격소탕(양초구, 동남차 전투)하고, 뒤따르는 적들을 수개봉 골짜기에서 섬멸(수개봉전투)한 후 적의 병력을 떼버리고 처창즈 쪽으로 자취를 감췄다. 또한 적의 역량을 분산시키기 위해 안도현성 동쪽에 있는 남2도구, 북2도구, 신성툰에 대한 동시 타격전(북2도구, 남2도구, 신성툰전투)을 벌였으며, 8연대는 두만강연안으로, 7연대와 경위중대는 안도현 북부로 보내 매일같이 적을 타격하도록 했다.

이렇게 되자 노조에 사령부의 새로운 토벌작전은 그 첫걸음에서부터 호된 타격을 받았으며, 적들 내부에서는 그 책임문제를 놓고 옥신각신했다. 이 무렵 동북항일연군 1로군 부사령이며 정치위원인 위증민은 1로군에 속해 있던 50~60명 정도의 유격대원들을 조선인민혁명군 사령부로 보냈다. 그들은 동북항일연군 1로군 참모이며 경위여단 정치위원 한인화가 이끌고 왔다. 조선인민혁명군 주력부대는 그들의 실추된 사기를 높여주기 위해 그들과 함께 안도현 동경평과 상대동부락을 타격했다. 그 후 동시타격전으로 몇 개의 부락을 친 다음 뒤따르는 적을 소탕하고 연이어 안도현 오도양차 남쪽에 있는 고동하목재소를 습격(고동하전투)해 후방물자를 수많이 노획했다.

조선인민혁명군과의 여러 공동작전에서 큰 인상을 받은 한인화는 사령관의 손을 부여잡고 위증민이 왜 나를 김사령한테 보냈는지 이제야 알겠다고, 지금 정세를 보면 간도 쪽이 남만 쪽보다 훨씬 더 험악한데 적 토벌대들이 노조나 우메즈의 명령에 따라 움직이는 것이 아니라 김사령이 시키는 대로 움직이는 것 같다고 하면서 2방면군이 제일이라고, 김사령 부대야말로 백전백승하는 부대라고, 이제는 우리도 자신이 있다고 자기의 심정을 터트렸다.

그런데 이때 새로운 정황이 발생했다. 대마록구부근 밀영에서 병 치료를 받고 있던 제2방면군 정치주임이 적들에게 체포되어 투항하는 전혀 뜻밖의 일이 발생했다. 부대의 비밀들이 다 새어 나간 조건에서 조성된 난국을 타개하기 위해 1940년 6월 초 안도현 처창즈 수림 속에서 조선인민혁명군 당위원회 회의를 열어 방면군의 역량을 여러 개의 소부대로 나누어 도처에서 과감하고 영활한 소모전을 전개하기로 결정했다. 부대를 소부대화하면 활동에서 기동성을 보장할 수 있고 적의 조밀한 경계망도 용이하게 뚫고 나갈 수 있었으며 적들을 다시금 혼란에 빠뜨릴 수 있었다. 그리고 적들에게 발견된다 하더라도 자취를 감추는 데 유리하였다.

조선인민혁명군 각 부대는 동시타격, 연속타격, 반복타격과 같은 다양한 전술과 전법으로 적들의 집단부락들을 연이어 들이쳤다. 6월 중순 중국 화룡현 중리촌과 백일평의 적을 섬멸한데 이어 맹산촌과 장인촌을 재차 습격하고 주민들 속에서 정치 사업을 벌였으며 7월에는 돈화현 할바령지역과 연길현 천보산광산 등지에서 크고 작은 전투들을 연속 벌려 적들에게 커다란 타격을 주고 놈들이 정신을 못 차리고 갈팡질팡하게 하였다.

조선인민혁명군 사령관은 소부대에 의한 전면적인 소모전의 나날에 적탄이 빗발치듯 하는 속에서도 한 몸의 위험은 아랑곳하지 않고 언제나 진두에서 전투를 지휘해 대원들을 승리로 이끌었다. 그 대표적인 전투가 바로 1940년 6월말에 있은 안도현 대사하치기 전투였다. 이때 사령부는 소할바령일대로 진출하고 있었다. 그러던 차에 대사하치기에서 악질적인 신선대와 조우하게 되었다. 전투가 벌어지자 사령관은 산중턱에 지휘처를 잡고 전투를 지휘했다. 그때 김정숙 대원은 대여섯 명의 적들이 갈대밭에 몸을 숨기고 은밀히 지휘처로 접근해 오는 것을 발견했다. 위기위발의 순간에 김정숙 대원은 '사령관동지!'라는 다급한 외침과 함께 번개같이 몸을 솟구쳐 온몸이 그대로 방패가 되어 사령관 앞을 막아 나서며 방아쇠를 당겼다. 한방의 총성과 함께 앞에 있던 놈이 외마디 비명을 지르며 쓰러졌다. 또 한방의 총소리와 함께 다음 놈이 너부러졌다. 사령관이 어느새 김정숙 대원의 어깨너머로 쏜 총이었다. 사령관과 김정숙 대원의 명중탄에 기어들던 적들은 순식간에 섬멸되고, 전투는 승리했다. 김정숙 대원의 희생적인 투쟁으로 사령관의 신변은 무사하게 되었다.

이때의 소부대 활동 경험을 통해 토벌역량을 증강하고 포위망과 경비망을 물샐틈없이 칠 때일수록 전투단위를 작게 해 소부대활동방식으로 유격전을 벌이는 것이 유리하다는 중요한 경험을 새롭게 얻게 되었다. 이것은 다음 단계의 전략적 과업과 그것을 수행하기 위한 투쟁방도를 수립하는 데서 큰 밑거름이 되었다.

이렇듯 대부대선회작전에 이어 4개월간에 걸쳐 진행된 소부대에 의한 분산활동을 통하여 조선인민혁명군은 일제의 동남부치안숙정특별공작에 결정적인 타격을 주고 빛나는 승리를 거두게 되었다. 이에 대해 김일성은 훗날 다음과 같이 회고했다.

《 노조에토벌대와의 대결을 어느 한 지역 군사령관과의 대결로 보아서는 안 됩니다. 노조에토벌대와의 대결은 곧 일본군부와의 대결이었고 대일본제국과의 대결이었습니다. 적들은 이른바 숙정대강에서 그토록 요란하게 선전하던 치표, 사상, 치본 의 3대 공작에서 어느 것 하나 제대로 성공하지 못하고 허탕만 쳤습니다. 결국 이 대결에서는 우리가 승리하였습니다.》

적들도 자신들의 패배와 조선인민혁명군의 승리를 자인하였다. 다음은 노조에 자신의 쓰디쓴 고백이다.

《추기, 춘기토벌의 예봉을 교묘하게 빠져나간 비단(항일유격대를 가리키는 말)은 초목이 울창한 때를 타서 여러 곳에서 맹활약을 하며 특히 최근에 있어서는 제2, 제3선의 후방부락까지 적극석 습격을 하여오는데 그 상태는 참으로 방약무인이며 피해도 또한 적지 않게 보고 있는 것은 여러분과 함께 극히 유감으로 생각하는 바이다. 일만 군대, 헌병, 경찰, 철도 경호대, 협화회 등 모두 수만명이다. 아무리 계절의 영향과 지형이 불리하다 하더라도 그들로 하여금 이와 같은 위력을 떨칠 수 있게 하는 그 원인은 첫째로 토벌사령관인 나를 비롯하여 모두의 책임에 있다는 것은 물론이지만 구체적으로는 최근의 정황을 관찰하여 보면 특히 토벌대 및 각 기관의 융화단결과 그의 동태에 내포된 수많은 약점과 결함이 현저하여 숙정 제 공작의 추진을 저애하며 나아가서 비단의 활동을 허용하는 결과를 초래한 것이 아닌가를 통감하게 되는 것은 참으로 유감스러움을 금할 수 없는 바이다.》

# 04장

# 항일대전의
# 최후 승리

✴

조국해방의 대사변을 주동적으로
최후 결전 준비
조선인민혁명군의 북만 원정

# 1

## 조국해방의 대사변을 주동적으로

소할바령 회의
원동 거점에 의거하여
혁명가김책

1940년을 전후한 국내외 정세는 급변하고 있었다. 파쇼 독일의 폴란드 침공으로 시작된 제2차 세계대전은 그 불길이 날로 확대되고 있었다. 동방에서는 일제가 침략전쟁을 아시아 전역으로 확대하려고 광분했다. 중일전쟁이 교착상태에 빠져 허우적거리고 있는 와중에서도 동남아시아로 전쟁의 불길을 확대하려고 책동하고 있었다. 일제는 유럽에서 영국, 프랑스, 네덜란드 등 제국주의자들이 파쇼 독일에 점령당했거나 독일과의 전쟁에 몰두하느라고 동남아시아의 자기 식민지 나라들에 눈 돌릴 경황이 없게 된 틈을 타서 이 지역 나라들을 차지할 속셈이었다.

일제는 확대되고 있는 침략전쟁의 수요를 충당하려고 조선에 대한 약탈과 군수기지화를 더욱 다그쳤다. 이로 인해 얼마 남지 않았던 중소상공업자들의 몰락이 결정적으로 촉진되었고, 1939년 식량 공출제도를 실시해 기아에 허덕이는 농민들로부터 마지막 남은 식량까지도 강탈해 갔다. 그뿐만 아니라 농민의 경작지까지 비행장과 연병장 또는 군수공장 부지로 썼다. 일제의 가혹한 식량약탈정책 때문에 농민뿐 아니라, 광범한 대중들이 만성적인 기아상태에서 허덕이지 않을 수 없었다. 더 나가 세금, 국민헌금, 기타 각종의 공과금들을 갈취해 조선 민중의 재산을 바닥냈다. 또한 조선의 청년학생을 침략전쟁의 총알받이로 사용했으며, 1938년부터 소위 지원병이라는 명목으로 징병을 시작했다.

일제는 침략전쟁 확대를 위해 후방의 안전을 보장한다는 미명하에 조선인민혁명군에 대한 전례 없는 대대적인 토벌공세를 감행하고 있었다. 1939년 겨울부터 조선인민혁명군에 대한 토벌작전에 일본군 정예부대를 비롯해 위만군, 경찰대 들을 무려 20만명이나 동원하고 있었으며, 비행기를 비롯한 현대적 군수기술자재까지 투입했다. 이러한 군사적 공세에 더해 정치사상적 공세도 강화했다. 집단부락 정책을 더욱 강화했으며, 애국적 민중에 대한 탄압과 학살을 전례 없이 강화했다.

　하지만 일제는 침략전쟁을 발광적으로 확대해나감으로써 국제적으로나 국내적으로나 더욱 고립되고 있었으며, 정치, 경제, 군사적으로 헤어날 수 없는 구렁텅이로 빠져들고 있었다. 전선확대에 따른 병력과 군수물자 수요확대를 충족시키지 못했다. 그들은 중일전쟁에 최정예 부대 인원의 반수 이상 잃었으나 그것을 보충하지 못하고 있었다. 이러한 조건에서 일제가 아시아 전역으로 확대되는 전선의 병력수요를 도저히 충족시킬 수 없으리라는 것은 너무도 명백했다. 군수물자 보급 면에서도 마찬가지였다. 중요전략물자 대부분을 수입에 의존하는 치명적 약점을 드러냈다. 군수물자 보급 면에서의 난관은 전쟁이 확대되고 장기화할수록 더욱 커질 수밖에 없었다.

　이러한 제반 과정은 일제의 패망이 그리 멀지 않았다는 것을 명백히 보여주고 있었다. 이러한 정세는 조선인민혁명군에게 조국광복의 영광스러운 위업을 주동적으로 맞이하기 위한 준비사업에 힘을 쏟을 것을 절박하게 요구하고 있었다. 조선인민혁명군은 10년 동안 항일무장투쟁 과정에서 이룩한 고귀한 업적과 경험을 토대로 강도 일제를 종국적으로 멸망시키기 위한 최후 결전을 맞을 준비를 잘해야 했다.

# 1
# 소할바령회의

**소할바령에서**

우리나라 민족해방 혁명의 중요한 전략적 노선이 제시된 회의는 1931년 12월의 명월구회의, 1936년 2월의 남호두 회의와 함께 1940년 8월 소할바령 회의도 있다. 김일성은 1940년 전반기부터 조성된 정세와 주체역량 준비정도에 기초해 전략노선을 바꾸는 문제를 심사숙고하고 있었다. 이때 전략노선을 바꾸기로 결심한 것은 두 가지 요인 때문이었다.

첫째는 전반적 정세로 볼 때 일제의 멸망이 확정적이고 시간문제이며, 조국해방의 역사적 위업을 성취할 날이 가까워져 오고 있었기 때문이었다.

제2차 세계대전의 불길이 확대되는 와중에 일제가 중일전쟁의 수렁에 빠져 허우적거리면서도, 어쭙잖게도 대동아공영권 실현의 야망에 취해 전쟁의 불길을 동남아시아 전역으로 확대하려고 하고 있었다. 그러나 침략전쟁을 확대하면 할수록 국내외적으로 더욱더 고립되고, 정치, 경제, 군사적으로 헤어날 수 없는 궁지에 더욱 깊숙이 빠져들어 갔다. 전반적인 정세는 일제의 멸망이 확정적이고 시간문제이며, 우리민족이 자기의 힘으로 조국해방의 역사적 위업을 성취할 날이 가까워져 오고 있다는 것을 보여주고 있었다.

둘째는 이 시기에 이르러 일제와 최후결전을 벌일 수 있는 우리 민족의 주체역량이 튼튼히 준비됐기 때문이었다.

남호두회의 이후 조선인민혁명군은 정치사상적으로, 군사기술적으로 강화 발전되었다. 혁명군은 수적으로 적들보다 적었으나 수십 배 또는 수백 배되는 대적과 싸움에서 언제나 주도권을 튼튼히 틀어쥐고 승리하는 싸움만 해왔다. 그런 과정을 거쳐 혁명군은 그 어떤 정황에서도 능숙하게 대처할 수 있는 다양한 전법과 전술을 소유한 강군으로 자라났다. 또한 무장투쟁뿐 아니라 혁명군에 의거하여 전반적 항일민족해방운동이 새로운 단계로 상승 발전해갔다. 당 창건의 조직 사상적 준비, 조국광복회 조직과 통일전선운동의 확대 발전, 전민항쟁 준비 등 모든 측면에서의 주체역량 준비사업들이 성과적으로 추진되고 있었다.  또한 민중의 의식화, 조직화 사업에서도 많은 성과가 이룩되었다. 그 당시 조국광복회산하 회원이 20여만 이나 되었다는 것은 이를 잘 말해주고 있다. 국내에는 또한 노동자돌격대나 생산유격대와 같은 반군사조직들도 많았다. 그런 조직들이 모체가 되어 도처에서 전민항쟁을 위한 무장부대들을 조직하고 있었다. 비조직 군중들의 동향도 아주 좋았다.

　　이 밖에도 적들의 전략 전술적 기도에서 일어나는 변화 역시 무장투쟁의 전략적 단계를 규정하는 데서 반드시 고려해야 했다. 그런데 그 당시 일제의 전략 전술적 기도에서 일정한 변화가 발생했다. 연이은 실패의 쓴맛을 본 일제는 조선인민혁명군을 기어코 말살하고야 말겠다고 작심하고 인적 물적 역량을 더욱 더 증대시키고 있었다. 1940년 여름 조선인민혁명군이 일본 공병장교를 잡아 문책한 일이 있었는데, 그를 통해 일제가 간도일대와 남만 쪽에서 방대한 군용도로망을 새로 만들고 있다는 것을 알게 됐다. 안도현을 중심으로 화룡, 연길, 돈화, 화전, 무송을 물론, 국내와 사람의 발길이 닿지 않은 백두산동북부의 험한 골짜기까지 도로를 건설하고 있었다. 이 도로는 혁명군토벌용 기동도로였다. 이 도로망이 완공되면 우리나라와 중국 동북 땅 어느 지역이든 유격대가 나타나기만 하면 그곳으로 아주 신속히 병력을 투입할 수 있게 된다. 일제는 또한 비행장들도 대대적으로 건설했다. 이러한 제반 징후들을 통해서 볼 때 일제는 어떤 값비싼 대가를 치르더라도 기어코 결판을 내려 하고 있다는 것을 간파할 수 있었다. 이러한 적들의 움직임을 경시하고 과거의 전략을 고수하려 하면 심각한 쓴맛을 볼 우려가 컸다. 이러한 적정의 급격한 변화에 종전의 전략적 방책만으로 대처하는 것은 무모하기 그지없었다. 이제 조선인민혁명군의 전략을 완전히 바꾸어야 했다.

이러한 제반 사실들을 종합적으로 검토한 끝에 김일성은 무모한 전투로 인한 손실을 피하면서 주동적인 행동으로 '혁명역량을 보존 축적하는 것'을 우리나라 민족해방혁명의 가장 중요한 전략적 과업으로 제기하기로 결심했다.

조선인민혁명군 수뇌부는 1940년 8월 10일~11일 이틀 동안 돈화현 소할바령에서 새로운 전략문제를 다룰 조선인민혁명군 군정일꾼회의를 소집했다. 소할바령회의가 열린 소할바령은 돈화현과 안도현의 경계를 타고 뻗어 내린 할바령의 꼬리부분을 가리키는데, 회의는 소할바령의 북쪽 비탈면에서 열렸다. 이 회의에서 조선인민혁명군 중대장, 중대정치지도원 이상의 군정일꾼들이 참가했다.

이날 회의에서 김일성은 '조국광복의 대사변을 준비 있게 맞이할 데 대하여'라는 보고를 하고 토론을 진행했다. 보고의 요지는 다음과 같다.

《조국광복의 대사변을 준비 있게 맞이할 데 대하여(1940년 8월 10일)
오늘 우리는 급변하는 새로운 정세에 대처한 조선인민혁명군의 금후 투쟁방침과 과업을 토의하기 위하여 이 자리에 모였습니다.

조선공산주의자들이 반일인민유격대를 창건하고 강도 일제를 반대하는 무장투쟁을 시작한지 벌써 10년이 가까워옵니다. 지난 10년간 조선공산주의자들은 간고한 투쟁을 벌려 일제침략자들에게 심대한 군사정치적 타격을 주었으며 전반적 조선혁명을 새로운 앙양으로 이끌 수 있는 튼튼한 토대를 마련하여놓았습니다.

지난 10년간의 간고한 투쟁속에서 우선 조선혁명의 중추적 역량인 조선인민혁명군이 군사정치적으로 더욱 장성 강화되었습니다. 조선인민혁명군은 창건이래 선진적 노동자, 농민을 비롯한 혁명적 청년들로써 자기 대오를 부단히 확대 강화하였으며 적의 무기를 빼앗아 자신을 무장함으로써 자체의 무장장비를 강화하였습니다. 또한 적들과의 끊임없는 가렬한 전투와 군사정치훈련을 통하여 조선인민혁명군의 모든 지휘간부들과 전사들이 군사정치적으로 강철같이 단련되었으며 풍부한 군사경험을 쌓았습니다. 그리하여 조선인민혁명군은 강력한 혁명무력으로 장성 강화되었습니다.

우리는 또한 맑스-레닌주의당을 창건할 수 있는 튼튼한 기초를 마련해놓았습니다. 우리 조선공산주의자들은 무장투쟁의 불길 속에서 맑스-레닌주의당창건을 위한 준비사업을 꾸준히 전개하였습니다. 우리는 노동자, 농민을 비롯한 광범한 근로자들을 혁명화하고 그들을 공산주의자들의 주위에 묶어세움으로써 당창건의 대중적지반을 축성하여놓았습니다. 또한 우리는 항일무장투쟁과 지하혁명투쟁의 실천 속에서 노동자, 농민출신의 공산주의자들을 수많이 양성하였습니다.

우리는 또한 광범한 반일애국역량을 조직결속하기 위한 반일민족통일전선운동에서도 커다란 성과를 달성하였습니다.

우리는 노동자, 농민을 비롯한 각계각층의 광범한 반일대중을 조직

결속하였습니다. 특히 1936년 5월에 반일민족통일전선조직체로서의 조국광복회가 결성됨으로써 광범한 반일애국역량을 공산주의자들의 주위에 묶어세우고 혁명역량을 더욱 확대 강화할 수 있는 새로운 길이 열리게 되였습니다. 조국광복회가 창건된 후 노동자와 농민, 청년학생들과 지식인, 중소기업가와 중소상인, 종교인들과 민족주의자를 막론하고 나라와 민족을 사랑하는 우리나라의 광범한 반일대중이 모두다 조국광복전선에 집결하게 되였으며 10대강령이 밝혀준 반일투쟁의 길을 따라 억세게 싸워나가게 되였습니다.

오늘 급변하는 정세는 우리들로 하여금 새로운 투쟁방침을 세우고 그 관철을 위하여 줄기차게 싸워나갈 것을 절박하게 요구하고 있습니다.

오늘 일제 놈들은 구라파에서 파쇼독일의 강점과 제압으로 인하여 영국, 프랑스, 화란 제국주의자들이 동남아세아의 자기 식민지나라들에 대하여 눈 돌릴 사이가 없게 된 틈을 타서 이 지역 나라들을 차지하려 하고 있습니다.

일본제국주의자들은 침략전쟁을 확대하기 위하여 광분하면서 후방의 안전을 보장하려고 조선인민혁명군에 대한 전례 없는 발악적인 토벌공세를 감행하고 있습니다.

지난 10년간 조선인민혁명군의 맹렬한 군사정치활동에 의하여 자기들의 식민지통치와 침략전쟁수행에서 심대한 타격을 받아온 일제 놈들은 지금 조선인민혁명군을 소멸하지 않고서는 소중 량 방면에서의 동시작전도 불가능하며 아세아제패의 야망도 실현할 수 없다고 타산하고 혁명군을 완전 소멸해보려고 전례 없는 대규모적인 토벌공세를 감행하고 있습니다.

그러나 혁명군에 대한 적들의 전대미문의 대규모적인 토벌공세는 놈들의 강대성을 말해주는 것이 아니라 멸망을 앞둔 자의 최후발악에 불과합니다. 일제 놈들의 그 어떤 대규모적인 토벌공세와 발악적인 책동도 간고한 투쟁 속에서 강철같이 단련된 조선인민혁명군 지휘간부들과 전사들의 불굴의 투지를 꺾을 수 없으며 항일무장투쟁의 승리적 전진을 가로막을 수 없습니다.

일본제국주의자들은 침략전쟁을 발광적으로 확대해나감으로써 국제국내적으로 더욱 고립되어가고 있으며 정치, 경제, 군사적으로 헤어날 수 없는 구렁텅이에 깊이 빠져 들어가고 있습니다.

일본제국주의자들은 사면팔방으로부터 강력한 반항과 항의와 규탄을 받고 있으며 급전직하로 헤어날 수 없는 구렁텅이에 빠져 들어가고 있습니다. 이 모든 것은 일제의 멸망이 확정적이며 시간문제라는 것을 뚜렷이 보여주고 있으며 우리 인민이 조국광복의 역사적 위업을 성취할 날이 가까워 오고 있다는 것을 확증하여 주고 있습니다.

이러한 정세는 우리들에게 조국광복의 대사변을 주동적으로 맞이하기 위한 준비사업을 잘해나갈 것을 절박하게 요구하고 있습니다.

우리는 우선 근 10년동안의 항일무장투쟁행정에서 이룩한 고귀한 업적과 경험을 토대로 하여 강도 일본제국주의를 종국적으로 멸망시키기 위한 최후의 결전을 맞을 준비를 잘하여야 합니다.

또한 해방된 조국땅위에 노동계급의 당과 인민정권과 인민무력을 창건하고 우리 혁명을 계속 줄기차게 밀고나갈 준비를 갖추어야 합니다. 이것이 없이는 혁명의 전취물을 고수할 수 없고 혁명을 전진시킬 수도 없습니다.

조국광복의 대사변을 주동적으로 맞이하기 위한 준비사업에서 가장 중요한 것은 조선혁명의 중추역량인 조선인민혁명군의 역량을 보존축적하면서 그들을 유능한 정치군사간부로 육성하는 것입니다.

우리가 조선인민혁명군의 역량을 보존축적하면서 그들을 유능한 정치군사간부로 튼튼히 육성하여야만 일제 놈들과의 최후결전을 성과적으로 진행하고 빛나는 승리를 달성할 수 있으며 그들을 골간으로 하여 해방된 조국땅 위에 새 조선을 건설할 수 있습니다. 그렇기 때문에 우리에게는 무모한 전투로 인한 손실을 피하면서 주동적인 행동으로 혁명역량을 보존 축적하는 문제가 혁명의 가장 중요한 전략적 과업으로 제기되고 있습니다.

우리가 이 전략적 과업을 성과적으로 집행하기 위하여서는 대부대작전으로부터 소부대작전으로 이행하여야 합니다.

오늘 일제놈들의 토벌공세가 전례 없이 강화되고 있는 조건에서 만일 우리가 지난 시기와 마찬가지로 계속 대부대로 적과 맞서 싸운다면 우리의 역량은 불가피하게 손실을 입게 될 것입니다. 우리는 적들이 최후 발악하는 조건에서 소부대작전으로 이행함으로써 적들의 기도를 짓 부셔 버리고 조선인민혁명군의 역량을 보존 축적하여야 합니다.

이와 함께 조선인민혁명군이 대부대활동을 중지하고 소부대활동에로 이행하는 것은 우리 인민의 혁명역량을 튼튼히 준비하기 위하여서도 절실한 문제로 제기됩니다.

조국광복의 대사변을 주동적으로 맞이하기 위하여서는 조선인민혁명군의 역량을 보존 축적하는 것과 함께 우리 인민들을 정치사상적으로 튼튼히 준비시켜야 합니다. 그래야만 장차 조국광복의 대사변이 도래할 때 조선인민혁명군의 대부대작전에 배합하여 일제를 반대하는 전인민적항쟁을 성과적으로 조직 진행할 수 있습니다. 지금 적들은 우리 인민의 혁명적 진출을 막으며 조선인민의 민족의식과 계급적 각성을 마비시키기 위하여 우리 인민에 대한 파쇼적 폭압과 반동적 사상공세를 전례 없이 강화하고 있습니다. 그러므로 조선혁명의 핵심역량인 조선인민혁명군의 모든 지휘간부들과 전사들 앞에는 그 어느 때보다도 대중정치사업을 진공적으로 전개하여야 할 긴절한 임무가 나서고 있습니다.

우리가 대중정치사업을 활발히 전개하기 위하여서는 더욱더 광범한 반일대중속에 깊이 들어갈 수 있도록 조선인민혁명군 지휘간부들과 전사들을 수많은 소부대와 정치공작소조로 편성하여야 하며 지하투쟁을 강화하여야 합니다. 이렇게 함으로써만 적들의 혁명군에 대한 토벌공세와 인민들에 대한 파쇼적 폭압이 전례 없이 강화되고 있는 어려운 조건에서도 광범한 반일대중을 조직화하고 혁명적으로 각성시키는 사업에서 성과를 거둘 수 있습니다.

현시기 조선인민혁명군이 대부대활동을 중지하고 소부대활동에로 이행하는 것은 우리 나라 반일민족해방투쟁발전의 요구일 뿐아니라 국제당의 권고이기도 합니다.

파쇼 독일과 일제의 반소침공 위험이 증대되고 있는 긴박한 정세에 대처하여 지금 소련은 파쇼국가들의 침공을 제어하며 특히 두 파쇼국가의 협공의 위험을 막고 나라의 방위력을 더욱 강화할 수 있는 시간적 여유를 가지기 위하여 동방에서 정세를 완화하는 정책을 실시하고 있습니다.

이와 관련하여 국제당에서는 최근 우리에게 연락원을 파견하여 소만국경일대에서 긴장상태를 완화하며 일제침략자들에게 대소침략전쟁도발의 구실을 주지 않도록 하기 위하여 만주일대에서 활동하는 항일유격부대들이 당분간 대부대작전을 중지할 것을 권고하여왔습니다.

우리는 일본제국주의자들이 항일유격부대들의 투쟁을 곧 제놈들에 대한 소련의 적대행위로 간주하며 이것을 대소침략전쟁도발의 구실로 삼으려고 있는 조건에서 국제당의 권고를 고려하지 않을 수 없습니다. 그러므로 우리는 정세의 요구에 맞게 능동적인 전술로써 최후승리를 달성하기 위하여 투쟁하여야 합니다.

대부대활동을 중지하고 소부대활동을 전개할 데 대한 새로운 전략적방침은 변천된 정세에 대처하여 조선혁명의 최후승리를 앞당기며 세계혁명을 발전시키기 위한 가장 정당한 방침입니다. 모든 지휘간부들과 전사들은 새로운 전략적방침의 의의와 정당성을 옳게 인식하고 그 실현을 위하여 완강히 투쟁하여야 하겠습니다.

우리는 정치간부들과 군사간부들, 노대원들과 신대원들을 적절히 배합하여 소부대와 정치공작소조들을 편성하고 하루빨리 새로운 전략적방침을 실현하기 위한 투쟁을 적극 조직 전개하여야 하겠습니다.

첫째로, 광범한 반일대중을 묶어세우기 위한 대중정치 사업을 강력히 조직 전개하여야 하겠습니다. 조국광복의 대사변을 준비하는데서 대중정치 사업은 매우 중요한 의의를 가집니다. 더욱이 조선인민혁명군의 대부대활동이 중지되고 인민들에 대한 일제의 파쇼적 폭압이 전례 없이 강화되는 조건에서 만일 우리가 인민들 속에서 정치사업을 진공적으로 벌리지 않는다면 인민들은 혁명승리의 신심을 잃게 될 것이며 그렇게 되면 이미 쟁취한 혁명군중을 잃어버릴 수 있습니다.

광범한 대중을 혁명의 편에 확고히 전취하기 위하여서는 대중단체조직지도사업을 강력히 진행하여야 합니다. 조선인민혁명군 소부대와 정치공작소조들은 조선과 만주의 광범한 반일대중 속에 들어가서 적들에 의하여 파괴된 조국광복회조직을 비롯한 혁명조직들을 복구정비하며 그것을 확대발전시키는 사업을 적극 전개하여야 하겠습니다. 그리하여 더욱더 광범한 반일대중이 혁명조직에 결속되도록 하여야 합니다. 우리는 광범한 반일대중에게 일제식민지통치의 악랄성과 야만성, 조국광복회10대강령과 조선혁명의 전략전술, 급변하는 국내외정세와 일제의 멸망의 불가피성을 잘 알려주어야 하겠습니다.

둘째로, 조선과 만주의 광활한 지대에서 소부대 군사활동을 영활하게 전개하여야 하겠습니다.

현 시기 소부대 군사활동은 일제침략자들의 최후멸망을 촉진하며 특히 광범한 대중 속에서의 정치사업을 성과적으로 보장하고 그 성과를 공고히 하기 위한 중요한 담보로 됩니다.

우리는 혁명의 전반적 이익에 손실을 주는 군사적 모험을 철저히 경계하면서 도처에서 영활한 습격전투를 끊임없이 진행하여 일제 군경놈들과 주구들을 처단하고 군사시설을 파괴함으로써 적의 후방을 교란하여야 하며 광범한 대중 속에서의 정치활동을 군사적으로 뒷받침하여야 하겠습니다. 그리하여 원수들에게는 끊임없는 공포를 주고 우리 인민들에게는 혁명승리의 신심을 높여주어야 합니다.

이와 함께 소부대와 정치공작소조들은 일제와의 최후결전을 준비하는데서 군사정찰이 가지는 중요성을 옳게 인식하고 적의 무력과 군사요새지, 군사시설들에 대한 정찰활동을 강화하여야 하겠습니다.

셋째로, 매개 전사들과 지휘간부들은 자기의 정치의식수준을 높이며 풍부한 군사지식을 소유하기 위하여 백방으로 노력하여야 하겠습니다.

조국광복의 대사변을 앞두고 우리에게는 정치군사적으로 준비된 우수한 간부들이 수많이 요구됩니다. 우리가 도래할 조국광복의 대사변을 준비있게 맞이하는가 못하는가 하는 것은 조선혁명의 핵심역량인 조선인민혁명군의 모든 지휘간부들과 전사들이 자신을 얼마나 정치군사적으로 튼튼히 준비하는가에 달려있습니다.

넷째로, 세계의 모든 혁명역량과의 연대성을 강화하기 위하여 적극 투쟁하여야 하겠습니다.

동무들

모든 지휘간부들과 전사들은 노선전환의 진의도를 깊이 파악하고 그 어느 때보다도 용기백배하여 일제놈들의 발악적인 공세를 용감히 물리

치면서 조국광복의 대사변을 주동적으로 맞이하기 위한 준비사업을 강력히 전개하여야 하겠습니다. 최후승리는 우리의 것이며 멸망할 자는 오직 일본제국주의 강도들입니다.

　모두다 조국광복의 대사변을 앞당기기 위한 투쟁을 과감히 전개하여나갑시다. 》

소할바령 회의에서 제기된 쟁점들은 다음과 같다.

첫째는 앞으로의 전략적 단계를 혁명적대사변의 시기로 규정할 수 있겠는가 하는 것이었다. 달리 말해 다음 단계에 들어가서 조국해방을 성취할 수 있겠는가 하는 것이었다. 이 문제에 대한 토론에서는 일본이 국내외적 제반 모순으로 멸망의 길로 접어들었으며, 그들이 동남아시아도 전쟁을 확대하는 순간 그것은 그들의 무덤이 될 것이라는 점을 들어 혁명적 대사변기로 접어들었다고 결론을 내렸다.

둘째는 대사변의 시기에 실행해야 할 전략적 과업에 대한 토론이 진행됐다. 여기에서는 조선혁명의 중추 역량인 조선인민혁명군의 역량을 보존 축적하면서 그들을 유능한 정치군사간부로 키우는 것을 전략적 과업으로 결정했다.

셋째는 이상과 같은 전략적 과업을 수행하기 위한 새로운 투쟁 방침에 대한 토론이 활발히 펼쳐졌다. 토론에서는 소부대 작전으로 이행하는 데에 대해 대체로 동의하였다. 하지만 일부에서는 우려도 제기되었다. 적이 도처에서 대무력으로 달려들 때 대부대로 맞서지 않고 소부대로 대결하게 되면 각개격파 당하지 않겠느냐는 것이었다. 이에 대해 김일성은 대부대 전성시대는 지나갔다, 적들이 대병력을 동원해 인민혁명군을 단번에 그물에 잡아넣어 일망타진하려 할 때 혁명군이 대부대작전을 계속한다면 그것은 적들의 계책에 빠져 자멸을 가져올 것이라고 설득했다.

소할바령회의는 항일혁명이 새로운 전환기를 맞이하던 시기에 그에 맞는 전략적 노선과 방침을 제시하여 일제와의 최후결전준비와 해방된 조국에서의 새 사회건설을 성과적으로 진행할 수 있는 준비를 빈틈없이 갖추어나가는 데서 획기적인 전환의 계기를 열어놓은 역사적인 회의였다. 소할바령 회의를 계기로 항일무장투쟁은 새로운 전략적 단계, 최후승리를 위한 투쟁단계로 넘어가게 되었다.

### 1940년 가을

역사적인 소할바령회의이후 조선인민혁명군 부대들이 대부대 활동으로부터 소부대 활동으로 넘어가기 위해 새로운 형태의 유격근거지 문제가 중요한 과업으로 제기되었다. 조선인민혁명군은 1940년 9월 초 간백산 밀영에서 조선인민혁명군 소부대 소조 책임자 회의를 열고 새로운 형태의 유격근거지로서 임시 비밀근거지 창설방침을 토의 결정했다. 임시 비밀근거지는 비밀을 철저히 보장할 수 있고 유동적인 성격을 띠는 임시적이면서 작은 규모의 거점으로 되어야 하며 비밀근거지와의 연계를 밀접히 보장할 수 있는 곳, 두만강 연안의 군사전략적 요충지 주변에 꾸리도록 했다.

만주와 국내의 여러 곳에 파견된 조선인민혁명군 소부대, 소조들은 자기 활동지대들을 차지하고 군사정치활동에 유리한 지점, 적의 감시가 미치지 않는 철저히 은폐된 지점에 임시 비밀근거지의 위치를 정하였다. 임시 비밀근거지는 그 사명에 따라 기지와 활동거점으로 구분되었다. 그리하여 중국 연길현 도목구부근기지, 화룡현 맹산촌부근기지, 안도현 황구령기지, 왕청현 쟈피거우기지들을 비롯해 만주의 넓은 지역과 경흥, 웅기, 나진, 무산 등 북부조국으로부터 국내 종심깊이에 이르는 전국각지의 전략적 요충지들에 수많은 임시 비밀근거지들이 꾸려지게 되었다. 임시 비밀근거지들에는 소부대가 있을 밀영과 통신연락장소, 비밀회합 장소, 후방물자보관 장소 등을 설치하였다.

소부대활동 준비를 빈틈없이 갖춘 조선인민혁명군은 일제의 발악적인 토벌책동을 짓부수기 위한 소부대 군사정치활동을 맹렬하게 전개했다.

이때 일제는 1939년부터 벌여온 동남부치안숙정특별공작이 파산을 면치 못하자 1940년 가을부터 또다시 새로운 추기 및 동기토벌 작전을 벌여 놓고 혁명군을 최종적으로 소멸하기 위한 대규모적인 토벌을 미친 듯이 감행했다. 그들은 사령부를 주된 타격목표를 두고 역량을 집중했다. 또한 도문에 새로 간도지구토벌대 본부를 설치하고 길림에 있던 노조에 토벌사령부를 연길로 옮겨왔다. 그들은 군사적 공세와 함께 사상적 공세, 경제적 봉쇄도 악랄하게 감행했다. 두만강 연안의 산골짜기와 능선마다 적들의 토벌대가 쭉 깔렸고, 인적이 드문 두메산골과 마을들에도 정탐군, 투항변절자들로 구성된 귀순공작반 놈들이 득실거렸다.

조선인민혁명군 사령부는 이처럼 엄혹한 조건에서도 신출귀몰하는 유격전술로 소부대활동의 모범을 창조하고 적들을 수세로 몰아넣었다. 그 첫 전투가 황화전자 부근 진펄 전투였다. 사령부는 1940년 8월 중순 7연대 소속 소부대에 새로운 지시를 주기 위해 임시 비밀근거지로 내정된 연길현 도목구 방향으로 행군해 나갔다. 행군대오가 도로를 끼고 있는 황화전자 뒷산에 이르자 사령관은 대원들을 휴식시키고 지형을 구체적으로 정찰했다.

소부대가 휴식하고 있는 언덕 아래에는 넓은 진펄이 펼쳐져 있었는데 그

가운데 큰 물도랑이 있고 그 위에 외나무다리가 놓여 있었다. 외나무다리를 건너 산 한 두 개만 넘으면 목적지까지 직행할 수 있었다. 그 다리 건너편에 적이 매복할 수 있었다. 그런데 아니나 다를까 건너편에서 불빛이 반짝했다. 그것은 분명 적들의 전짓불이었다. 외나무다리에서 원수를 만난 격이었다. 만일 그 다리를 건너지 못하면 수십리를 돌아가야 했다. 어떤 일이 있어도 그 다리를 건너야 했다. 지형조건과 적정을 구체적으로 살핀 사령관은 적들이 눈치 채기 전에 재빨리 외나무다리를 건너갈 결단을 내리고 대원들에게 출발명령을 내렸다. 대원들 모두가 외나무다리를 무사히 건너갔다. 사령관이 맨 나중에 다리를 건너 풀숲에 막 들어섰을 때 갑자기 적 기관총이 불을 뿜기 시작했다. 기관총수가 맞대응을 하는 사이 대오는 큰길 쪽으로 빠져나갔다. 그런데 대오가 큰길 쪽으로 거의 빠지고 있을 때 앞에서 적들이 나타났다는 척후의 연락이 왔다. 다리목에서 울리는 기관총소리를 듣고 대기했던 적의 주력이 밀려오는 것이었다.

사령관은 다리 쪽으로 되돌아서서 행군할 것을 명령하면서, 앞뒤 쪽의 적을 향해 양쪽으로 총을 쏘고 옆으로 슬쩍 빠져 산에 오르도록 했다. 그리하여 다리목에 있던 적들과 큰 도로 쪽에서 밀려온 적들은 자기들끼리 치열한 총격전을 벌여 떼죽음을 냈다. 제 편끼리 싸웠다는 것을 알게 된 적들은 어느 쪽에서 먼저 총을 쏘았는가, 다리를 건너온 것이 귀신인가, 유격대인가 하면서 아우성을 쳤다.

이 전투는 조선인민혁명군이 소부대활동으로 넘어가면서 벌인 첫 전투로서 일제의 추기 및 동기 토벌작전을 분쇄하기 위한 인민혁명군의 모든 소부대들의 투쟁을 힘 있게 고무 추동했다.

사령부는 황화전자 진펄에서 기묘한 망원전술로 적들을 섬멸한 데 이어 8

월 하순에는 중국 연길현 발재툰 일대에서 황화전자에서와는 달리 3개의 습격조에 의한 습격전법과 망원전술을 배합하여 적들을 섬멸했으며 9월과 10월초에는 안도현 오도양차전투와 황구령전투 등 여러 전투에서 적들에게 커다란 타격을 가했다. 사령부는 황구령전투후 중국 동북지방의 연길, 화룡현경의 맹산촌 오지에 임시비밀 근거지를 꾸려놓고 조선인민혁명군 부대들의 소부대활동을 정력적으로 조직 지휘했다.

소할바령방침에 따라 조선인민혁명군 각 소부대들은 소부대전을 기본으로 하면서 때에 따라서는 몇 개 소부대가 연합하여 큰 싸움도 벌렸다. 온 동북땅과 국내 북부국경지대는 소부대와 소조들의 활동으로 죽가마처럼 끓어 번졌다. 1940년 말까지 동만과 남만 그리고 국내에 파견된 소부대들은 습격, 매복 및 조우전으로 도처에서 적의 집결처와 주둔지, 병영과 경비초소들을 끊임없이 습격하여 적들의 유생역량과 전투기술기재에 심대한 타격을 주는 동시에 적들의 후방을 크게 교란하였다. 소부대, 소조들은 적들을 군사적으로 타격했을 뿐 아니라 민중들 속에서 대중정치사업도 줄기차게 벌렸다.

연길, 화룡, 안도현에서는 오백룡이네 소부대들이, 훈춘과 동녕현 일대에서는 김일, 손장상의 소부대들이, 동녕현과 영안현, 목릉현, 오상현 일대에서는 한인화와 함께 박성철, 윤태홍이네 소부대들이 싸움을 벌렸다. 이르는 곳마다에서 그칠 새 없이 벌어지는 조선인민혁명군 소부대, 소조들의 군사정치활동에 의하여 일제가 치밀하게 계획하고 악랄하게 벌린 추기 및 동기토벌작전은 여지없이 파탄되어 갔다.

# 2
# 원동 거점에 의거하여 전개된
# 소부대활동

## 하바롭스크 회의

조선인민혁명군과 코민테른 사이에는 남호두회의 이후 연락이 두절되어 있었다. 그러다가 다시 연계가 이루어진 것은 1939년이었다. 조선인민혁명군이 대부회선회작전을 앞두고 화라즈 밀영에서 군정학습을 하고 있을 때 코민테른 파견원이 찾아왔었다. 그 당시 코민테른 파견원이 전달한 사항은 두 가지였다. 하나는 코민테른이 소집하는 만주 빨치산지휘관회의에 조선인민혁명군과 1로군에서 대표를 파견해 달라는 것이었고, 다른 하나는 동북의 항일유격부대들이 당분간 대부대활동을 중단해 달라는 것이었다. 조선인민혁명군은 그 당시 대부대선회작전을 앞두고 있었기 때문에 두 가지 요구사항을 모두 수용할 수 없었다.

코민테른으로부터 다시 연락이 온 것은 소할바령회의 이후 소부대 작전을 수행하고 있을 때였다. 조선인민혁명군이 안도현 맹산촌에서 맹산촌회의를 열고 있을 무렵 원동에서 연락이 왔다. 코민테른이 장차 하바롭스크에서 조, 중, 소 세 나라 군사지휘관들의 회의를 개최하려고 하니, 김일성과 위증민을 비롯한 조선인민혁명군과 동북항일연구 1로군 대표들이 이른 시일 내에 소련으로 들어올 것을 거듭 요구한다는 것과, 동북에서 활동하고 있는 유격부대들이 소련경내로 들어올 경우 받아들이겠다는 것을 통보해 왔다. 코민테른은 조선인민혁명군이 일단 원동에 들어가 한 해 겨울을 난 다음 차후 활동 대책을 실정에 맞게 상세히 논의하자고 제기해왔다.

김일성은 코민테른이 소집하려고 하는 회의 취지가 명백하고 또 동북항일연군 다른 지휘관들도 이미 도착했다고 하는 실정에서 소련 경내로 들어가 회의에 참가하겠다고 결심하고, 주력부대 일부도 함께 가기로 했다. 원동에 드나들면서 소부대로 움직이면 민중들 속에서의 정치공작에도 편리했고 부대의 간부들을 훈련하고 양성하는 사업도 잘할 수 있었다. 또한 여름철에는 군사활동을 벌리고 겨울철에는 소련이 알선해주는 곳에 가서 군정훈련을 할 수 있는 시공간적 여유도 가질 수 있었다. 그것은 역량을 보존 육성한다는 전략적 방침에 비추어서도 유리하다고 말할 수 있었다. 이렇게 해서 조선인민혁명군 주력부대가 소련경내로 이동하게 되었다. 김일성이 소련경내로 들어간 때는 1940년 11월이었다. 이후부터 소련 경내에 임시 근거지를 꾸린 다음 국내와 만주일대를 오가면서 소부대 활동을 더욱더 맹렬하게 펼쳐 나갔다. 이것은 항일무장투쟁의 역사에서 하나의 전환이라고 할 수 있다.

1940년 12월에서부터 1941년 3월 말까지 하바롭스크에서 코민테른이 주최한 만주빨치산지휘관회의가 열렸다. 이 회의에 참여하기 위해 하바롭스크에 갔던 김일성은 이곳에서 최용건, 김책을 처음으로 만나게 된다. 회의는 첫 단계에서는 동북항일연군과 조선인민혁명군, 각 성위의 책임일꾼들이 처음으로 한자리에 모인 조건에서 각 로군과 성위 사이의 연계와 코민테른 및 소련과의 관계에서 공동보조를 취하기 위한 방안을 놓고 며칠 동안 진지하게 협의했다. 그런 다음 1941년 1월부터 코민테른 및 소련의 당국자들과 함께 만주에서의 항일유격운동의 장래 문제와 소련 원동군사당국과의 상호 지지와 협조의 내용과 방식문제를 협의했다. 코민테른과 소련 측을 대표해서는 류쉔코 장령을 비롯해 여러 사람이 참석했다.

회의에서 첨예한 쟁점으로 부각됐던 것은 동북항일연군과 조선인민혁명군의 장래 활동방향에 관한 문제였다. 결국 조선과 동북지역에서의 유격투쟁과 소련 군대와의 상호관계를 어떻게 맺으며, 그것을 새로운 정세의 요구에 맞게 어떻게 적응시키고 강화 발전시켜 나가야 하겠는가 하는 것이었다. 이 문제에서 소련 측은 동북항일연군이 독자성을 포기하고 소련군과의 통합하는 방안을 제기했다. 소련이 원동군과 동북항일연군을 하나로 합치는 군사체계창설을 제안하게 된 것은 한편으로는 일본에게 소련 침공의 구실을 주지 말자는 것이었고, 다른 한편으로는 대일작전이 벌어지게 될 경우 원동군과 협동할 수 있는 동맹자를 얻자는 데 있었다. 이 제기에 대해 중국 항일연군 대표들이 격렬하게 반대하고 성토함으로써 회의는 벽에 부딪혔다. 결국 이 문제 때문에 코민테른과 소련측을 대표하던 루쉔코는 쏘르킨으로 교체됐다.

이 문제에 대해 김일성은 다음과 같은 견해를 표명했다.

《쌍방에 다 이로운 연합과 협동방식이야 왜 반대하겠는가, 내가 반대하는 것은 어느 일방이 타방을 무시하거나 타방의 독자성을 인정하지 않는 무리한 통합이다, 조선인민혁명군은 중국동지들과 함께 항일연군을 뭇고 공동투쟁을 하면서도 자기의 독자성을 그대로 유지하고 있다, 그러니 공동투쟁을 해도 말썽이 없다, 나는 조선인민혁명군을 항일연군에 용해시키는 것도 반대하지만 소련군대에 배속시키자는 것도 반대한다, 그것은 형식과 내용에서 우리의 독자성을 무시하는 것으로 될 것이기 때문이다, 조선인민혁명군과 동북항일연군 그리고 소련 원동군과의 공동투쟁을 어떤 형식과 내용으로 진행하겠는가 하는 구체적인 방법문제는 앞으로 생각해보자, 우리는 공동투쟁의 형식과 방법이 소련에도 도움이 되여야 하겠지만 조선혁명이나 중국혁명의 이익에도 다 같이 맞아야 한다고 생각한다고 하였습니다.》

하바롭스크 회의에서는 혁명역량을 보존 축적하며 대규모적인 유격투쟁으로부터 소부대활동에로 이행할 데 대한 조선인민혁명군의 전략적 방침이 새로운 정세의 요구에 부합되는 정확한 방침이라는 것을 확인하고 동북항일연군과 조선인민혁명군의 모든 부대가 역량보존에 중점을 두고 소부대활동을 벌이는 방침을 두고 진지한 협의를 통해 견해의 일치를 봤다. 그러나 그 문제에 대해서도 소련 측은 처음에는 소소한 군사정찰이나 하고 원동에 들어 앉아 훈련이나 하기를 바랐다. 그러나 조선인민혁명군은 그러한 의견을 수용할 수 없었다. 이러저러한 논의 끝에 앞으로의 활동에서 기본은 소부대 활동, 군중공작, 조직건설, 실력배양에 둔다는 결론을 내렸다. 이것은 소할바령 회의에서 토의 결정한 방침과 일치했다.

## 1941년 소부대활동

하바롭스크 회의 이후 1941년 4월 상순 원동기지의 남야영에서 조선인민혁명군 지휘일꾼회의가 열렸다. 이 회의에서 향후 소부대 활동의 방향과 방침들이 토의 결정됐다. 하바롭스크 회의 이후 소부대활동에서의 일련의 변화가 있었다. 이전에는 소부대, 소조들이 주로 국내 북부국경지대와 중국 동북지방에서 활동했지만, 이 시기부터는 국내 종심 깊숙이 뚫고 들어가 한반도 남단의 군사 요충지들과 멀리 일본 본토까지 활동지역을 확대해 나갔다. 다양한 정치사업, 새로운 임시 비밀근거지 구축사업, 유격대오 확대사업, 적극적인 습격전과 매복전, 파괴전으로 적 후방교란작전, 군사정찰활동 등을 폭넓게 전개했다. 조선인민혁명군 사령부는 백두산과 원동을 왔다 갔다 하면서 국내와 동남만에 대한 소부대 활동을 지휘하는 한편 군정학습도 진행해 나갔다. 항일유격대원들은 소부대 활동을 나갔다가 기지로 돌아오면 반드시 정치학습과 현대전 훈련을 의무적으로 참가했다.

조선인민혁명군 사령부가 원동에서 처음 소부대활동을 위해 남야영을 떠난 때는 1941년 4월이었다. 조선인민혁명군 지휘일꾼회의를 마친 김일성은 비교적 많은 인원으로 구성된 소부대를 데리고 백두산동북부와 국내로 나가기로 하고 남야영 기지를 떠났다. 이때 최현의 소부대와 안길의 소부대도 정황을 봐가며 국내와 만주로 나가기로 했고, 각각의 활동구역과 임무를 부여해 주었다.  이해 5월 상순  사령부는 왕청현 쟈피거우에 도착했다. 함께 왔던 김일의 소부대는 이곳에 남아 임시 비밀근거지를 꾸리고, 그에 따라 왕청지구에서 활동하는 소부대, 소조들과 혁명조직들의 사업을 장악하며 통일적인 연락지휘체계를 세우라는 과업을 주었다. 그리고 임춘추를 책임자로 한 소조를 국내의 온성지구에 파견하여 그 일대의 소조와 정치일꾼들과의 연계를 보장하는 한편 혁명조직 복구사업을 다그치도록 했다. 그 후 중국 안도현 한총구에 도착해 류경수가 인솔한 소부대를 화전, 돈화지구에 파견했다. 그 밖에 장백과 처창즈, 국내 백두산지구 등 여러 지역에 정치일꾼 소조를 파견하여 지하조직망을 확대하는 사업을 적극 벌이도록 했다. 조선인민혁명군 소부대, 소조들은 사령부의 통일적인 지휘 밑에 혁명조직 건설 사업을 비롯한 모든 투쟁을 보다 적극적으로 밀고 나갔다.

1941년 봄 만주지역과 국내로 진출하여 소부대활동을 전개하고 있던 나날에 소련과 일본 사이에 중립조약이 체결됐다는 충격적인 소식이 날아들었다. 일본은 자기의 힘으로 소련을 먹어 삼킬 역량이 부족하다는 것을 알고, 서쪽에서 파쇼 독일로부터 한참 얻어맞아 국력이 쇠잔해질 때쯤에 소련을 먹어 삼키겠다는 기만적인 생각으로 1941년 4월 13일 일소중립조약에 서명했다.

그런데 이 소식은 조선인민혁명군과 국내 민중들에게 충격을 주고, 혁명의 신심이 부족한 사람들에게 동요를 불러일으켰다. 실제로 일부 사상적 준비가 부족한 사람들은 소련의 도움으로 민족해방을 성취할 수 있다고 생각했는데, 이제 소련의 도움도 바랄 수 없게 됐으니 혁명의 전도는 이제 희망이 없다고 좌절했다. 그리고 혁명대열에서 이탈하기까지 했다. 사령부는 혁명대오 내에서 나타나고 있는 이러한 사상적 동요를 매우 심각하게 느꼈다. 이러한 사상적 동요의 뿌리는 아직까지 혁명대오 내부에 잔존해 있던 사대주의의 사상적 병집 때문이라고 봤다. 조선인민혁명군 사령부는 이러한 상태를 방치할 경우 항일민족해방운동에 부정적인 영향을 줄 수 있다고 보고 '우리의 힘으로 조선혁명을 완수하자!'는 혁명적 구호를 제시했다. 그리고 소부대, 소조성원들은 물론 조선의 모든 혁명가가 조선혁명에 대한 주체적 입장을 확고히 견지하고, 필승의 신념으로 튼튼히 무장하도록 하는 데 힘을 집중했다.

사령부는 1941년 6월 백두산지구 간백산 밀영에서 조선인민혁명군 소부대, 정치일꾼 소조 및 혁명조직 책임자들의 회의를 열어 정세가 어떻게 변하든 주체적 입장을 더욱 확고히 견지하며, 우리의 힘으로 조선혁명을 완수하기 위한 사상교양사업을 공세적으로 벌어나가도록 했다. 그리고 이해 7월에는 함경북도 온성군 풍리리 탁상골에서 정치일꾼 및 혁명조직책임자회의를 열고 6월 22일 파쇼독일의 소련침공으로 야기된 급변한 안팎의 정세를 분석하고, 우리의 힘으로 조국해방위업을 성취하기 위해 나서는 과업들을 제시했다. 이어서 7월 28일에는 중국 왕청현 쟈피거우에서 조선인민혁명군 소부대 책임자회의를 열었다. 이 회의에서 사령관은 조성된 정세는 우리에게 혁명의 기치를 더욱 높이 들고 조국해방을 이룩하기 위하여 과감하게 투쟁할 것을 요구하고 있다고 강조했다. 또한 도래하는 혁명적대사변을 주동적으로 맞이하기 위한 준비를 철저히 하여야 한다고 말했다. 그리고 대사변을 주동적으로 맞이하는 데서 중요한 것은 혁명역량을 철저히 준비하며 인민혁명군의 소부대, 소조활동을 더욱 강화하는 것임을 분명히 했다.

1941년 8월 초 조선인민혁명군 사령부는 한 소부대를 이끌고 소만국경일대와 연결되어있는 왕청 - 라자구사이의 도로공사장전투를 벌려 적들에게 커다란 혼란과 공포를 주고 광범한 민중에게 조국해방에 대한 신념을 안겨주었다. 안길, 김일, 류경수를 책임자로 하는 소부대, 소조를 비롯한 조선인민혁명군 소부대, 소조들은 국내와 동만, 소만국경일대에서 군사활동을 맹렬히 벌려 적들의 유생역량과 전투기술 기재, 군수수송에 커다란 타격을 주었다.

1941년 9월 중순 조선인민혁명군 사령부는 다시 소부대를 거느리고 원동기지를 떠나 만주와 국내 일대로 진출했다. 1941년 10월 두만강을 건너 함경북도 경원군 신건리 연봉에 나가 이곳에서 활동하고 있는 소부대, 소조들과 혁명조직 책임자 회의를 열어 제기된 과업들을 토의하고 활동방향을 이끌어 주었다.

사령부의 소부대활동과 함께 조선인민혁명군의 소부대들은 중국 동북지역과 국내에서 소부대활동을 활발히 벌여 일제에 커다란 군사정치적 타격을 주었다. 강건의 소부대는 1941년 말 목가선(흑룡강성 목단강- 가목사)의 신가점부근에서 적 군용열차에 대한 매복전을 통해 일본 장교들을 실은 객차와 함께 장갑차와 휘발유를 가득 실은 차량들을 순식간에 파괴했다. 박성철소부대는 1942년 초봄 동녕현과 영안현, 교하현 일대에 나가 활동했다. 그들은 영안현 노송령과 교하현 청구자, 오상현일대에 남아서 활동하는 전우들을 찾아 대오를 늘이고 적과 부단한 싸움을 하면서 그해 9월까지 소부대 활동을 하다가 기지로 복귀했다.

1942년에 들어와서도 조선인민혁명군 소부대들은 일제의 후방을 교란하는 투쟁과 민중 속에서 정치 사업을 한층 강화해 나갔다. 1942년 김일의 소부대는 연길현 천보산 일대에 임시 비밀근거지를 설치하고, 3~5명의 소조를 편성해 연길 화룡 안도 등의 지역과 국내 북부지역에서 적에 대한 군사적 공격과 당 및 조국광복회 조직을 부활하고 지도하는 활동을 병행했다. 이 시기 안길의 소부대는 왕청현 라자구에서 활동했으며, 최기철이 이끄는 소부대는 동녕현 등지에서 활동했다. 오백룡의 소조는 3~4년간 수십회에 걸쳐 국내에 들어가 활동하면서 평양까지 진출했다. 이 소조는 평양일대의 적 병력과 적 기관들에 대해 정찰하면서 동시에 청진, 나진, 웅기, 원산 등의 일본 군대의 배치상황을 정찰했다. 이 밖에도 김성국 소조도 나진, 웅기, 낙산 등의 항만지구와 한만국경일대에 대한 정찰을 진행했다.

이러한 소부대활동의 성과들은 원동의 임시기지에서 국내와 동만일대로 다시 진출한 것이 옳았으며, 소할바령회의를 통해 대부대 활동으로부터 소부대 활동으로 넘어간 것이 매우 시의적절했다는 것을 확인해주었다. 또한 소부대 활동이 대부대 활동 못지않게 적들에게 심대한 정치군사적 타격을 주고 민중들을 반일항전으로 불러일으킬 수 있다는 것을 실증적으로 보여주었다. 소부대활동은 또한 국내외 민중들에게 혁명군이 살아서 적들을 힘차게 족치고 있으며, 혁명군과 함께 거족적인 항쟁을 벌인다면 일제를 쳐부수고 조국해방의 새날을 맞이할 수 있다는 것을 똑똑히 보여주었다.

조선인민혁명군 대원들의 소부대 활동은 국제연합군이 편성되던 시기를 전후해 더욱 활발히 전개되었다. 그러나 그때는 다가오는 대일최종작전을 내다보고 그 수행에 이바지할 수 있는 군사정찰활동과 전민항쟁준비를 중심으로 소부대 활동의 폭과 심도를 확대해 나갔다. 특히 국제연합군이 조직된 후 소부대활동에서 나타난 특징은 소조활동을 위주로 하면서도 여기에 비교적 덩치가 큰 소부대 활동을 배합하는 원칙을 견지했다는 점이었다. 이 원칙에 따라 군사작전에서도 소조들에 의한 활동에 주력하면서 여기에 소부대에 의한 습격전과 매복전을 적절히 배합했다.

여기에 국내와 만주에서 조선인민혁명군의 소부대, 소조활동의 양상을 증명해주는 자료들을 소개한다.

《…새로 만주로 들어온 김일성, 최현, 채세영 등은…무력항쟁이 불리함을 깨닫고 주로 군사, 산업, 경제 방면의 중요시설 파괴, 민중의 적화공작 혹은 폭동유발, 사병공작 등 모략적인 행동으로 나오려는 경향이 극히 농후하다.》(목단강 령사대리 후루야의 보고, 소화16년 ( 1941년 ) 6월 23일)

《1942년초 북부조선에서 조선빨찌산들은 일련의 전투작전으로 22대의 일본비행기와 2개의 격납고를 파괴하고 2척의 유조선과 92척의 고기배를 침몰시켰다.》(『조선』44p, 베.야로보이, 1945년 9월, 소련해군출판사)

# 3
# 혁명가 김책

조선인민혁명군 사령부가 원동으로 들어갔을 때 그곳에는 이미 북만에서 활동하던 항일유격대원들이 먼저 와 있었다. 그중에는 김책과 최용건도 있었다. 당시 김책은 북만성위 서기 겸 동북항일연구 3로군 대표로 회의에 참석했으며, 최용건은 동북항일연군 2로군 참모장 자격으로 참석했다. 이리하여 김일성은 김책, 최용건 등 북만의 동지들을 비로소 만났다. 1, 2차 북만원정을 했던 이유 중의 하나가 북만에서 활동하고 있던 김책, 최용건 등 조선인항일 유격대원들을 만나는 것이었지만, 이런저런 이유로 만날 수 없었다. 김책은 1930년 김일성을 만나러 길림까지 왔다가 만나지 못했었고, 최용건은 간도에 연락원을 네 번이나 보내 김일성과 만나기를 고대했었다. 서로가 서로를 만나기를 학수고대했지만 10여년 동안 만나지 못하다, 하바롭스크회의에서 비로소 만나게 되었다.

세 사람은 투쟁무대가 북만이건 동만이건 모두 다 조선혁명을 생각했고, 자기가 조선사람이며 조선의 혁명가라는 것, 단체의 소속이나 지역에 관계없이 다 조선의 독립을 위해 한 몸 바쳐 싸워야 할 조선의 아들이라는 것은 항상 잊지 않고 있었다. 이런 공통성으로 동만과 북만이라는 서로 다른 지역과 환경에서 항일무장투쟁을 전개하면서도 항상 서로 그리워하고 동경하였던 것이다. 특히 김책과 최용건은 조선사람이 그리웠기 때문에 더욱더 동만을 자꾸 넘겨다보았었고, 동만에서 활동하고 있는 김일성을 그리워했던 것이다.

김책은 김일성과 처음 대면했을 때 "김사령을 만나는 길이 왜 이다지도 멀었는지"하고 혼잣소리처럼 말을 했다. 그 말은 김일성의 가슴을 저리게 했다. 김책은 통성명이 끝난 한참 후까지 오랫동안 김일성의 손을 놓아주지 않았다. 눈에는 눈물이 글썽했다. 이것은 김일성도 마찬가지였다. 최용건 역시 눈물이 글썽이면서 "내 평생 김사령과 함께 싸우는 것이 소원이었는데 이렇게 만나니 얼마나 반가운지 모르겠소. 이젠 헤어지지 맙시다."라고 말했다.

김책은 형의 영향으로 혁명활동을 시작했다. 그가 처음으로 참여한 조직이 동만청총이었고, 그 후에 공산당에도 입당했다. 그가 소속된 세포는 화요파의 영향 밑에 있던 조직이었다. 이렇게 활동하다 감옥에 잡혀갔다. 김책이 재판을 받을 때 변호를 맡던 변화사가 바로 허헌 선생이었다. 감옥에서 나온 김책이 간도의 집에 갔을 때 그동안 아버지와 아내가 병으로 세상을 떠나고 없었다. 그러나 김책은 이러한 현실에 비통해할 여유도 없었다. 일제의 특무들이 김책을 잡으러 출동했다는 소식이 날아들었기 때문이었다. 김책은 두 아들을 처남네 집에 맡기고 마을을 떠났다. 헌 삿갓을 쓴 농부의 차림으로 처남네 소를 앞세우고 동구 밖으로 나갔다. 고갯마루에 올라서자 그 소가 외양간에 떼놓고 온 새끼소를 찾느라고 계속 울어댔다. 외양간의 새끼소도 어미 소를 부르느라고 구슬프게 울었다. 위장도 중요했지만 김책은 어미 소를 더 끌고 갈 수가 없었다. 엄마와 새끼가 서로 울음으로 화답하는 소리를 들으니 처남 집에 맡기고 온 자식들 생각에 눈물이 저절로 쏟아지고 송아지도 아이들도 다 불쌍한 생각이 들었다. 그래서 어미 소를 놓아주었다. 그 후 김책은 16년 동안이나 아이들을 만나지 못했다.

김책은 집을 떠나 영안으로 갔다. 그곳에서 길림 바람에 대한 얘기를 들었다. 동만청총 시절의 동지를 만났는데, 그들이 길림방면에 기성세대들과는 전혀 다른 새 세력이 등장했다는 것, 그 지도자가 김성주라는 것, 나이는 많지 않지만 인망이 있고 친화력이 강하다는 것, 군벌감옥에 갇혀 고생하다가 석방됐다는 소문을 들었는데 지금은 어디서 무슨 일을 하는지 모르겠다고 얘기를 들었다. 그때 김책은 무작정 길림으로 달려갔다. 그러나 김일성은 그때 이미 길림을 떠났다. 그래서 두 사람의 만남은 불발로 끝났다. 김책은 그 후 북만에 갔다 국민당군대에 붙잡혀 감옥으로 끌려갔다. 그가 감옥에 있을 때 9.18 사변이 나 감옥문을 나왔다. 그런데 감옥문을 나서기 바쁘게 또다시 군벌경찰에게 붙잡혀 약식재판에서 사형을 선고받았다. 김책은 사형장까지 끌려갔다. 그런데 사형장에서 구사일생으로 살아났다. 어떤 장교가 와서 쏘지 말라고 호통치는 바람에 살아났던 것이다.

이런 곡절을 겪는 과정에서 그는 맨주먹의 한계를 뼈저리게 깨달았다. 무장을 하지 못하면 무장한 강도들 앞에서 허수아비처럼 무력한 존재가 되고 자기 자신마저 지켜낼 수 없다는 진리를 깨달았다. 이러한 깨달음은 그로 하여금 무장투쟁의 길로 이끌어주었다. 또한 김책은 감옥살이 과정에서 공산주의 운동을 재래식으로 해서는 안 되겠다는 것과 종파를 없애지 않고서는 민족해방이나 계급해방은 고사하고 아무것도 할 수 없다는 것을 통감했다. 그가 길림까지 김성주를 찾아간 것은 그들이 종파와 관계없이 참신한 새 세대이기 때문에 그런 세력이라면 서슴없이 손을 잡아야겠다고 생각했기 때문이었다.

김책은 이러한 깨달음으로 주하에서 유격대를 조직하고 무장투쟁을 시작했다. 주하에서 유격대를 조직한 때부터 그는 북만당과 동북항일연군 제3로군의 주요 직책을 갖고 우리나라 민족해방혁명과 중국혁명을 위해 눈부신 활약을 했다. 북만의 조선과 중국 혁명가들과 민중들은 한결같이 김책을 노숙하고 세련된 혁명가로 존경하고 사랑했다. 그러면서도 그는 항상 백두산을 그리워했다. 김책은 김일성을 만났을 때 "나는 일찍부터 김사령을 주시해왔습니다. 우리 북만의 조선혁명가들이 사령을 얼마나 만나고 싶어 했는지 압니까. 우리는 늘 김사령부대가 있는 백두산쪽을 쳐다보며 싸웠습니다. 그때 길림에서 김사령을 만났더라면 내 그동안 마음고생도 그렇게는 안 하는 건데.…" 라고 말했다. 그리고 조선인민혁명군 주력부대가 보천보를 쳤다는 소식을 들었을 때도 한번 손을 잡아보고 싶다는 간절한 소원을 갖게 되었다. 김책이 김일성을 만났을 때 조선인민혁명군 주력부대 활동에서 제일 모범으로 삼아야 한다고 본 것은 관병일치, 상하일치, 군민일치의 기풍이며, 사상과 넋에서 본받아야 한다고 생각한 것은 남의 나라 땅에서 곁방살이를 하면서도 조국해방을 주되는 투쟁 강령으로 내들고 조선사람은 조선의 해방을 위해 투쟁해야 한다고 정정당당하게 주장해온 자주정신이라고 말하였다.

김책은 겸손한 사람이었고, 참된 혁명가의 표본이었다. 그는 범 같은 사람이라는 평판을 받고 있었으나 사실상 그 누구보다도 대원들을 사랑하는 정치일꾼이었다. 김책은 대원들에게 항상 " 혁명군대의 전투력은 무엇인가, 동지애이다, 혁명동지를 아끼고 사랑하라, 사랑하되 자기의 심장처럼 사랑하라, 혁명동지보다 더 귀중한 존재는 이 세상에 없다 "고 강조했다. 이런 일화들이 있다. 어느 날 한 대원이 문건을 가지고 그를 찾아왔다. 김책은 그를 병영 내무반에 재우고 난 후, 바느질을 준비해 그 대원의 해진 옷과 내의를 꿰매주었다. 또 그는 싸움이 끝난 후 대원들을 한 사람씩 만나 그 대원을 칭찬해 주곤 했다. 그리고 전투과정을 구체적으로 평가해주었다. 또한 그는 부하들에게 친형처럼 친절하면서도, 설복할 것을 설복하고 추궁할 것을 추궁하고 처벌할 것은 처벌하는 원칙성이 강한 지휘관이었다. 또한 김책은 조선인 대원들에게 우리는 중국인부대에서 싸우지만 항상 조선혁명을 잊지 말아야 한다, 조선혁명은 남이 해주는 것이 아니라 조선사람 자신이 해야 한다, 우리는 늘 자기 조국을 잊지 말아야 한다고 말하곤 했다.

혁명에 대한 견해, 민중에 대한 관점, 자주성에 대한 입장으로부터 시작하여 당건설과 국가건설, 군건설은 물론, 사업방법과 사업작풍에 관한 문제에 이르기까지 많은 면에서 김책은 김일성과 공통점을 갖고 있었다. 북만부대에서 높은 직급을 가지고 있던 김책은 나이로 보나 혁명투쟁경력으로 보나 만주빨찌산의 조선인군정간부들 중에서 좌상대접을 받을 수 있는 인물이었다. 그는 김일성보다 9살이나 위였고, 동북항일연군 내에서의 지위도 그에 못지않았다. 그런데도 김책은 소련사람들 앞에서나 중국사람들 앞에서나 김일성을 조선혁명의 대표자로 지도자로 내세웠다.

그가 왜 자기보다 9살이나 아래인 김일성을 그처럼 절대적으로 신임하고 내세웠을까? 그것은 혁명을 하자면 영도중심이 있어야 하고, 그 영도중심의 둘레에 모두가 하나로 튼튼히 뭉쳐야 한다는 사상이 온몸에 꽉 차 있었기 때문이었다. 영도중심에 대한 갈망과 그리움이 결국은 김일성에 대한 특별한 관심과 애정으로 표현되었다. 김책은 김일성을 만난 이후부터 가장 가까운 동지가 되어 시종일관 변함없이 따르고 받들었다. 그는 시국이 어떻게 변하든 상관없이 모든 것을 의탁하고 성실하게 일을 했다. 김림시절 김혁을 중심으로 하는 새세대청년공산주의자들이 김일성을 영도의 중심으로 내세웠다면, 1940년대 전반기에는 김책을 비롯한 항일혁명투사들이 김일성을 영도의 중심으로 내세우고 조선혁명의 주체노선을 관철하기 위해 투쟁했다. 그 과정을 통해 혁명의 영도중심이 세워졌고, 여기에서 김책이 중심적인 역할을 했다. 1940년대 초 원동기지에는 북만출신도 있었고, 남만출신도 있었고, 또 그곳에서 나서 자란 조선사람들도 있었다. 그때 서로가 자기 부대를 내세우고 자기주장만을 내세웠다면 혁명대오가 단합되지 못하고 중심도 이루어지지 않았을 것이다. 그러나 원동기지에 모인 조선혁명가들 속에서는 지방주의라든가 영도권쟁탈전과 같은 일이 전혀 발생하지 않았다. 모두가 순결한 사람들이어서 그런 일이 있을 수 없었다.  그런데다가 김책, 최용건, 강건, 허형식과 같은 좌장들이 처음부터 김일성을 장군으로 내세움으로써 영도중심이 확고해졌다.

# 2

## 최후 결전 준비

전민의 조직적 결속을 위한 노력
조 중 소 세 나라 무장력의 연합 실현
전민항쟁준비완성

# 1
# 전민의 조직적 결속을 위해

**뜻깊은 우적골회의**

우적골 회의란 조선인민혁명군 사령부가 1943년 2월 9일 연사지구 우적골에서 개최한 전국 당 조직책임자 및 당 핵심성원회의를 가리킨다. 이 회의는 우리나라 혁명적 당 창건을 위한 투쟁의 역사에서 청사에 아로새겨질 매우 뜻깊은 회의였다.

1943년 들어서면서 혁명정세가 급변했다. 세계정세는 우리나라 민족해방투쟁에 매우 유리하게 전변되어 갔다. 1943년 초 소련군은 스탈린그라드전투에서 독일에 결정적 패배를 안겨줘 전쟁승리의 계기를 열어 놓았다. 한편 일제는 중국전선에서 헤어날 수 없는 곤경에 빠져들어 갔고, 태평양전쟁에서도 패전을 거듭하고 있었다.

조성된 정세에 대처해 일제와 최후 결전을 구상하고 있던 조선인민혁명군 사령부는 당 창건을 위한 준비를 완성하기 위해 중국 왕청, 훈춘, 화룡현 일대에서 활동하다가, 사령부 직속 소부대 성원들과 함께 1943년 2월 초 연사지구로 진출했다. 대오에는 김일, 안길, 류경수 등 지휘성원들과 함께 호위성원들이 있었다. 사령부는 2월 7일 밤에 무산군 임강리 아래굽이 도강지점을 통해 얼어붙은 두만강을 건넜으며, 다음날 오후 연사군 연사읍 사지봉 수림에 있는 비밀연락소에 도착했다. 그곳에서는 임춘추 대원이 사령관을 맞이했다.

사전준비 작업을 마치고, 1943년 2월 9일 소나무가 빽빽이 들어선 우적골 수림 속에서 전국 당조직책임자 및 당 핵심성원들의 회의가 진행되었다. 회의 준비과정에서 전국에서 온 당 조직책임자 및 핵심성원들이 당 창건의 조직적 태세가 준비되어 있으니만큼 당창건을 선포하자고 제기했다. 이에 대해 사령관은 아직 시기상조라고 설득했다. 회의에서는 먼저 그 안의 성과에 대해 평가했다. 전국적 판도에서 당 조직이 꾸려지고, 그에 대한 당 조직 지도체계가 수립되고, 투쟁과 단련 속에서 조직적 골간이 육성됐으며, 당 대열의 사상의지적 순결성이 보장되었다고 평가됐다. 향후 과업으로는 전국적 규모에서 기층 당 조직을 더욱더 확대 강화하고, 조선인민혁명군 당위원회의 유일적 지도 지휘체계를 세우는 과제가 제기됐다.

우적골회의 이후 국내 북부 국경지대뿐만 아니라, 청진, 함흥, 부산, 대구, 평양, 목표, 군산, 진주 등 전국 각지에서 당건설을 위한 활동이 활발히 전개됐다. 우적골회의 이전인 1939년 신파지구 당위원회가 복구되었으며, 1941년 7월 하순 함북 온성군 유포면 풍리동에서 온성지구당위원회가 복구 정비됐다. 우적골회의 이후 1943년 3월 평양부 계리(평양시 중구역 종로)에서 평남지구당위원회가 결성되었고, 1944년 12월 청진지구당위원회가 결성됐다. 1944년 9~12월 사이에 일철 당 분회, 삼릉제련소 당 분회, 일철토목과 수도계 당 분회, 삼릉공작과 단야 당세포를 비롯해 11개의 당 세포 조직이 만들어졌다.

## 상단산 임시 비밀근거지

조선인민혁명군 사령부는 1944년 7월 함경북도 무산군 연사면 신장동 상단산 임시 비밀근거지에 진출했다. 이후 조국해방의 역사적 해방을 두 달 앞둔 시기에 또 이곳에 진출했다. 사령부는 이곳에서 조국광복회 조직책임자회의를 열고, 전 민족적 단결을 위한 통일전선사업의 방향과 방도를 논의했다. 조선인민혁명군 사령부는 당 창건 준비사업과 함께 조국광복회 운동을 더욱 확대발전시키기 위한 투쟁을 힘차게 이끌어 나갔다. 이를 위해 수많은 정치일꾼들을 국내의 넓은 지역은 물론 만주와 일본의 여러 지역에 파견했다.

조선인민혁명군 소부대, 소조, 정치일꾼들은 파괴된 조국광복회 조직을 복구 정비하면서 지난시기의 혁명조직성원들을 찾아내 그들을 교양하고 각성시켜 조국광복회조직에 묶어세웠다. 조선인민혁명군 소부대, 소조들은 국내는 물론 왕청, 훈춘, 연길, 화룡 등 두만강 연안 일대와 남만과 북만의 넓은 지역에 조국광복회조직을 비롯한 혁명조직들을 확대하고 각계각층 군중을 이에 망라시켰다. 일본에 파견된 정치일꾼들과 혁명소식성원들은 조선인노동자, 청년학생들 속에서 조직정치 사업을 힘차게 벌여 일본의 여러 곳에 거류하고 있는 조선사람들로 하여금 조국광복회 하부조직들을 구축하고 확대해 나가도록 이끌었다.

조국해방을 앞둔 시기에 조국광복회조직을 더욱 확대강화하기 위하여 개최한 대표적인 회의가 다름 아닌 상단산에서 열린 전국 조국광복회 조직책임자들의 회의였다.

## 모든 반일애국역량과의 단결 단합

조선인민혁명군 사령관은 조국해방의 기치 밑에 국내외에서 활동하는 모든 반일애국역량과의 단합을 실현하기 위해 모든 노력을 다했다. 이것은 항일혁명 전 기간 시종일관하게 견지해온 노선이고 전략적 방침이었다. 당시 태평양전쟁과 중일전쟁이 격화됨에 따라 격변하는 정세는 국내외에서 활동하는 모든 반일역량이 하나로 합쳐 일제와 최후결전을 준비할 것을 요구했다. 이 시기에 이르러 국내외에서 활동하는 모든 반일독립운동가의 이목은 조선인민혁명군으로 쏠렸다. 조선인민혁명군은 항일민족해방전쟁의 주력군이였고 민족의 독립의지와 신념의 최고대표자였으며 항일혁명의 조직자였다. 항일민족해방운동선상에는 여러 갈래의 반일세력이 있었지만 그 가운데서 일제에게 제일 심대한 타격을 가하는 것도, 일제가 가장 두려워한 존재도 바로 조선인민혁명군이었고 국내민중이 제일 기대를 가지고 바라본 무장력도 조선인민혁명군이었다.

그리하여 지난날 공산주의자라면 덮어놓고 배척하고 경원시하던 사람들도 조선인민혁명군과의 합작을 중시하기 시작하였다. 이러한 상황에서 조선인민혁명군 사령부가 중국관내 반일애국역량과의 연계를 실현하기 위해 주목을 돌린 단체는 상해임시정부와 조선의용대, 연안의 조선독립동맹, 조선의용군 등이었다. 중경에 있던 상해임시정부에서는 조선인민혁명군과 연계를 갖기 위해 여러 차례에 걸쳐 연락원을 파견했다. 김구는 조선인민혁명군을 원호하기 위해 미국에서 사는 교포들에게까지 헌금을 호소하였다. 한편 조선독립동맹, 조선의용군은 조선인민혁명군과 합류하기 위하여 여러 가지 방도를 모색하였다. 1944년에 여운형이 조직한 반일지하단체인 조선건국동맹도 조선인민혁명군과 연계를 맺기 위하여 많은 노력을 기울였다.

조국광복회운동이 전국적, 전민족적판도에서 적극적으로 추진됨으로써 조국광복회 10대 강령의 기치 밑에 민족대단결은 더욱 공고한 것으로 되었으며 조국해방의 대사변을 주동적으로 맞이할 수 있는 주체적 혁명역량이 튼튼히 꾸려지게 되었다.

# 2
# 조, 중, 소 세 나라 무장력의 연합 실현

하바롭스크 회의에서 가장 견해차가 컸던 쟁점은 조, 중, 소 세 나라 무장력의 연합을 어떤 형식으로 실현할 것인가 하는 문제였다. 이에 대해 소련 측은 소련군에 통합해 주기를 원했고, 중국 동북항일연군 측은 이 안에 대해 격렬히 반대해서 교착상태에 빠져 있었다. 이런 상황에서 조선인민혁명군 사령관은 서로 상대방의 이익을 존중하고 독자성을 인정하는 원칙에서 통합문제를 해결해 나가자는 의견을 제기했다. 이 안에 대해 소련 측은 기본적으로 공감했으며, 중국 항일연군지휘관들도 기본적으로 동의했다. 그리하여 회의에서는 조성된 긴박한 국제정세에 대처하여 조, 중, 소 세 나라의 무장력을 각기 독자성을 인정하는 조건에서 통합하기로 의견일치를 보았다. 하바롭스크 회의에서는 조, 중, 소 세 나라의 무장력을 어떤 형식으로 어떤 형태로 통합할 것인가에 대해서는 계속 연구해 나가기로 하고 회의를 마쳤었다.

조선인민혁명군 사령관은 하바롭스크 회의 이후 조, 중, 소 세 나라의 무장력이 서로 지지하고 협조하면서 진행한 소부대 활동, 정찰활동, 집중적 군정훈련에서 이룩된 성과와 경험을 토대로 세 나라 무장력의 이상적인 연합형태를 국제연합군이라고 봤다. 국제연합군 형태는 세 나라 무장력이 하나의 군사체계로 연합하되 매개 나라 무장력의 독자성을 유지하면서 일제를 괴멸시키기 위한 공동작전, 공동행동을 성과적으로 전개해 나갈 수 있게 하는 이상적인 연합형태였다. 국제연합군 편성에 관한 사령관의 구상에 대해 김책, 최용건, 안길, 강건을 비롯한 조선인민혁명군 지휘관들과 동북항일연군안의 조선인 지휘관들은 전적으로 찬성했다.

코민테른과 소련 군사당국을 대표했던 쏘르킨장령도 이를 지지하고, 소련 군사당국과 코민테른에 그대로 전달했으며, 국제연합군 편성 문제를 시급한 현안문제로 상정시켰다. 1942년 7월 중순 조선인민혁명군과 동북항일연군, 소련 원동군 군사지휘관들이 모여, 조, 중, 소 세 나라의 무장력 연합 문제를 최종적으로 토의했다. 여기서 세 나라 군사일꾼들은 조선인민혁명군과 동북항일연군의 독자성을 그대로 유지한다는 전제하에 국제연합군을 편성하기로 결정했다. 이어 7월 22일에 중국동지들과 함께 소련원동군 사령관 아빠나쎈코대장과의 협의를 거쳐 국제연합군 편성문제가 일단락됐다.

국제연합군은 그 존재와 활동의 비밀을 보장하며 위장을 철저히 하기 위해 축소하여 편성하는 원칙을 세워 여단규모로 조직하게 되었다. 그리고 국제연합군에 대한 각종 무기와 군사장비, 피복과 식량을 비롯한 후방물자 공급은 소련 측이 담당하기로 했다. 국제연합군의 대호는 형식상 소련원동군 독립 제88여단으로, 부대의 대외번호는 제8461보병 특별여단으로 정했다. 그때로부터 얼마 후인 8월 1일 조선인민혁명군과 동북항일연군, 소련원동군 대표들의 합의에 따라 원동기지에서는 국제연합군의 편성이 선포되었다.

조선인민혁명군 사령관은 조선인민혁명군과 동북항일연군 1로군 역량으로 편성된 제1지대의 지휘를 맡았다. 제1지대는 그 내용으로 볼 때 국제연합군의 조선지대였다. 그때 군사관등급도 적들의 첩보암해활동으로부터 조선인민혁명군 군사정치일꾼들의 신변을 보호할 목적으로 실제보다 낮게 상징적인 것으로 정했다. 국제연합군의 사명과 기본임무는 조, 중, 소 무장력이 공동작전으로 일제를 격멸 소탕하기 위하여 훈련을 다그쳐 정치군사일꾼들을 양성하며 소부대활동을 적극적으로 벌려 일제의 전쟁능력을 약화시키고 대일작전에 필요한 군사정찰활동과 적 통치체계와 적군내부를 혼란시키기 위한 투쟁을 폭넓게 벌려나가는 것이었다.

# 3
# 전민항쟁준비완성

## 조국해방의 3대노선 제시

조선인민혁명군은 국제연합군이 편성된 유리한 조건과 환경에서 조선인민혁명군의 집중적인 군정훈련을 체계적으로 진행하는 한편 일제와의 최후 결전준비를 한층 더 다그치기 위한 소부대, 소조들의 군사정치활동을 더욱 적극화해 나갔다. 1942년 8월 초 원동기지 북야영에서 조선인민혁명군 군정간부회의를 열어 조국해방을 위한 대일최종작전 준비를 적극화하는 데서 제기된 과업을 전면적으로 밝히고, 모든 지휘성원들과 대원들이 자주적 입장을 그 어느 때보다 확고히 견지하고 소부대, 소조활동의 폭과 심도를 확대해 나갈 것을 촉구했다.

1943년 초 급변하는 국내외 정세에 대처해 소할바령회의 이후 소부대, 소조활동에서 이룩된 성과와 경험을 총괄 분석 평가하고 가장 현실적인 대일 최종작전 방안을 짜나갔다. 1943년 들어 국제정세가 급변해, 파쇼국가들이 내리막길을 걷기 시작했다. 김일성은 이해 1월 원동기지 북야영에서 조선인민혁명군 군정간부회의를 열고, 일제의 멸망이 박두하고 있는 유리한 정세에서 대일 최종작전 준비를 보다 목적지향성 있게 밀고 나가기 위해서는 과학적인 작전방향을 규정해야 한다고 하면서 이미 구상했던 작전방향을 제시했다. 그것은 정세가 조성되면 조선인민혁명군은 총공격을 단행하고, 이에 호응해 국내 민중들은 전민봉기를 일으키며, 조선인민혁명군 소부대들과 국내 무장봉기 조직들은 배후 연합작전을 벌여 일제침략군을 섬멸하고 조국해방의 역사적 위업을 이룩하는 것이었다. 조선인민혁명군은 총공격, 전민봉기, 배후연합 작전을 조국해방의 3대 노선으로 확정했다. 조선인민혁명군 사령부는 1943년 2월 신흥지구 비밀근거지인 무두봉 밀영에서 조선인민혁명군 지휘관, 소부대, 소조 및 혁명조직책임자들의 회의를 열어 조국해방의 3대노선을 제시하고 그 실현방도를 협의했다.

조국해방 3대 노선은 우리 민족과 민중들의 지향과 염원을 가장 정확히 반영한 과학적인 작전방향으로 우리 민족이 자체의 힘으로 조국해방을 실현할 수 있는 혁명적인 길을 밝힌 전략방침이었다.

### 무장봉기 준비

조선인민혁명군은 전민항쟁 준비를 적극적으로 밀고 나가면서 다음과 같은 몇 가지 문제에 특별한 주목을 돌렸다. 첫째는 국내 비밀근거지들을 전민항쟁의 군사 정치적 거점으로 더욱 튼튼히 다져 새로운 임시 비밀근거지를 꾸리는 것이며, 둘째는 국내에 더 많은 소부대와 소조, 정치일꾼을 파견해 새로운 정세의 요구에 맞게 전민항쟁 역량을 조국해방작전에 철저히 준비시키는 것이며, 셋째는 국내 전민항쟁 역량에 대한 통일적 지도를 실현하는 것이었다.

조선인민혁명군 사령부는 조국해방의 3대 노선에 따라 근거지건설을 선행시키면서 국내에 수많은 소부대, 소조, 정치공작원들을 파견해 전민항쟁 역량을 구축해 나갔다. 국내에 파견된 소부대들과 소조들, 정치공작원들은 압록강, 두만강연안의 국경지대 뿐 아니라 서울을 포함한 중부일대와 부산, 진해를 비롯한 남부일대에까지 침투하여 정치군사 활동을 활발히 벌였으며 광범한 반일군중을 전인민적항전으로 불러일으켰다. 그 결과 전국의 무장봉기조직들과 광범한 민중들은 도처에서 적극적인 무장봉기태세를 갖추어나갔다.

조선인민혁명군 사령부는 특히 전민항쟁을 위한 무장봉기조직들을 확대 강화하기 위한 사업을 힘차게 밀고 나갔다. 이를 위해 소조와 정치일꾼들을 국내의 여러 지역에 파견했으며, 국내 각지에서 활동하고 있는 당 및 조국광복회 조직들로 하여금 핵심성원들로 무장봉기 조직들을 꾸리기 위한 사업을 힘차게 추진하도록 했다. 1943년 2월 초 평안북도 철산군 참면 잠봉동(동림군 잠봉리)일대의 핵심청년들로 잠봉노농단이 조직된 데 이어 철산애국단, 순안철공소노동자반일무장대 등 여러 가지 명칭을 가진 무장대들이 곳곳에 조직되었다. 이를 더욱 촉진하기 위해 사령관이 여러 차례에 걸쳐 직접 국내에 들어와 이 사업을 지휘했다. 1943년 7월 적들의 삼엄한 국경경비진을 뚫고 조국에 진출해, 웅기, 나진을 거쳐 7월 하순 경흥군 녹야리 곰산에 도착해 이곳에서 조선인민혁명군 소부대, 소조 및 지하혁명조직책임자회의를 열었다. 또 1944년 7월 국내에 또다시 진출해 함경북도 부령군 부거면 판장동(청진시 청암구역 부거리) 판장임시비밀 근거지에 나왔다.

그리하여 함경북도에서는 곰산노농무장대, 까치봉무장대, 무산광산백의사, 증산무장대, 일철비밀결사, 나진인민무장대를 비롯한 수많은 무장대가 조직되어 전민항쟁을 위한 준비사업을 힘차게 밀고 나갔다. 함경남도 일대에서도 무장대결성사업이 활발하게 벌어졌는데, 대진평항일결사대, 삼각대반일결사대, 구국청년회, 문천인민무장대 등 각이한 명칭의 무장대들이 조직되었다. 창성을 비롯한 평안북도일대에서는 삼봉산인민무장대와 비래봉무장대가 결성되어 활동하였다.

전민항쟁을 위한 무장봉기조직을 꾸리기 위한 투쟁은 평양, 성천, 황주, 금천, 벽성, 통천, 이천, 서울 등 중부지역 일대에서도 힘차게 벌어졌다. 평양일대에서는 1944년 7월 김원주를 비롯한 혁명적인 청년들에 의하여 조국해방단이 조직되었다. 성천의 반일행동대, 황주의 천주산반일애국단, 금천의 제적

산항일결사대, 벽성의 영천인민무장대, 통천무장대, 이천의 조국광복단 등이 조직되어 최후결전을 위한 싸움준비를 갖추어나갔다.

전민항쟁을 위한 무장봉기조직들은 일제식민지통치의 아성인 서울에서도 광범히 조직되었다. 1942년에 서울에서는 이 일대에서 활동하던 정치일꾼의 지도 밑에 노동자들과 각계각층 인민들로 김일성대가 조직되어 제주도 모슬포와 국내각지 그리고 일본에까지 그 세력을 확대하였다. 김일성대는 조국해방성전에 한목숨 바쳐 싸울 것을 맹세한 혁명적인 항쟁조직으로, 광범한 반일대중을 묶어세워 항쟁태세를 빈틈없이 갖추고 있다가 조선인민혁명군이 국내진공을 개시할 때, 거기에 합세하여 조국을 해방하기 위한 최후성전에 참가하는 것을 목적으로 내세우고 투쟁하였다. 한편 1944년 봄 서울에서는 정치일꾼의 지도 밑에 경성제국대학 출신의 지식인들을 중심으로 경성지구 무장봉기준비결사가 조직되었다. 일명 성대(경성제국대학)비밀결사라고도 하는 무장봉기준비결사는 조선인민혁명군의 최후공격작전에 합세할 목적으로 원산, 마산, 서울 등지에서 무장봉기조직을 결성하기 위한 사업을 적극 추진시켰다. 그리고 유격전을 벌이기 위하여 근거지를 꾸리고 시내를 비롯한 여러 지역에 비밀거점을 꾸리는 사업, 출판물인쇄, 군사정보자료들을 수집하는 사업을 맹렬히 벌였으며, 심지어 조선인민혁명군으로부터 무장을 보장받기 위하여 연락원까지 파견하였다.

무장봉기조직을 꾸리기 위한 투쟁은 한반도 남부 일대에서도 세차게 전개되었다. 그 시기 한반도 남부 일대 여러 지역에서는 조선인민혁명군 소부대, 소조들과 정치일꾼들의 적극적인 활동과 항일무장투쟁의 혁명적 영향 밑에 각성된 애국적인 청년들에 의하여 수많은 무장봉기조직이 결성되었다. 1942년 8월 경상남도 진주군 진주면 주약리(진주시 주약동) 약골에서 여러 명의 핵심적인 성원들로 고려구국회가 조직되었다. 1943년 10월에는 고려구국회의 핵심성원들과 일제의 강제징병, 징용, 학도병을 기피하여 산속에 숨어다니는 청장년들을 망라하여 지리산에서 광복무장대가 결성되었다. 또한 징병, 징용을 피해 산속에 숨어있는 청장년들과 학생들 그리고 지리산주변일대의 애국적 민중들을 망라한 지리산무장소부대가 조직되었다.

전민항쟁조직을 꾸리기 위한 투쟁은 일제침략군에 강제 징집된 조선청년들 속에서도 벌어졌다. 1944년 진해해병단에 끌려간 조선청년들은 김일성부대에 달려가 조선독립을 위해 싸울 계획 밑에 병영에서 집단 탈출했다. 평양에 주둔하고 있던 일본군 30사단에서도 조선청년들이 반일학도병무장대를 조직하고 조선인민혁명군에 집단적으로 합류할 계획까지 세우고 활동하였다.

국내에서 혁명운동을 하면서 이러저러한 조직에 관계했던 적지 않은 사람들도 전민항쟁노선을 따라 일제를 격멸하기 위한 최후결전준비에 합류하였다. 전민항쟁세력은 급속히 장성하여 1942년에 일제에 노출된 국내의 반일지하조직만 해도 180여개나 되고 조직된 역량이 50만 명이 넘는다고 하였다.

조선인민혁명군은 국내뿐만이 아니라 일본까지 정치일꾼을 파견해 전민항쟁 역량을 구축해 나가도록 했다. 일본에 파견된 정치일꾼들은 위험을 무릅쓰고 항쟁조직을 꾸리기 위한 투쟁을 적극적으로 벌였다. 그리하여 도쿄의 풍우동경고학생친목회가 반일애국단체로 개편되고 오까야마 6고등학교의 조선인학생친목회가 조국광복회 하부조직으로 개편되었다. 또한 가나자와 조선인학생민족주의그룹, 오사카의 고학생들로 된 충성회, 고베의 중앙신학교 조선인학생 민족주의그룹 등 항쟁조직들이 결성되었다. 일본본토에 파견된 정치일꾼들은 이 시기 조선인 유학생들 속에서 뿐 아니라 강제 연행된 조선인노동자들 속에서도 반일항쟁조직들을 많이 조직해냈다. 일본의 주요

공업지대 조선사람들이 많이 가 있던 곳에 노동자들로 조직된 항쟁조직이 적지 않았다.

노동자들 속에서 조직된 반일항쟁조직에서 이채를 띠는 것은 도쿄에서 조직된 동맹회였다. 동맹회는 노동자들을 골간으로 하고 거기에 고학생들을 망라하여 꾸린 반일조직으로서 노동자들과 고학생들 속에서 조선인민혁명군에 대한 선전을 많이 하였다. 동맹회의 전략은 적의 지원병제도를 역이용하여 일단 군사훈련을 받아두었다가 유사시에 일제에 총부리를 돌리자는 것이었다. 교토의 조선인노동청년들은 장차 백두산을 근거지로 하여 조선독립계획을 실현할 목표를 세우고 여러 공장에 반일조직들을 내왔다. 실로 북으로는 홋카이도로부터 남으로는 규슈에 이르기까지 일본 땅 어디에나 그리고 대학생으로부터 신학교의 학생, 탄광노동자로부터 징용노무자에 이르기까지 조선사람이 사는 곳이라면 그 어디에나 혁명조직이 뿌리박게 되었다.

# 3

항일대전의 위대한 승리

최후결전 작전계획준비 완성
조국해방의 역사적 위업 달성

# 1
# 최후 결전 준비완성

## 자력독립과 전민항쟁문제

일제와의 최후 결전의 시각이 눈앞에 다가왔다. 파쇼독일은 1945년 5월 9일 드디어 패망하고 말았다. 독일의 패망은 일제의 처지를 더욱더 어렵게 만들었다. 일제는 모든 전선에서 패전을 거듭하고 있었다. 한편 1945년 2월 얄타에서 진행된 소, 미, 영 3개국 정상들의 비밀회합에서는 소련이 독일패망 이후 2~3개월 내에 대일전쟁에 참가하기로 합의됐다.

조선인민혁명군은 조국해방의 역사적 시각이 다가옴에 따라 일제와의 최후결전 준비를 완성하기 위한 사업을 더욱 적극적으로 추진해 나갔다. 조선인민혁명군 사령관은 자력독립과 전민항쟁 문제에 대한 구체적인 작전계획을 작성 발표했다. 1945년 5월 초 국제연합군에 망라된 조선인민혁명군 지휘성원모임을 갖고 조국해방과 관련한 작전문제를 협의했다. 논의의 초점은 자력독립과 전민항쟁에 대한 문제였다. 이날 모임에서는 조선혁명가들은 누구나 자체의 힘으로 조국을 해방한다는 확고한 주체적 입장을 견지해야 한다는 것, 그러자면 국내 항쟁조직들을 잘 준비시켜 조선인민혁명군이 조국해방작전을 벌일 때 그에 합세해 전민항쟁을 벌여야 한다는 것이 특별히 강조됐다. 또한 소련, 중국의 무장력과 군사적 연계를 강화하고 소련의 전반적 대일작전과의 깊은 연관 속에서 협동작전준비를 잘해 나가야 한다는 것도 강조되었다.

이어서 5월 10일 원동기지 북야영에서 소집된 조선인민혁명군 군정일꾼회의의에서 조국해방을 위한 최후 공격작전의 총적 목표와 기본형식, 역량편성, 소련군대와의 연합작전 문제 등 최후 공격작전 방향과 그에 따르는 구체적인 활동계획이 제시됐다. 이날 회의에서 사령관은 '모든 힘을 항일대전의 최후승리를 위하여!'라는 혁명적 구호를 내놓고, 전체 조선인민혁명군 지휘관들과 대원들, 전국의 모든 반일애국역량을 조국해방을 위한 최후성전에 힘차게 불러일으켰다.

이 회의 이후 조선인민혁명군 사령관은 국내에서 활동하고 있는 소부대, 소조들과 전민항쟁조직을 비롯한 혁명조직들을 일제와의 최후결전으로 총동원하기 위한 대책을 세우기 위하여 1945년 5월 중순 국내진출의 길에 올랐다. 조선인민혁명군 지휘성원들과 사령부직속 경위중대원들과 함께 원동의 기지를 출발하여 함경북도 웅기의 백학산에 꾸려진 임시 비밀근거지에 도착하였다. 이곳에서 조선인민혁명군 지휘성원 및 혁명조직책임자 비상회의를 열어 일제와의 최후결전준비를 완성할 데 대하여 강조한 후, 6월초 백두산지구 비밀근거지인 간백산밀영에 도착해 조선인민혁명군 군정일군회의를 열고 밀영에 집결한 부대들이 최후결전준비사업을 빈틈없이 갖추도록 했다. 그 후 백암, 무산, 연사, 부령, 나진일대로 진출하여 국내에서 활동하고 있는 조선인민혁명군 소부대, 소조들과 지하혁명조직, 인민무장대를 비롯한 무장봉기조직들이 수행하여야 할 임무와 과업을 주었으며 소부대, 소조들과 인민무장대들의 전투준비상태를 현지에서 파악하고 나타난 결함들을 하나하나 바로잡아주면서 필요한 대책을 세워주었다.

이러한 과정을 거쳐 조국해방을 위한 최후결전준비는 보다 짧은 기간에 높은 질적 수준에서 완성되었다.

### 최후공격작전계획완성
조선인민혁명군 사령부는 조선인민혁명군 부대, 소부대, 소조들과 국내의 당 및 조국광복회조직, 인민무장대를 비롯한 무장봉기조직들의 최후결전준비상태와 이 시기 조성된 유리한 국제정세를 깊이 있게 연구 분석한 데 기초해 조국해방을 위한 최후공격작전 계획을 최종적으로 완성하였다.

조선인민혁명군 사령관은 1945년 7월 30일 원동기지 북야영에서 진행된 조선인민혁명군 군정간부회의에서 최종적으로 완성된 조국해방을 위한 최후공격작전계획을 발표했다. 그 계획은 첫째 간백산 일대에 집결한 조선인민혁명군 부대들은 예정된 통로로 진출해 각 도를 해방하며, 둘째 원동 훈련기지에 집결되어 있는 조선인민혁명군 부대들은 평양지방을 비롯한 여러 지역에 항공편으로 신속히 진출해 이미 꾸려놓은 비밀근거지들을 차지하고 전격적인 군사작전을 벌이게 되어 있었다. 이와 함께 국내에서 활동하는 조선인민혁명군 소부대와 정치일꾼들은 항쟁조직을 대대적으로 늘여 민중들을 전민항쟁에 불러일으킴으로써 온 민족이 이르는 곳마다 조선인민혁명군의 진격에 합세하도록 하는 것이었다. 최후공격작전계획에 일관된 전략적 의도는 조선인민혁명군의 적극적인 공격작전과 그에 배합한 전민항쟁으로 일제침략자들을 격멸하고 조국을 해방하는 것이었다. 최후공격작전계획은 당시 우리나라가 처한 군사정치 정세 하에서 튼튼히 준비된 주체적 혁명역량으로 단시일 내에 일제를 격멸하고 조선인민자체의 힘으로 조국해방을 이룩할 수 있는 가장 정확한 방도를 명시한 주체적이며 과학적인 작전계획이었다.

또한 작전계획에 따라 부대의 전투서열을 재편성하고 김책, 안길, 강건, 최춘국, 류경수, 김일, 최현, 오진우 등 우수한 군사정치일꾼들로 중요 도시들과 지구별 책임자들을 임명하였다. 그리고 사령관은 평양과 평안남도지구에 진출해 최후공격작전 전반을 지휘하도록 계획을 짰다.

조선인민혁명군 사령관은 최후공격작전개시에 앞서 조선인민혁명군의 모든 부대들이 공격작전수행을 위한 출발 진지들을 차지하도록 하였다. 그리하여 원동기지에 있는 조선인민혁명군 부대 중에서 지상으로 국내로 진격하게 될 부대들은 완전한 전투태세를 갖추고 조소국경과 소만국경선을 따라 지정된 공격출발진지를 차지하였으며 해병대(해상육전대)와 공수부대(항공육전대)로 행동하게 될 부대들도 임의의 시각에 함선에 승선하거나 비행기에 탑승하여 해상 및 공중수송으로 지적된 지역에 상륙 또는 투하할 수 있게 전투태세를 갖추었다. 간백산밀영에 집결하고 있던 부대들은 최후공격작전계획에 반영된 대로 진출준비를 갖추었으며 국내도처에서 활동하던 소부대, 소조들도 인민무장대들과 함께 이미 활동하고 있던 지대들에 배치된 적의 중요대상물들을 타격할 태세를 면밀히 갖추었다. 만주전선에 파견되는 조선인민혁명군 부대들도 소만국경선을 따라 지정된 공격출발진지를 차지하고 전투임무를 수행할 수 있게 만단의 전투동원태세를 갖추었다.

조선인민혁명군 최후공격작전 개시에 앞서 그 돌파구를 열기 위하여 일부 부대들로 적의 국경요새구역에 대한 습격전투를 조직하였다. 습격임무를 받은 조선인민혁명군 대원들은 최후공격작전개시 전야인 8월 8일 밤 웅기군 토리와 훈춘현 남별리, 동흥진을 비롯한 적의 국경요새구역의 여러 군사요충지들을 불의에 습격하였다. 결과 일제의 요새구역들에서는 일대 혼란이 일어나고 적들의 방비상태와 약점이 드러나게 되었으며 이로 하여 적의 국경요새구역들을 일거에 돌파할 수 있는 유리한 조건이 조성되었다.

# 2
# 조국해방 위업 달성

## 총공격개시명령 하달

조선인민혁명군 사령부는 일제와의 최후결전을 위한 우리 민족의 주체적 혁명역량이 충분히 마련되자, 소련의 대일 선전포고와 때를 같이하여 1945년 8월 9일 조선인민혁명군 전 부대에 조국해방을 위한 총공격명령을 내렸다. 총공격 명령에 따라 조선인민혁명군 부대들은 총공격으로 넘어가 대일전쟁에 참가한 소련군대와의 긴밀한 연계 밑에 일제침략군을 격멸소탕하면서 성난 파도와 같이 조국으로 진격하였다.

조선인민혁명군 지휘관들과 대원들은 최후결전의 선두에서 무비의 용감성과 희생성, 대중적 영웅주의를 남김없이 발휘함으로써 조선혁명의 주인으로서의 책임과 역할을 훌륭히 수행하였다. 간백산밀영을 최후공격작전의 출발진지로 차지하고 있던 조선인민혁명군 부대들은 국내에서 활동하던 소부대, 소조들, 전민항쟁조직들과 함께 각 도를 장악하기 위한 투쟁을 벌였다. 두만강연안에 집결한 부대들은 일시에 적의 국경요새들을 돌파하고 경원, 경흥 일대를 해방하였으며 웅기방향으로 계속 전과를 확대하면서 국내의 넓은 지역을 해방하였다. 그리고 해안상륙부대의 선발대로 활동하던 일부 부대들은 지상부대와의 긴밀한 협동작전으로 웅기에 상륙하여 청진일대에로 진격하였다. 다른 부대들은 금창, 동녕, 목릉, 목단강을 해방하고 적들을 격멸하기 위한 추격전을 벌이면서 관동군에게 치명적인 타격을 주고 두만강 대안으로 진출하였다.

조선인민혁명군 사령부는 여러 방면으로 진격하는 조선인민혁명군 부대들의 작전전반을 지휘하시는 한편 평양과 신의주, 함흥을 비롯한 주요 지대들에 낙하할 부대들을 비행장에 대기하도록 하였다.

조선인민혁명군의 총 공격전에 합세하여 민중들을 전민항쟁으로 불러 일으켰다.

조선인민혁명군의 최후공격작전에 호응하여 이미 국내에 파견되어 활동하던 조선인민혁명군 소부대, 소조들과 정치일꾼들은 인민무장대들과 무장봉기조직들, 광범한 인민들을 전민항쟁으로 조직 동원하여 전국각지에서 일제침략군과 헌병, 경찰기관들을 습격소탕하면서 적의 후방을 교란하기 위한 투쟁을 과감히 벌였으며 진격해오는 인민혁명군부대들을 적극적으로 지원하였다.

함경북도 나진인민무장대는 소련군대가 상륙하기 전에 이미 나진을 해방하였다. 경흥, 웅기지구들에 조직된 인민무장대는 최후공격개시 초기부터 아군의 공격에 합세하여 용감히 싸웠다. 까치봉무장대는 최후결전이 시작되기 전부터 전투행동을 개시하여, 퇴각해오는 패잔병들을 원정, 청학, 마유산 계선에서 소탕하였고 자체의 힘으로 회령을 해방하였다. 이 무장대는 적의 비행기와 고사포, 수많은 장구류와 피복류를 노획하였으며 놈들의 화약고와 유류창고를 폭파하였다.

청진, 길주, 성진지구의 무장부대들은 적패잔병들을 소탕하고 도시와 공장들을 장악하였으며 일제의 경찰기관들을 기습 소탕하였다. 함경남도일대의 항쟁조직들은 부대가 진격해오기 전에 수많은 경찰서와 적 통치기관들을 습격 소탕하였다. 강원도의 철원, 법동지구와 평안북도의 염주, 삭주지구 항쟁조직들도 용감히 싸웠다. 신의주지구의 항쟁조직들은 총공격명령이 내린 날부터 경찰관파출소와 국경경비초소들을 들이쳐 부수고 도경찰서와 도청을 점거하였으며 비행장에 박혀있는 패잔병들을 무장 해제하였다. 평안남도와 평양지구에서는 조국해방단을 중심으로 조직된 큰 항쟁대오가 병기창을 습격하고 도청과 부청을 점거하였으며 적 패잔무력을 제압하였다. 황해도의 항쟁조직들도 여러 지역의 적들을 습격, 제압하였다.

아군부대들의 맹렬한 공격과 적극적인 전민항쟁에 의히여 결정적인 타격을 받은 일제는 최후공격작전이 시작된 지 1주일만인 8월 15일 황급히 무조건 항복을 선언하였다.

### 전민항쟁에 의한 자력해방의 역사적 위업 성취

조선인민혁명군 사령부는 일제가 무조건 항복을 선언한 후에도 전후 조선의 공산화를 막고 조선의 자주독립을 방해하기 위한 음흉한 기도 밑에 저항을 계속하는 조건에서 일제침략군을 완전히 격멸소탕하며 일제식민지통치체계를 철저히 짓부수도록 하였다. 1945년 8월 16일 조선총독부와 조선군관구사령부는 정치운동단속요령을 공포하고 각지의 침략군부대들에 조선인민의 해방투쟁을 진압할 데 대한 지령을 내렸다. 놈들은 조선주둔군은 엄연히 건재해 있다고 하면서 일본의 무조건 항복 선언을 기화로 그 어떤 독립운동을 벌인다면 단호하게 무력을 행사하겠으니 경거망동하지 말라고까지 감히 경고하였다. 이것은 일본이 무조건 항복을 선언한 후에도 조선에서 전투행동이 끝나지 않았다는 것을 의미하였다.

이러한 정세 하에서 조선인민혁명군 사령부는 조선인민혁명군 부대들과 국내의 항쟁세력들로 하여금 저항하는 일제침략군 패잔병들과 적통치기구들을 무력으로 무자비하게 소탕할 것을 명령하였다. 사령부의 명령을 높이 받들고 조선인민혁명군 부대들과 전민항쟁세력은 각지에서 저항하는 일제침략군을 최종적으로 격멸소탕하고 적들의 무장을 해제하였으며 일제식민지통치기구를 짓부수고 당 조직과 민중적인 지방자치기관들, 보안기관들을 조직하였다. 그리고 민주주의적인 새 질서를 확립하고 원수들의 파괴암해책동으로부터 나라의 산업, 문화시설들을 지켜내기 위한 투쟁을 힘차게 벌였다. 함경남북도를 제외하고도 국내의 항쟁조직들과 무장대들은 8월 16일부터 23일까지의 1주일 동안에만도 근 1,000개소의 적 통치기관들을 습격 소탕하였다.

조선인민혁명군 사령부의 지휘 아래 전개된 조선인민혁명군의 최후공격작전과 인민대중의 적극적인 무장 항쟁에 의하여 일제의 식민지통치체계는 종국적으로 무너지고 조국해방의 역사적 위업은 빛나게 성취되었다. 조선의 해방은 소련군이 일본관동군을 격멸하는 유리한 환경에서 우리 민중과 조선인민혁명군자체의 역량에 의해 마련된 위대한 결실이었다. 이에 대해 조선인민혁명군 사령관은 다음과 같이 말했다.

《조선의 해방은 소련군이 일본관동군을 격멸하는 유리한 환경에서 우리 인민과 인민혁명군자체의 역량에 의해 마련된 위대한 결실입니다. 1930년대와 1940년대 전반기에 우리가 조직한 국내의 항쟁조직들과 무장대들이 조선인민혁명군의 최후공격작전계획에 따라 국내도처에 웅거하고 있는 일제의 침략무력과 식민지통치기구들을 제압소탕하고 나라를 해방하였습니다.》

조선인민혁명군의 최후공격작전에 적극적으로 호응하여 국내에 파견되어 활동하던 조선인민혁명군 소부대들과 정치일꾼들은 인민무장대들과 무장봉기조직들, 광범한 민중들을 전민항쟁으로 힘차게 조직 동원하였다. 인민무장대들과 무장봉기조직들, 광범한 민중들은 전국각지에서 일제침략군과 헌병,

경찰기관들을 소탕하면서 적의 후방을 교란하기 위한 투쟁을 과감히 벌였으며 진격해오는 인민혁명군부대들에 적극적으로 합류함으로써 우리나라에서 일제의 통치체계가 그렇게 빨리 무너지게 하였던 것이다. 이렇게 조선인민혁명군과 그에 합세한 민중봉기로 일제를 이 땅에서 몰아내고, 일제의 통치체계를 분쇄하고 조국의 자주적 해방을 이룩했다.

3.1운동 100주년 기념 연구서

# 1930년대 이후
# 항일무장투쟁 연구 II

**초판1쇄**   2019년 7월 8일
**초판2쇄**   2019년 9월 23일

**지은이**   박경순
**발행인**   이재교

**펴낸곳**   굿플러스커뮤니케이션즈(주)
**출판등록**   2013년 5월 7일 제2013 - 000136호
**주소**   서울시 마포구 동교로 17길 51, 4~5층
**대표전화**   02 - 6080 - 9858
**팩스**   0505 -115 - 5245
**이메일**   goodplusbook@gmail.com
**홈페이지**   www.goodpl.net
**페이스북**   www.facebook.com/goodplusbook

**ISBN**   979-11-85818-40-5(03300)